短视频创业

文案脚本、拍摄剪辑、账号运营、DOU+投放、直播带货宝典

雷波 ◎ 著

化学工业出版社

·北京·

内 容 简 介

本书讲解了抖音创作新手应该掌握的平台规则、账号搭建方法、短视频7大要素创作方法、使用手机及相机录制视频的操作方法、让视频更美观的构图用光法则、拍摄短视频要掌握的镜头语言脚本创作方法、用剪映剪辑短视频的操作方法、短视频运营技巧、使用DOU+付费广告快速成长的方法、带货短视频的创作方法、直播软硬件配置及话术创作技巧等内容。

本书理论丰富且具有创新性,讲解了4U理论、STP理论、BFD法则、锚定法则、FAEB法则、SCQA结构、AIDA理论等国内外成熟理论在抖音创作中的运用。本书还具有很强的实操性,总结了新手可借鉴的9种短视频表现形式、提高视频评论率的8个实用技巧、直播介绍产品流程的5种常用话术、选择DOU+投放视频的4个要点、抖音视频分析的6种方法等。

为提供知识含量及学习便利度,作者附赠两门视频课程,第一门是时长为900分钟的剪映App操作与实战案例,第二门为时长180分钟的DOU+投放实战经验课程。

本书不仅适合希望在抖音等短视频平台进行创业的新手阅读学习,也可以作为大中专院校开设了电子商务等相关专业的学校的教材使用。

图书在版编目(CIP)数据

短视频创业:文案脚本、拍摄剪辑、账号运营、DOU+投放、直播带货宝典/雷波著. —北京:化学工业出版社,2022.7
ISBN 978-7-122-41113-6

Ⅰ.①短… Ⅱ.①雷… Ⅲ.①网络营销 Ⅳ.①F713.365.2

中国版本图书馆CIP数据核字(2022)第057845号

责任编辑:李 辰 孙 炜　　　　　　封面设计:王晓宇
责任校对:李雨晴

出版发行:化学工业出版社(北京市东城区青年湖南街13号　邮政编码100011)
印　　装:天津图文方嘉印刷有限公司
710mm×1000mm 1/16　印张18¼　字数400千字　2022年7月北京第1版第1次印刷

购书咨询:010-64518888　　　　　　　售后服务:010-64518899
网　　址:http://www.cip.com.cn
凡购买本书,如有缺损质量问题,本社销售中心负责调换。

定　　价:98.00元　　　　　　　　　　　　　　　版权所有　违者必究

前言
PREFACE

　　随着短视频平台快速崛起，无论对于商家还是普通创业者，无异于又打开了一个新的、更加充满想象力的商业版图。以抖音为例，虽然还没有全面电商化，但已经有大量商家及创业者凭借自己的努力，以先发优势获得了令人惊叹的财富。普通人身边涌现的越来越多的抖音创富者，也使得"短视频运营与创业知识"成为时下最火爆的知识付费领域课程类目之一。但令人遗憾的是，由于许多讲师没有太多从业经验，因此课程的质量良莠不齐，导致许多读者浪费了时间与精力。

　　笔者长期运营长、中、短类图文与视频媒体平台，目前媒体矩阵账号覆盖了抖音、快手、公众号、百家号、头条、火山、B 站、小红书、逛逛、爱奇艺、优酷等众多平台，积累了一定的运营经验，本书正是笔者运营经验与学习心得的总结与体会。

　　本书最大的特色是不讲空泛的底层逻辑，着眼于可落地、实操的技能，确保每一位读者在学习后，不会出现网络上经常提到的"一看就会，一做就废"的学习现象。

　　本书共分为 12 章，涉及抖音运营与变现的方方面面，如平台的审核规则、推荐原则、账号定位、账号搭建、变现方法、视频创作七大要素、手机及相机录制视频操作方法与注意事项、让视频更好看的构图与光线美学理论、拍摄短视频要掌握的镜头语言与脚本创作方法、使用剪映剪辑短视频的流程、短视频运营技巧、使用 DOU+ 投放广告的关键点、带货短视频的创作方法、直播需要准备的硬件及软件操作方法、主播需要掌握的话术等。

　　本书不仅内容丰富、知识体系完整，而且具有较强的理论指导性，例如，针对创作标题，笔者讲解了如何使用国际上被众多文案大师验证及推荐的 4U 原则及 BFD 法则来进行创作；针对主播难以掌握的话术，笔者讲解了如何使用 FAEB 法则、锚定理论、SCQA 结构及 AIDA 理论指导主播，让自己的语言更精练并具有较强的指导力。

　　本书的另一大特色是实操性。例如，总结了 9 种短视频表现形式，每一个创作新手都可以依据自己的条件，选出可供学习借鉴的形式；针对视频封面，讲解了封面尺寸、封面文字对齐技巧；针对提高视频评论率，提供了 8 个实用技巧；针对直播间设备，推荐了 1 万元与 2 万元不同的具体配置型号；针对直播介绍产品流程，介绍了 5 种常用话术。

可以说，这些实操性知识属于看了就能会，会了就能做的类型，大大提高了创作新手的创作技能。

考虑到本书篇幅有限，笔者随书附赠了两门视频课程，第一门是时长为 900 分钟的剪映 App 操作与实战案例，第二门为时长 180 分钟的 DOU+ 投放实战经验课程，这两门视频课程大幅度提升了本书的知识含量及学习便利度。

另外，需要特别提到的是，短视频平台规则变化速度很快，因此知识的更新迭代速度也非常惊人，因此，每一位读者除了要通过学习掌握书中的知识，还必须要经常关注官方的站内通知信息，以终身学习的态度面对变化。

如果希望与笔者交流和沟通，可以添加本书专属微信 13011886577，与笔者团队在线沟通交流，还可以关注我们的抖音号"好机友摄影、视频"和"北极光摄影雷波 [视频、运营]"，在其中与我们交流互动。

著者

目录
CONTENTS

第 1 章 了解短视频变现方式、推荐算法与常见误区　　1

短视频变现的18种常见方式......2
　流量变现......2
　电商带货变现......2
　知识付费变现......3
　线下引流变现......3
　扩展业务源变现......4
　抖音小店变现......4
　全民任务变现......4
　直播变现......4
　星图任务变现......4
　游戏发行人计划变现......4
　小程序推广变现......5
　线下代运营变现......5
　拍车赚钱计划变现......5
　同城号变现......5
　剪映模板变现......5
　抖音特效师计划变现......6
　另类服务变现......6
　视频赞赏变现......6
抖音对"好内容"的定义......7
　抖音的"好内容"什么样......7
　抖音的"好内容"的4大特点......7
　在抖音创作平台喜欢的内容......9
理解短视频平台的推荐算法......10
　短视频的推荐算法......10
　视频偶然性爆火的实战案例......11
了解内容审核机制......12
短视频的这8大误区要避免......13
　设备使用误区......13
　创意脚本使用误区......13
　视频类型混淆误区......14
　IP人设的法律风险......14
　真人出镜误区......15
　刷粉刷赞误区......16
　互粉互赞误区......16
　熟人看到误区......17
抖音上的这7个谣言不要相信......18
　发视频前要养号......18
　开通企业号播放量会变低......18
　不能说钱要说米......18
　刷礼物能够增加账号权重......18
　发作品不能点+号上传......19
　上传视频要关闭下载......19
　打开隐藏功能能上热门......19

第 2 章 掌握短视频账号定位及搭建方法　　20

对账号进行定位......21
　商业定位......21
　垂直定位......21
　用户定位......22
对标账号分析及查找方法......22
用STP理论做精细定位......23
　什么是STP理论......23
　STP理论应用实战......23
为账号确立人设......24
　什么是账号的人设......24
　先立人设再带货......24
寻找适合自己的人设......25

根据自身社会角色 25
根据个人喜好 25
根据带货产品的特点 25
创建抖音账号的学问 26
　为账号取名的6个要点 26
　为账号设置头像的4个要点 27
　编写简介的4个要点 28
　简介应该包含的3大内容 30
　背景图的4大作用 31
认识账号标签 32
　内容标签 32
　账号标签 32
　兴趣标签 32
如何查看账号标签和内容标签 33
　通过第三方网站查看 33
　通过抖音判断 33
手动为账号打标签 34
一定要实施的账号矩阵化策略 35
　什么是账号矩阵 35
　账号矩阵化的益处 35
　账号矩阵化的3种思路 35
如何判断账号是否被限流、降权？ 37

第 3 章 掌握短视频 7 大构成要素创作方法　　38

学会寻找对标账号 39
　搜索对标账号的两种方法 39
　搜索对标账号的误区 39
学会分析对标账号的商业变现 40
　对标账号带货能力分析方法 40
　对标账号商业带言能力分析方法 41
全面认识短视频的7大构成要素 42
　选题 42
　内容 42
　标题 42
　音乐 42

字幕 43
封面 43
话题 43
让选题思路源源不断的方法 44
　蹭节日 44
　蹭热点 44
　蹭同行 45
　利用创作灵感 46
　反向挖掘选题的方法 47
　关闭个性化推荐挖掘选题的方法 47
用抖音热点宝寻找热点选题 48
　什么是抖音热点宝 48
　使用热点榜单跟热点 49
　利用同城热单推广线下门店 49
标题撰写的8个技巧 50
　突出具体问题 50
　标题留有悬念 50
　包含高流量关键词 51
　追热点 51
　利用明星效应 51
　尽量简短 52
　摆数字 52
　采用设问句或反问句 52
利用4U原则创作短视频标题及文案 53
　什么是4U原则 53
　4U原则创作实战技巧 54
用BFD法则写出有强烈情绪的文案 55
　什么是BFD法则 55
　围绕3种情绪用BFD法则创作文案 55
获取优秀视频文案的两种方法 57
　在手机端提取优秀文案的方法 57
　在电脑端获取海量文案的技巧 58
短视频音乐的两大类型 59
背景音乐匹配视频的4个技巧 60
　情绪匹配 60
　节奏匹配 60
　高潮匹配 61

风格匹配	61

抖音短视频的9种呈现方式 62
 固定机位真人实拍 62
 绿幕抠像变化场景 62
 携特色道具出镜 62
 录屏视频 63
 素材解读式视频 63
 "多镜头"视频录制 63
 文字类呈现方式 64
 图文类呈现方式 64
 漫画、动画呈现方式 64

在抖音中发布图文内容 65
 什么是抖音图文 65
 抖音图文的创作要点 65

制作风格统一的封面 66
 充分认识封面的作用 66
 抖音封面的尺寸 66
 封面的动静类型 66
 封面的文字标题 66
 封面文字对齐技巧 67
 抖音封面裁剪问题 67
 如何制作个性封面 67

用抖音话题增加曝光率 68
 什么是话题 68
 为什么要添加话题 68
 如何添加话题 68
 话题选择技巧 69
 话题创建技巧 69

第 4 章 使用手机及相机录制视频的操作方法　　70

视频录制的基础设置 71
 安卓手机视频录制参数设置方法 71
 分辨率与帧率的含义 72
 苹果手机分辨率与帧数设置方法 73
 苹果手机视频格式设置注意事项 73

用手机录制视频的基本操作方法 74
 苹果手机录制常规视频的操作方法 74
 安卓手机录制常规视频的操作方法 75

根据平台合理选择视频画幅 75

使用手机录制视频进阶配件及技巧 76
 保持画面稳定的配件及技巧 76
 移动时保持稳定的技巧 77
 保持画面亮度正常的配件及技巧 78
 使用外接麦克风提高音质 78

用手机录制视频的10大注意事项 79

使用相机录制视频的4大优势 80
 更好的画质 80
 更强的光线适应性 80
 更丰富的景别 80
 更漂亮的背景虚化效果 80

设置相机录制视频时的拍摄模式 81

理解相机快门速度与视频录制的关系 81
 根据帧频确定快门速度 81
 快门速度对视频效果的影响 81
 拍摄帧频视频时推荐的快门速度 82

理解用相机拍视频时涉及的重要基础术语含义 83
 视频分辨率 83
 帧频 83
 视频制式 83
 码率 84
 色深 85

用佳能相机录制视频的简易流程 86

用索尼相机录制视频的简易流程 87

用索尼相机录制视频时设置视频对焦模式的方式 88

用索尼相机录制视频时设置录音参数并监听现场音 89
 设置录音 89
 设置录音音量 89
 减少风声噪声 89

第 5 章 让视频更好看的美学基础 90

5个使画面简洁的方法 91
 仰视以天空为背景 91
 俯视以地面为背景 91
 找到纯净的背景 92
 故意使背景过曝或欠曝 92
 使背景虚化 92
9种常用的构图法则 93
 三分法构图 93
 散点式构图 93
 水平线构图 94
 垂直线构图 95
 斜线构图 95
 对称构图 96
 框式构图 96
 透视牵引构图 97
 曲线构图 97
2种不同性质的光线 98
 用软光表现唯美画面 98
 用硬光表现有力度的画面 98
3种拍摄视频时常见的光线方向 99
 善于表现色彩的顺光 99
 善于表现立体感的侧光 100
 逆光环境的拍摄技巧 101
3个通过色彩让画面更美观的方法 102
 让画面更有冲击力的对比色 102
 让画面表现和谐美的相邻色 102
 确保画面有主色调 103

第 6 章 拍视频必会的镜头语言与脚本创作方法 104

认识镜头语言 105
镜头语言之运镜方式 105
 推镜头 105
 拉镜头 106
 摇镜头 106
 移镜头 106
 跟镜头 107
 环绕镜头 107
 甩镜头 108
 升镜头与降镜头 108
3个常用的镜头术语 109
 空镜头 109
 主观性镜头 109
 客观性镜头 109
镜头语言之转场 110
 技巧性转场 110
 非技巧性转场 111
简单了解拍摄前必做的"分镜头脚本" ... 114
 "分镜头脚本"的作用 114
 "分镜头脚本"的撰写方法 115
套用脚本模板快速创作出短视频 117
高赞短视频脚本示例 120
 案例一:吹风机的妙用 120
 案例二:头皮养护产品宣传视频 ... 121
 案例三:4S店的那些搞笑事 122
 案例四:教你克服拖延症 123

第 7 章 剪映短视频剪辑快速上手 124

认识手机版剪映的界面 125
认识剪映专业版的界面 126
零基础小白也能快速出片的方法 128
 提交图片或视频素材后"一键成片" ... 128
 通过文字"一键"生成短视频 129
 通过模板"一键"出片 130
视频后期的基本流程 131
 导入视频 131

调整画面比例...... 132
剪辑视频...... 133
润色视频...... 134
添加音乐...... 135
导出视频...... 136

第 8 章 掌握短视频运营技巧快速涨粉 137

抖音考查视频互动率的底层逻辑...... 138
　什么是视频互动率...... 138
　为什么要考量视频互动率...... 138
用5个方法提升短视频完播率...... 139
　认识短视频完播率...... 139
　缩短视频时长...... 139
　因果倒置...... 140
　将标题写满...... 141
　表现新颖...... 141
用这8个技巧提升视频评论率...... 142
　认识短视频评论率...... 142
　用观点引发讨论...... 142
　利用神评论引发讨论...... 142
　评论区开玩笑...... 143
　卖个破绽诱发讨论...... 143
　在评论区问个问题...... 144
　在视频里引导评论分享...... 144
　评论区发"暗号"...... 145
　在评论区刷屏...... 145
用这5个方法提高短视频点赞量...... 146
　认识短视频点赞量...... 146
　让观众有"反复观看"的需求...... 146
　认可与鼓励...... 147
　情感认同...... 147
　强烈提醒...... 147
利用疯传5大原则提升转发率...... 148
　什么是视频流量的发动机...... 148
　什么决定了转发量...... 148

大众更愿意转发什么样的内容...... 148
发布短视频也有大学问...... 150
　将@抖音小助手作为习惯...... 150
　发布短视频时"蹭热点"的两个技巧...... 151
　发视频时的位置添加技巧...... 152
　是否开启保存选项...... 152
　发视频时的同步技巧...... 153
　定时发布视频技巧...... 153
　找到发布短视频的最佳时间...... 154
用合集功能提升播放量...... 156
　手动创建合集...... 156
　自动创建合集...... 156
管理视频提升整体数据的技巧...... 157
　置顶视频...... 157
　设置权限...... 157
　删除视频...... 158
　关注管理与粉丝管理...... 158
　评论管理...... 158
利用重复发布引爆账号的技巧...... 159
理解抖音的消重机制...... 160
　什么是抖音的消重机制...... 160
　应对抖音消重的两个实用技巧...... 160
　抖音消重的实战检验...... 161
如何查看视频是否被限流...... 162
　在电脑后台查看的方法...... 162
　在手机端查看的方法...... 163
掌握抖音官方后台视频数据分析方法...... 164
　了解账号的昨日数据...... 164
　从账号诊断找问题...... 165
　分析播放数据...... 165
　分析互动数据...... 166
　分析粉丝数据...... 167
　分析主页数据与粉丝数据的关系...... 167
利用作品数据分析单一视频...... 168
　近期作品总结...... 168
　对作品进行排序...... 168
　查看单一作品数据...... 169

通过对比视频进行分析.................................. 170
通过"粉丝画像"更有针对性地制作内容...... 171
　　地域分布数据.................................. 171
　　性别与年龄数据.................................. 171
通过手机端后台对视频进行数据分析............ 172
　　找到手机端的视频数据.......................... 172
　　查看视频概况.................................. 172
　　找到与同类热门视频的差距...................... 173
　　通过"视频数据分析"准确找到问题所在.. 174
　　通过"视频数据分析"找到内容的闪光点.. 175
　　通过"播放趋势"确定视频最佳发布时间.. 175

第 9 章 利用 DOU+ 付费广告快速放量成长　　176

什么是DOU+.................................. 177
DOU+的10大功能.................................. 177
　　内容测试.................................. 177
　　解除限流.................................. 177
　　选品测试.................................. 178
　　带货推广.................................. 178
　　助力直播带货.................................. 179
　　快速涨粉.................................. 179
　　为账号做冷启动.................................. 180
　　利用付费流量撬动自然流量...................... 180
　　为线下店面引流.................................. 180
　　获得潜在客户线索.................................. 180
在抖音中找到DOU+.................................. 181
　　从视频投放DOU+.................................. 181
　　从创作中心投放DOU+.................................. 181
如何中止DOU+.................................. 182
　　要立即中止投放的情况.......................... 182
　　中止投放后如何退款.......................... 182
　　单视频投放终止方法.......................... 182
　　批量视频投放终止方法.......................... 182
单视频投放和批量投放.................................. 183
　　单视频投放DOU+.................................. 183

批量视频投放DOU+.................................. 183
两种投放方式的异同.................................. 183
如何选择投放DOU+的视频.................................. 184
　　选择哪一个视频.................................. 184
　　选择什么时间内发布的视频...................... 184
　　选择投放几次.................................. 184
　　选择什么时间进行投放.......................... 184
深入了解"投放目标"选项.................................. 185
　　"投放目标"选项分类.......................... 185
　　如何选择"投放目标"选项...................... 186
　　"投放目标"与视频内容的关系...................... 187
　　常规的"投放目标"选项.......................... 187
　　"挂车"短视频与"商品购买"...................... 187
　　POI与"门店加热".................................. 188
　　逐渐边缘化的"位置点击"...................... 188
　　带有小程序的短视频与"小程序互动"...... 188
"投放时长"选项设置思路.................................. 189
　　了解起投金额.................................. 189
　　设置投放时间的思路.......................... 189
如何确定潜在兴趣用户.................................. 190
　　系统智能推荐.................................. 190
　　自定义定向推荐.................................. 191
深入理解达人相似粉丝推荐选项.................................. 193
　　利用达人相似为新账号打标签.................... 193
　　利用达人相似查找头部账号.................... 193
　　利用达人相似精准推送视频.................... 193
　　达人相似投放4大误区.......................... 194
利用账号速推涨粉.................................. 195
　　账号速推操作方法.................................. 195
　　不同粉丝出价的区别.................................. 196
　　查看推广成果.................................. 197
账号速推与视频付费涨粉的区别.................................. 197
DOU+小店随心推广告投放.................................. 198
　　DOU+小店的优化目标.......................... 198
　　达人相似粉丝推荐.................................. 198
　　推广效果.................................. 198
DOU+投放历史订单管理.................................. 199

用DOU+推广直播 200
　　用"DOU+上热门"推广直播间 200
　　用"DOU+小店随心推"推广直播间 201
新账号DOU+起号法 202
利用DOU+涨粉的辩证思考 203
　　如何验证DOU+买到的粉丝的质量 203
　　如何辩证思考涨粉利弊 204
同一视频是否可以多次投DOU+ 204

第 10 章 学好带货短视频创作方法快速变现　205

准确选品带货才能事半功倍 206
　　女性用品更容易热销 206
　　价格低廉的商品更热销 206
　　刚需商品更热销 206
　　虚拟商品也是带货的一种选择 207
概念更宽泛的带货视频 208
　　新手触不可及的品牌植入式带货 208
　　线下店家常用的位置植入式带货 208
　　小程序推广式带货 208
根据自身情况确定带货视频类型 209
　　团队适合剧情类 209
　　KOC适合口播种草类 210
　　有特长适合才艺展示类 210
剧情类带货视频的创作思路 211
　　寻找目标群体常见的"话题" 211
　　在故事中加入反转 211
　　注重情绪的渲染 212
　　让商品自然地出现在剧情中 213
　　让商品对剧情起到推动作用 213
　　通过剧情为商品赋能 213
口播种草类带货视频的创作思路 214
　　以观众痛点作为视频开场 214
　　句句干货突出重点 214
　　利用表情、语速、语调等确立个人风格 215
　　商品介绍逻辑要清晰 215

加入真实使用经验提高认同感 215
过程展示类带货视频的创作思路 216
结果说明类带货视频的创作思路 216
快速找到可供借鉴的带货视频 217
了解货源 218
　　销售自有商品 218
　　分销他人商品 218
了解精选联盟供货平台 219
创建有带货资格的账号 220
　　带货功能开通条件 220
　　带货功能开通方法 221
　　缴纳带货保证金 222
　　开设佣金收款账户 223
　　验证开通是否成功的方法 224
　　佣金提现 224
在橱窗中上架精选联盟商品 225
精选联盟选品必看5大指标 227
　　粉丝契合度指标 227
　　商家体验分指标 227
　　安心购认证 228
　　广告投流资质 228
　　其他指标 228
节省成本学会申请免费拍摄样品 229
　　了解免费申样 229
　　申样履约 229
抖音小店的开通方法 230
　　什么是抖音小店 230
　　抖音小店的开通方法 230
　　管理抖店 231
　　装修抖店 231
精选联盟商品入选标准 232
　　商家条件 232
　　商品标准 232
将商品加入精选联盟的操作方法 233
在视频上挂载商品的方法 234
　　手机端操作方法 234
　　电脑端操作方法 235

带货视频发布频次限制.................................. 235
找到爆品利用商品助推视频.............................. 236
发布小程序类带货视频的操作方法.................... 237
  虚拟货品的类型.. 237
  发布虚拟货品的操作方法.......................... 238

第 11 章 直播间的软硬件准备 239

搭建直播间的硬件准备.................................... 240
  直播设备.. 240
  采集卡.. 240
  5种常见的收声设备.................................... 241
  3种常见的灯光设备.................................... 242
  直播间的网络设备...................................... 243
  3种直播间布置方法.................................... 244
不同价位直播间设备推荐................................ 245
  1万元直播间设备推荐................................ 245
  2万元直播间设备推荐................................ 245
6类直播间特点剖析... 246
  绿幕/投影影棚直播场景............................. 246
  工厂、仓库直播场景.................................. 246
  店铺直播场景.. 246
  室内生活场景直播场景.............................. 247
  户外场景直播场景...................................... 247
  小型舞台直播场景...................................... 247
使用手机直播的操作方法................................ 248
使用电脑"直播伴侣"软件直播的操作方法.. 249
  让拍摄的画面在电脑上显示...................... 249
  使用抖音"直播伴侣"进行直播.............. 250
开始一场直播前的准备工作............................ 257
  选品与进货渠道.. 257
  确定直播的4个基本信息........................... 258
  熟悉直播活动的6大环节........................... 259
  直播脚本要包括的4大部分与结构........... 261
  直播效果调试.. 262

第 12 章 主播必会话术及直播流程 263

电商直播话术... 264
  电商主播为什么要懂话术.......................... 264
  直播间必学的9大通用话术....................... 264
大牌主播常用的5种产品介绍话术.................. 266
  自用推荐法.. 266
  连环反问法.. 266
  过往爆品晒单法.. 266
  产品类比介绍法.. 267
  使用感受形容法.. 267
拒绝冷场从学会寻找话题开始........................ 267
利用"锚定"理论使直播推销更有效............ 268
  什么是"锚定"理论.................................. 268
  "锚定"理论在直播中的应用.................. 268
用好FAEB法则直播带货事半功倍.................. 269
  什么是FAEB法则....................................... 269
  如何在直播中运用FABE法则.................... 269
  FABE法则实战案例.................................... 270
用SCQA结构理论让话术更有逻辑性.............. 271
  什么是"结构化表达".............................. 271
  如何使用SCQA结构理论组织语言........... 271
用AIDA理论撰写直播话术............................. 273
  什么是AIDA理论.. 273
  AIDA理论实战应用.................................... 274
增加观众停留时长的意义和方法.................... 275
  增加观众停留时长的意义.......................... 275
  增加观众停留时长的4个方法................... 275
大幅提高停留时长的技巧——憋单................ 278
  认识何为"憋单".. 278
  5步憋单法.. 278
  4大憋单必学话术....................................... 279
这样说话不会被关"小黑屋"........................ 280
  理解抖音是如何判定"诱导互动"的...... 280
  理解"互动行为"与"获取优惠"的关系.. 280
  理解何为"不具履行兑现基础"............... 280

第 1 章
了解短视频变现方式、推荐算法与常见误区

短视频变现的 18 种常见方式

流量变现

流量变现是一个最基本的变现方式，把视频发布到一个平台上，平台根据视频播放量给予相应的收益。

尤其是现在火山与抖音推出的中视频伙伴计划，如果播放量较高的话，视频流量收益还是很可观的，目前大多数搞笑类短视频及影视解说类账号均以此为主要收入。

图 1 所示为笔者参加中视频伙伴计划后，发布的几个视频的收益情况。由于视频定位于专业的摄影讲解，受众有限，因此播放量非常低，但第一个视频也在短短几天内获得了将近 40 元的收益。

图 1

电商带货变现

视频带货是普通人在抖音中较容易实现变现的途径之一。只要持续拍摄带货视频，就有可能在抖音中通过赚取佣金的方式收获第一桶金。图 2 所示为一个毛巾带货视频，点开后会发现销售量达到了 25.6 万，如图 3 所示。

图 2

图 3

知识付费变现

知识付费变现是指通过短视频为自己或别人的课程引流,最终达成交易。例如,图4所示为"北极光摄影"抖音号的引流视频,视频的左下角小黄车为付费课程,图5所示为点击进入抖音号主页后橱窗内展示的更多课程。

目前在抖音上已经有数万名知识博主通过自己录制的课程成功变现,其中涌现出一批像雪莉老师这种收入过千万的头部知识付费达人。

图4

图5

线下引流变现

引流到店变现分为两种情况,第一种是一些实体店商家会寻找抖音达人进行宣传,并依据宣传效果为达人支付报酬。

第二种是抖音达人本身就是实体店老板,通过在抖音发视频起到引流到店的作用。当抖音观众前往店内并消费后,即完成变现。

图6所示为一个添加了线下店铺地址进行引流的美食类视频。

图7所示为一个引流到线下温泉酒店的视频。

图6

图7

扩展业务源变现

扩展业务源变现方法适用于有一定技术或手艺的创作者，如精修手机、编制竹制品、泥塑等。

只需要将自己的工作过程拍成短视频并发布到短视频平台，即可吸引大量客户。

抖音小店变现

抖音小店变现相当于橱窗变现的升级版。橱窗变现这种方式主要针对个人账号，而抖音小店变现针对的是商家、企业账号。

通过开通小店并上架商品后，将商品加入到精选联盟，即可邀请达人带货，从而快速打开商品销路。

图8所示为小店的管理后台。

图8

全民任务变现

全民任务是一种门槛非常低的变现方式，哪怕粉丝较少，也可以通过指定入口参与任务。选择任务，并发布满足任务要求的视频后，即可根据流量结算任务奖励。

进入"创作者服务中心"即可找到"全民任务"入口，如图9所示，点击"全民任务"图标，即可看到所有任务，如图10所示。

直播变现

直播带货是比短视频带货更有效的一种变现方式。但其门槛要比短视频带货高一些，建议新手从短视频带货做起。当短视频带货有所起色，积累一定数量粉丝后，再着手进行直播带货。

此还，还可以依靠直播打赏进行变现，采用此种变现方式的主要是才艺类或户外类主播。

图9

星图任务变现

"星图"是抖音官方为便于商家寻找合适的达人进行商务合作的平台。所谓"商务合作"，其实就是商家找到内容创作者，并为其指派广告任务。当宣传内容和效果达到商家要求后，即支付创作者报酬。

游戏发行人计划变现

"游戏发行人计划"是抖音官方开发的游戏内容营销聚合平台。游戏厂商通过该平台发布游戏推广任务，抖音创作者按要求接单创作视频。根据点击视频左下角进入游戏或进行游戏

图10

下载的观众数量，为短视频创作者结算奖励，从而完成变现。

小程序推广变现

小程序推广变现与游戏发行人计划变现非常相似，区别仅在于前者推广的是小程序而后者推广的是游戏。也正因推广的目标不同，所以在拍摄视频变现时，需要考虑的要素也有一定区别。

可以在抖音中搜索"小程序推广"，找到对应的计划专题，如图 11 所示。

图 11

线下代运营变现

一些运营达人会发布视频传授抖音运营经验，并宣传自己"代运营账号"的业务，以此寻求变现。

这种变现方式往往与"知识付费变现"同时存在，即在提供代运营服务的同时，也售卖与运营相关的课程。

拍车赚钱计划变现

"拍车赚钱计划"是懂车帝联合抖音官方发起的汽车达人现金奖励平台。凡是拍摄指定车辆的视频，通过任务入口发布后，根据播放量、互动率、内容质量等多项指标综合计算收益。此种变现方式非常适合卖一手车或者二手车的内容创作者。

可以在抖音中搜索"拍车赚钱"，找到对应的计划专题，如图 12 所示。

图 12

同城号变现

同城号变现是一种非常适合探店类账号的变现方式。通过深挖某一城市街头巷尾的小店，寻找好吃、好玩的地方，以此吸引同城观众。

剪映模板变现

经常使用剪映做视频后期，并参加剪映官方组织的活动，即有机会获得剪映模板创作权限。

获得该权限后，创建并上传剪映模板，除了可以获得剪映的模板创作激励金，当有用户购买模板草稿时，还可以获得一部分收益。

抖音特效师计划变现

"抖音特效师计划"是抖音为扶持原创特效道具创作者而举办的一项长期活动。在抖音认证为"特效师"后，发布原创特效道具，根据该道具被使用的次数，即可获得收益，如图13所示。

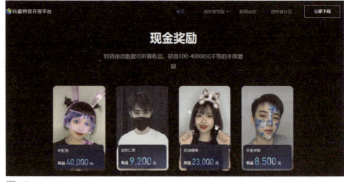

图 13

另类服务变现

"另类服务变现"也可以被称为"创意服务变现"。

一些很少见的服务项目，如每天叫起床，每天按时说晚安或者去夸一夸某个人等，都可以在抖音上通过短视频进行宣传，引起观众的兴趣，并吸引其购买该服务，进而成功变现。

此外，抖音中还有大量以起名、设计签名为主要服务内容的账号，如图14和图15所示。

所以，每一个创作者都应该想一想自己能否提供有特色的服务或产品，在抖音创作领域内流行这样一句话——万物皆可抖音卖，值得每一个创作者深入思考。

图 14 　　　　图 15

视频赞赏变现

开通了视频赞赏功能的账号，可以在消息面板看到"赞赏"按钮，如图16所示，粉丝在观看视频时，可以长按视频页面，点击"赞赏"按钮，以抖币的形式进行打赏，如图17所示。

图 16

图 17

抖音对"好内容"的定义

很多内容创作者会有这样的疑惑,明明自己制作的短视频质量很高,即便与同领域的头部账号相比也不遑多让,但无论是播放量还是点赞、评论,都少得可怜,这是为什么呢?是因为内容不够"好"吗?

抖音的"好内容"什么样

首先要明确的是,在抖音中,"好内容"就是指那些播放多、点赞多、评论多的视频。而"不好"的内容,自然就是这 3 个指标相对较低的视频。

因此,抖音对于内容好坏的定义,其实不是针对内容本身的质量及实用程度来确定的,而是根据用户的"反馈"来确定的。

所以,一些视频虽然从内容本身上来看非常优秀,但观众并不买账,喜欢这个视频的人也比较少,那么在抖音中就不能算作"好内容",如图 18 所示。

这就会导致一些非常小众但质量很高的视频,进入一个由于喜欢的人少,导致没有播放,没有播放就更难被人看到的死循环。也正因如此,如果不特意搜索相关内容,抖音自动为人们推送的永远是那些大众的、通俗的内容。

比如图 18 所示的与水处理相关的知识讲解视频,该内容全面、详细,讲解清晰,其实是质量很高的水处理课程。但就是因为受众太小,而且视频时长太长,与抖音的"短视频"定位和受众所需的、适合碎片时间观看的需求不符,导致播放量、点赞和评论都比较低。

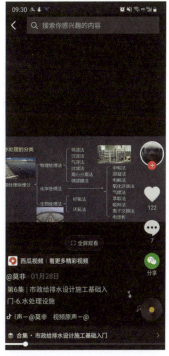

图 18

抖音的"好内容"的 4 大特点

每一个时代都存在着相对统一的"普遍审美",也就是说,绝大多数人喜欢的事物是有共同特点的。

由于抖音中的"好内容"是指"大多数观众爱看的内容",那么只要观看了足够多的高播放、高点赞、高评论的视频,就一定可以总结出抖音受众的"普遍审美",继而作为视频创作的"方向标"。

观众看得懂的才是"好内容"

由于绝大多数人刷抖音都是为了放松一下、轻松一下，所以那些晦涩难懂的内容通常会被观众所排斥。一旦发现自己看不懂或者觉得费脑子，就会直接滑到下一个视频。

因此，对于搞笑类视频而言，创作者要考虑到"笑点"是否直白，是否直观，甚至要为表现笑点的人或物进行特写拍摄，让观众一眼就能看到、看懂。

而对于科普类内容，则务必注意语言是否通俗易懂，举例是否接近生活，尽量让观众容易理解。

比如科普类抖音号"空间一号"在制作介绍"量子物理"这种很晦涩难懂的知识时，就采用了从"站队"开始引入的方法，先说明人在每种事物面前都会站队，比如"有的人喜欢猫，有的人喜欢狗"，如图 19 所示，然后再进一步讲解科学史上人们对某种观念的站队。这种由浅入深的做法，就是为了吸引观众继续看下去，让其感觉"看得懂"，从而不至于立刻跳转到其他视频。

图 19

节奏快的才是"好内容"

抖音平台主打"短视频"，那么来抖音平台看视频的观众大多都是冲着"短视频"来的。所以"长视频"在抖音平台相对而言更难获得高流量。

而为了让视频既"短"又有一定的内容，就要求节奏比较快。这也是为什么抖音上的大多数视频画面变化节奏快，语速也很快的原因。

比较典型的当属教学视频，比如在笔者运营的抖音号中，大部分视频为了将每个时长控制在 2 分钟以内，无论是操作画面还是讲解时的语速都刻意加快了，从而给观众一种信息含量大、很快就能学会的感觉。

图 20 所示的讲解单反相机原理的视频内容干货十足，但也在考虑短视频的特性后，加快了语速，并对画面进行了优化，从而获得了 6283 个点赞，播放量将近 60 万。

图 20

不需要思考的才是"好内容"

大多数看抖音的观众,不是为了学习、提高自己,而是为了放松一下。所以那些需要思考的内容,要想获得高流量是比较困难的。而一些不用动脑子就可以让观众或开心、或惊喜、或兴奋的内容,则往往会成为爆款中的爆款,如换装类、搞笑类、剧情类短视频等。

其中最典型的是"换装类"短视频。此类短视频几乎没有任何学习价值,但就是因为其在短时间内不需要观众做任何思考,就能产生强烈的视觉冲击力,所以会出现大量点赞量在百万级的视频。像换装类的头部账号"刀小刀 sama",其视频点赞量平均为几十万,部分短视频甚至会达到 600 万点赞,如图 21 所示。

图 21

能调动情绪的就是"好内容"

有学者将抖音称为情绪播放器,这一点与《乌合之众》这本书描述的群体心理学很吻合。在这本书中描述群体心理的一般特征,即"盲目""冲动""狂热""轻信"。

由于在网络时代人们的情绪更加饱满、复杂、纯粹,传递更为方便、直接、快速,因此,只要一个视频能够调动情绪,就很容易形成全网传播,这一点在许多新闻事件上已经得到证明。

例如,鸿星尔克事件曝光后,不仅相关视频均得到了巨量传播,如图 22 所示,而且,大量被调动了爱国情怀的网友,在线上与线下同时购买鸿星尔克的产品,以至于品牌方出面喊话网友要理性消费。

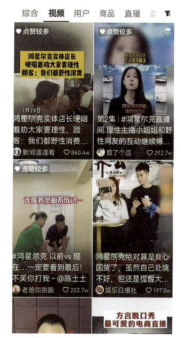

图 22

在抖音创作平台喜欢的内容

要在抖音上制作出能够获得较大流量的短视频核心要点是,优先做平台喜欢的内容,再考虑用户喜欢的内容,最后才能是自己喜欢的内容。

比如,对于一个知识博主来说,要把一个知识点完全讲明白,大多数情况下需要 5 分钟甚至更长,但这样的视频不适合抖音平台,所以应该重新组织语言,放弃一些内容,直至内容在 1 分半以内可以讲完,甚至将视频切分成 1 分钟。

每一个希望通过抖音获得收益的创作者,都必须不断调整方法,使自己的内容更符合平台的调性,才更容易成功。

理解短视频平台的推荐算法

短视频的推荐算法

理解短视频平台的推荐算法，有助于创作者从各个环节调整自己的创作思路，创作出"适销对路"的作品。

一个视频在发布以后，首先各个平台会按照这个视频的分类，将其推送给可能会对这个视频感兴趣的一部分人。

例如，某创作者发布了一个搞笑视频，此时平台的第一步是找到这个视频的观看用户。

用户的选择方法通常是，先从创作者的粉丝里随机找到300个左右对搞笑视频感兴趣的人，再随机找到100个左右同城观众与100个左右由于点赞过搞笑视频或长时间看过搞笑视频而被系统判定为对搞笑视频感兴趣的用户。

第二步是将这个视频推送给这些用户，即这些用户刷抖音时下一条刷到的就是这个搞笑视频，如图23所示。

第三步是系统通过分析这500个用户观看视频后的互动数据，来判断视频是否优质。

互动数据包括，有多少用户看完了视频，是否在讨论区进行评论，是否点赞和转发，如图24所示。

如果互动数据比同类视频优秀，平台就会认为这是一个优质的视频，从而把视频推送到下一个流量池，这个流量池可能就是3000个对搞笑视频感兴趣的人。

反之，如果互动数据较差，则此视频将不会被再次推送，最终的播放数据基本上就是500左右。

如果被推送给3000人的视频仍然保持非常好的互动数据，则此视频将会被推荐到下一个更大的流量池，比如可能是5万这样一个级别，并按照同样的逻辑进行下一次的推送分发，最终可能出现一个播放达到数千万级别的爆款视频。

反之，如果在3000人的流量池中，互动数据与同类视频相比较差，则其播放量也就止步于3000左右了。

当然，这里只是简单模拟了各个视频平台的推荐流程，实际上在这个推荐流程中，还涉及很多技术性参数。

但从这个流程中也基本上能够明白，一个视频在刚刚发布的初期，每一批被推送的用户，直接决定着视频能否成为爆款，所以，视频成为爆款也存在一定的偶然性。

比如精心制作了一个视频，这个视频在发布时，由于时间点选择得不太好，大家都在忙于别的事情，那么这个视频即使

图 23

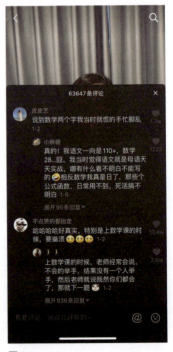

图 24

被发布出来，大家也可能没有时间去仔细观看，通常会匆匆划过，因此这个视频也就不可能成为爆款。

因此，抖音早期创作者都流传着发第 2 遍会火的说法，其实就是在赌概率。有些创作者甚至会隐藏数据不佳的视频，然后对其做较小修改后再次发布。如果仍然不火，再次修改，再次发布，这种操作可能重复 3～4 次，甚至 4～5 次。

其实从一个娱乐圈的事件也能够看出，发布时间节点对于视频是否火爆会产生怎样的影响。汪某作为一个知名歌手，名气不可谓不大。但很多次关于他的新闻都没有办法获得娱乐头条，就是因为每次他在发布新闻时，总是被一些更大的事件所压制，大家的关注度直接会转向那个更大的新闻，因此他多次都抢头条失败。

所以，即便创作的视频各个方面都没有问题，能够成为爆款的视频也属于概率问题。

视频偶然性爆火的实战案例

由于了解视频火爆的偶然性，因此笔者在发布视频时，通常会将一个内容创建成为 16∶9 与 9∶16 两种画幅，分别在不同的时间发布在两个类型相同的账号上。

实践证明，这个举措的确挽救了多个爆款视频。

图 25 所示为笔者于 2021 年 9 月 27 日发布的一个讲解慢门的视频，数据非常一般，播放量不到 2200。

但此视频内容质量过硬，所以笔者经过调整画幅后，重新于 2021 年 9 月 30 日重新发布在另一个账号上，获得了 19 万播放量、6729 点赞，如图 26 所示。

图 27 所示为另一个案例，第一次发布后只获得 23 个赞，所以直接将其隐藏。在修改画幅后发布于另一个账号，但数据仍较低，只获得 25 个赞，如图 28 所示。

由于笔者坚信视频质量，因此再次对视频做了微调，并第三次发布于第一个账号上，终于获得 1569 赞，如图 29 所示。

类似的案例还有很多，这充分证明了发布视频时的偶然性因素，值得各位读者思考。

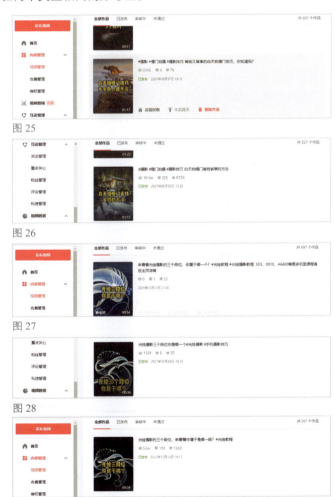

图 25

图 26

图 27

图 28

图 29

了解内容审核机制

短视频平台的内容审核包括机器审核和人工审核两部分。

由于每个平台每天都有大量视频被上传，因此，基本上所有平台都在很大程度上先依靠计算机进行初审，再依靠人工进行复审。

计算机审核的部分包括视频的画面内容、标题关键词、视频配音与背景音乐。

审核的硬性标准是上述内容没有明显违法内容，没有明显违反著作权法，没有明显搬运抄袭他人作品的情况。

当这些要素均没有明显违规后，才会进行推送并获得初始播放量，如图30所示。

当视频达到3万左右播放量时，会由审核人员介入进行审核，以确保视频内容安全可靠。

当视频播放量达到10万或更多时，则由更高级别的审核工作人员介入进行审核。

因此，有些视频内容在违规不明显的情况下，很容易在获得较高播放量后，由于人工介入被检查出违规，而直接被断流。

此外，特别需要提醒新手注意的是，初始审核时视频的画面是由计算机执行的，因此，即便有一些画面并不低俗，但只要看上去有些像低俗画面，也会由于误判而导致视频被限流。

同样，由于视频中的画面不能出现商家广告，因此，如果视频中的某一段画面由于形似某个商家的Logo，而被误判为广告视频，也会导致视频限流。

以上情况，笔者都曾经遇到过。

另外，所有视频除非违规非常明显，否则均会得到200～500初始播放量，并在边推送的同时边检测，因此，有些违规视频可能在300左右的播放量时被检测出违规，停止推送；有些视频，有可能达到数千播放量时被检测出违规，并被停止推送，如图31所示。对于违规视频，建议将其删除。

图 30

图 31

短视频的这 8 大误区要避免

设备使用误区

新入行的读者一定要明白，拍短视频并不需要过于专业的设备，尤其是刚开始创作时，由于还没有看到收益，可以将它作为一个副业，或者自己的职场 B 计划。

所以一开始无须采购昂贵的单反、微单和镜头，以及专业的收音或灯光设备。

已经有无数的短视频创业者都通过实践证明，只需一台运行流畅的手机和一个后期剪辑 App 就可以动手拍摄了，剩下的就只需要创意与激情。

创意脚本使用误区

当有了一个非常好的脚本或创意时，如果要把它拍成短视频，就要充分利用好这个创意，也就是说一个创意要反复多次利用。

举一个简单的例子，例如经常拍摄的摄影类教学视频，如果要讲解拍摄花朵的技巧，可以分别用桃花、梅花、荷花等不同的花来讲解同样一个拍摄手法。

这个道理其实也很简单，没有任何人有把握自己所拍摄的视频一定能够成为爆款，因此必须通过一定的量去提高这个概率，提高成为爆款的可能性。

同样，当拍摄好一个带货视频时，这个视频中间的场景道具及人物都可以做不同的替换，从而用一个创意拍摄出多个不同的视频，如图 32~ 图 34 所示。

然后将这些视频分别安排在不同的时段、不同的账号进行播放，从而提高成为爆款的可能性。

图 32

图 33

图 34

视频类型混淆误区

长视频是指经常在网络上看到的一些网剧或者微电影，对于这类视频，大家对其视觉美感还有一定的要求。

但是短视频不同，短视频是一个快餐性的文化，大家基本上都是在茶余饭后、等人等车，甚至是在上厕所的间隙去观看这种视频，大家对其要求及期望本身并不是很高。

因此短视频的核心要点其实是剧情和干货，所以才会出现有一些从长视频转行到短视频的团队，仍然采用了长视频的人员搭配或者操作方法，结果导致转行失败的情况。

其实，即使当前比较成规模的短视频团队，非常主流的短视频拍摄方法是采用短平快的方式，在一天内生产出十几条短视频，制作短视频时，一定不要把它当成一个精品网剧去操作，这种成功的概率及投入产出往往并不理想。

IP 人设的法律风险

现在大部分人都知道 IP 的重要性，一个易于辨识的、独特的 IP，能够让自己的视频账号从众多账号中脱颖而出，并且让自己的粉丝记住自己。

这里其实涉及一个问题，是将自己的主播打造成为账号的标志性 IP 人物，还是将自己塑造成 IP 人物。

每一个火爆账号的背后都有非常鲜明且独特的人设，让用户一眼就能认出来是他，让人一看到类似的剧情就能想到他，如图 35 所示。

比如"多余和毛毛姐"这个账号，橙红色、卷曲的头发、红色的连衣裙，操着一口贵阳普通话，有点疯疯癫癫的毛毛姐让人一下就能识别出来。

"破产姐弟"这个账号的主人公是一对开店的姐弟，弟弟心直口快，姐姐擅长销售，如图 36 所示。

"阿纯是打假测评家"这个账号的 IP 形象就是号称"全网男女通用脸"的阿纯，如图 37 所示。

图 35

图 36

图 37

第1章 了解短视频变现方式、推荐算法与常见误区 | 15

有一些团队，由于资源所限，将团队内颜值较高的小哥哥或小姐姐打造成了账号IP人物。但如果两者之间没有严谨的合同或协议，当彼此产生纠纷、矛盾后，很容易发生主播离开团队，从而带走了整个团队投入重金、时间及精力所打造的无形资产。

真人出镜误区

毫无疑问，真人出境能够帮助视频获得更多人的认可，让视频更具亲和力，这种视频也是各平台比较喜欢的，因此能够获得更多的推荐流量。

但大部分国人的性格都比较内敛，或者说是内向、不善于表现，还有一大部分人对于自己的颜值及在镜头前的表现能力没有信心，因此对于真人出境这件事情始终有一定的忧虑。

其实这种问题可以利用一些技术手段来化解，比如利用卡通人像或者面具，或者在取景时多展示身体的局部，少出现有面部的全景，如图38和图39所示。

因此，笔者的建议是，如果有可能的情况下，最好是将自己塑造成为一个有辨识度的IP人物。如果自己的条件有限，一定要依靠他人，则双方一定要签一份正式合同。

但最终的解决方法是，自己在心理上接受自己的颜值并不高这个事实，并坦然在镜头前面表现自己。

实际上，各大平台上的确有许多颜值并不高但变现能力极强的个人账号，如账号"忠哥"就是一个很好的例子，如图40所示。

图38

图39

图40

刷粉刷赞误区

很多刚开始做抖音的小伙伴儿，希望通过刷一些粉丝，刷一些赞，去做一下自己的数据装修，但其实这是一个非常大的误区。

以刷粉丝为例，如果账号只有 1000 粉丝，刷了 9000 粉丝，虽然看上去有 1 万粉丝，"门面"好看不少，但殊不知这会对今后的视频发布造成很大的影响。

比如当发布一个视频后，平台会从这 1 万粉丝里面抽取一部分粉丝，将视频推送给他们，但是由于这些粉丝几乎都是购买来的假粉丝，也就是所谓的"僵尸粉"。

所以，当视频发布后，即使能够在他们的手机上呈现这个视频，他们也绝不会去点赞、转发这个视频。那么在前期平台给予我们的流量就被浪费了。因此，即使视频内容非常好，也不可能获得太多点赞，也没有办法进入下一级更大的流量推荐池，被推送给更多用户。

同样，如果去刷一些评论或者说刷赞，发布一个新视频时，平台会从那些已经对我们的视频评论或是点赞过的用户群体里面，随机抽取一部分推送这些视频。

但由于这些点赞或者发评论的都是一些营销账号，如图 41 所示，因此绝不可能与这个新的视频产生互动，这样就导致视频的完播率、点赞率和转发率数据非常低，所以也没有爆起来的可能。

刷赞的另一个问题是，由于这种行为通常是向专业刷赞机构购买了相关服务，因此，刷赞时机构是通过视频链接或抖音二维码找到相关视频，然后再批量点赞。

这与陌生用户刷抖音点赞的路径有很大区别，因此极易被抖音算法识别出来，从而被判定为作弊，所以，虽然刷赞让"门面"好看了，但却有可能被判定为低质量账号，得不偿失了。

图 41

互粉互赞误区

很多刚开始做抖音的新手，会在一些直播间或视频下面看到"互粉""互赞""抱一抱""领回家"这样的评论，其目的与刷粉、刷赞基本类似，理解了上面所讲述的原理后也应该明白，这样互粉、互赞是没有意义的。

熟人看到误区

许多人做抖音，过不了熟人那一关，总感觉自己的视频被熟人看到会很尴尬，以至于白白浪费了许多机会。

其实，完全可以通过设置，防止视频被推送给熟人。

具体操作方法如下。

1. 在抖音 App 中点击右下角"我"，点击右上角三道杠。

2. 点击"设置"，如图 42 所示，点击"隐私设置"，如图 43 所示。

图 42

图 43

3. 点击"把我推荐可能认识的人"，如图 44 所示，在弹出的页面下方关闭按钮即可，如图 45 所示。

再发布视频时，账号与视频就不会被推荐给可能认识的人，可以放心大胆地创作了。

此外，还可以通过设置屏蔽特定的人，不让他看自己的账号。方法是找到要屏蔽的账号，然后点击头像进入主页，点击右上角的三个点，如图 46 所示。

点击下方的"不让 Ta 看"，如图 47 所示，开启后，使用此账号登录抖音时，该账号就刷不到你的作品了。

图 44

图 45

图 46

图 47

抖音上的这 7 个谣言不要相信

抖音上流行一些伪知识博主传播一些虚假知识,甚至是谣言,下面列举几个常见的。

发视频前要养号

抖音上一直流传着养号的说法,意思是发作品之前先关注同行,然后多点赞,以增加账号的权重。

上面的说法是错误的,关于养号的说法,抖音安全中心还专门拍过视频用于专门辟谣,如图 48 和图 49 所示。

开通企业号播放量会变低

有一些开通蓝 V 账号的创作者,发现在开通后视频的播放量、转粉率变低,因此推论账号开通企业号后会被限流,播放量会变低。

其实,播放量变低并不是因为限流,而是之前有一部分粉丝可能是抱着娱乐的心态来看内容,当账号转成蓝 V 后,发布的视频有较强的营销属性,因此粉丝看视频的预期发生了变化,同样道理,许多人也不会关注一个公司账号,所以转粉率会下降。

图 48

不能说钱要说米

有些卖场直播间,主播把"钱"说成"米",甚至流传说钱是价值观有问题,这样的视频会限流。

这也是典型的谣言,"钱""死""赚钱"都是正常表达,不涉及违反安全规则,所以不会被限流。

刷礼物能够增加账号权重

任何告诉你在直播间刷礼物、加粉丝团,能够增加账号权重、活跃账号的言论,均是谣言。

这些操作只会增加直播间的权重,不会增加观众的账号权重,所以有些不良主播才会在直播间不遗余力地进行宣传。

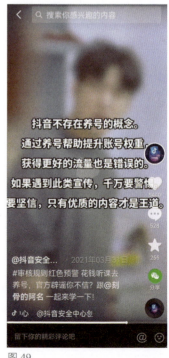

图 49

发作品不能点 + 号上传

截至 2022 年 1 月,抖音上还没有推出过一个功能,能够达到发布视频获得额外流量的功能。

因此,教授不点 + 号上传视频,换个发布渠道的视频就能上热门的方法,如图 50 所示,全是谣言。

任何发布入口,只能起到把视频发出去的作用,关于这一点抖音官方培训机构"巨量课堂"也拍过相关视频,如图 51 所示。

上传视频要关闭下载

视频的互动数据很重要,关闭了下载功能,就等于牺牲了一个能够提升视频数据的重要途径,所以,简单分析一下就知道这是典型的谣言。

打开隐藏功能能上热门

其实,任何人注册好抖音后,所有的功能都是默认开启的,只要准备好内容点击发布就可以了,没有什么隐藏功能与按钮需要打开。

宣传这种谣言的创作者,无非是想以唬人的噱头为自己的账号增加粉丝,如图 52 和图 53 所示。

类似于上面的谣言还有很多,识别这些谣言的方法只有一个,就是要明白一点,抖音创作没有捷径。

图 50

图 51

图 52

图 53

第 2 章
掌握短视频账号定位及搭建方法

对账号进行定位

俗话说"先谋而后动",抖音是一个需要持续投入时间与精力的创业领域,为了避免长期投入成为沉没成本,每一个抖音创作者都必须在着手前期,做好详细的账号定位规划。

商业定位

与线下商业的创业原则一样,每一个生意的开端都起始于对消费者的洞察,更通俗一点的说法就是要明白"自己的生意,是赚哪类消费者的钱"。在考虑商业定位时,可以从两个角度分析。

第一个角度是从自己的擅长技能出发。

比如,健身教练擅长讲解与健身、减肥、调整节亚健康为主的内容,那么主要目标群体就是职业久坐办公室的男性与女性。账号的商业定位就可以是,销售与上述内容相关的课程及代餐、营养类商品,账号的主要内容就可以是讲解自己的健身理念、心得、经验、误区,解读相关食品的配方,晒自己学员的变化,展示自己的健身器械等等。

如果创业者技能不突出,但自身颜值出众、才艺有特色,也可以从这方面出发,定位于才艺主播,以直播打赏作为主要的收入来源。

如果创业者技能与才艺都不突出,则需要找到自己热爱的领域,以边干边学的态度来做账号,例如,许多宝妈以小白身份进入分享家居好物、书单带货等领域,也取得了相当不错的成绩,但这个前提也仍然是找准了要持续发力的商业定位,即家居好物分享视频带货、书单视频推广图书。

所以,这种定位方法适合于打造个人 IP 账号的个人创业者。

第二个角度是从市场空白出发。

比如,创业者通过分析发现当前,儿童感觉统合练习是一个竞争并不充分的领域,也就是通常所说的蓝海。此时,可以通过招人、自播等多种形式,边干边学边做账号。

这种方式比较适合于有一定资金,需要通过团队合作运营账号的创业者。

第三个角度是从自身产品出发。

对于许多已经有线下实体店、实体工厂的创业者来说,抖音是又一个线上营销渠道,由于变现的主体与商业模式非常清晰,因此,账号的定位就是为线下引流,或为线下工厂产品打开知名度,或通过抖音的小店找到更多的分销达人,扩大自己产品的销量。

这类创作者通常需要作矩阵账号,以海量抖音的流量使自己的商业变现规模迅速放大。

如果希望深入学习与研究商业定位,建议大家阅读学习杰克·特劳特撰写的《定位》。

垂直定位

需要注意的是,即使在多个领域都比较专业,也不要尝试在一个账号中发布不同领域的内容。

从观众角度来看,当你想去迎合所有用户,利用不同的领域来吸引更多的用户时,就会发现可能所有用户对此账号的黏性都不强。观众会更倾向于关注多个垂直账号来获得内容,因为在观众心中,总有一种"术业有专攻"的观念。

从平台角度来看,当一个账号的内容比较杂乱,则会影响内容推送精准度,进而导致视频的流量受限。

所以,账号的内容垂直比分散更好。

用户定位

无论是抖音上的哪一类创作者，都应该对以下几个问题了然于心。用户是谁？在哪个行业？消费需求是什么？谁是产品使用者，谁是产品购买者？用户的性别、年龄、地域是怎样的？

这其实就是目标用户画像，因为，即便同一领域的账号，当用户不同时，不仅产品不同，最基础的视频风格也会截然不同。所以，明确用户定位，是确定内容呈现方式的重要前提。

图 1

比如做健身类的抖音账号，如果受众是年轻女性，那么视频内容中就要有女性健身方面的需求，比如美腿、美臀、美背等。图 1 所示即典型的以年轻女性为目标群体的健身类账号。如果受众定位是男性健身群体，那么视频内容就要着重突出各种肌肉的训练方法，图 2 所示即典型的以男性为主要受众的健身类账号。即便不看内容，只通过封面，就可以看出受众不同，对内容的影响是非常明显的。

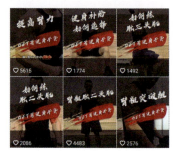

图 2

对标账号分析及查找方法

可以说抖音是一场开卷考试，对于新手来说，最好的学习方法就是借鉴，最好的老师就是有成果的同行。因此一定要学会如何寻找与自己同一赛道的对标账号，通过分析学习经过验证的创作手法与思路。

更重要的是可以通过分析这些账号的变现方式与规模，来预判自己的收益，并根据对这些账号的分析来不断微调自己账号的定位。

查找对标账号的方法如下。

1. 在抖音顶部搜索框中输入要创建的视频主题词，例如"电焊"话题。

2. 点击"视频"右侧的筛选按钮 ▽。

3. 选择"最多点赞""一周内""不限"三个选项，以筛选出近期爆款视频，如图 3 所示。

4. 观看视频时通过点击头像进入账号主页，进一步了解对标信息。

5. 也可以点击"用户""直播""话题"等标题，以更多方式找到对标账号，进行分析与学习，如图 4 所示。

还可以在抖音搜索"创作灵感"，点击进入热度高的创作灵感主题，然后点击"相关用户"，找到大量对标账号。

图 3

图 4

用 STP 理论做精细定位

什么是 STP 理论

当前短视频平台的内容竞争可谓白热化，无论哪个赛道、哪种题材，都有数以万计，甚至十万计的创作者在相互竞争。

在这种情况下，新入局的账号就更要懂得如何进行内容定位，以避免有限的精力被浪费。

做账号定位时，除了按美食、服装、装修、英语、创业等大领域进行定位，还要使用 STP 理论进行精准定位。

STP 理论是著名营销学家菲利浦·科特勒提出的定位理论。

S、T、P 这 3 个字母分别是 Segmentation（细分）、Targeting（目标）和 Positioning（定位）的缩写，其理论核心是，先细分领域，再确定客群，最后以差异化让自己脱颖而出。

仔细观察如图 5 所示的内容，有助于大家理论此理论。

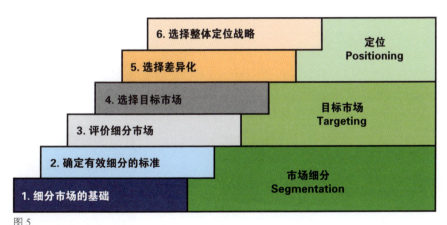

图 5

STP 理论应用实战

下面以女装赛道为例，利用 STP 理论进行分析定位。

第一步是分析女装竞争热度，并匹配自己的货源、创作资源，对领域进行细分。

例如，可以按下面的方式进行细分。

服装→女装→中高端女装→轻奢休闲风格中高端女装→大码轻奢休闲风格中高端女装

第二步是通过分析确定准确的服务客群，形成比较具象的目标客群画像，例如下面就是一个非常典型的、清晰的客户画像描述。

一二线城市、33～45 岁、消费能力较高、体形略胖、喜爱社交与旅游

第三步是利用自己的资源形成差异化竞争策略。

例如，如果有较强的短视频创作能力，可以拍摄剧情小短片；如果有自己的工厂，可以拍摄服装的加工生成过程，或者采用培养主播的方法，进行矩阵化抖音视频带货。

总之，在创作内容时，要充分考虑目标客群的特性。

为账号确立人设

一个账号有了人设,就有了灵魂。人设的确立会吸引更多的观众,进而为之后进行视频带货打下基础。

什么是账号的人设

人设并不是指一张脸,而是一个人展示出来的外显特征,包括性格、兴趣、谈吐、修养、身份、外貌、行为、价值观等。由于短视频的内容是经过设计的,所以可以通过固定的角度和脚本来塑造一个有可能与现实生活不完全相同的人设。

好的人设可以让账号形成明显差异化,从而提高粉丝黏性。比如抖音号"美石在北京",如图6所示,主人公是土生土长的北京姑娘,一口老北京方言加上大大咧咧的性格,给人一种爽快劲儿。这种"爽快劲儿"其实就是该人设的核心点。那么凡是热爱美食,又喜欢和爽快人打交道的观众,就更容易成为其粉丝,这就是人设的重要作用。

图6

先立人设再带货

对于带货视频而言,想通过商品吸引用户、黏住用户几乎是不现实的。而只有靠"人"才能吸引住观众,拴住观众,进而促进带货转化。

"先人设、后带货"这种方式其实也是在短视频、直播时代所特有的。正是因为短视频与直播的兴起,人们的购物方式除了"人找货""货找人",又多了一种"人找人"。

也就是购买的原因是因为我相信某个主播,那么他推荐的商品我信得过,所以才购买。

因此逐渐形成一种"等着这个人什么时候推荐这种商品,然后再购买的"新型消费理念,简称"人找人",也被称为"信任经济"。

在这种情况下,如果想在短视频带货领域有长远的发展,并且获得可观的收益,就必须通过建立人设,争取到观众的信任。所以一些短视频创作者在运营前期不卖货,为的就是"信任"二字。

比如美妆类头部账号"广式老吴",如图7所示,就是以鲜明的人设深得粉丝喜爱,再加上所有推荐都是自己觉得好用的,所以口碑非常好。

图7

寻找适合自己的人设

通过上文，已经了解了确立人设的重要作用，可以为视频带货带来很多优势。而人设一旦倒塌，就会让一个账号瞬间跌落低谷，几乎没有再次得到关注的可能。为了让人设能够长久存在下去，就要根据自身情况，寻找适合自己的人设。

根据自身社会角色

根据自身社会角色确立人设是最简单可靠的一种方式，因为在社会中，每个人都有自己的角色。

在工作中的角色，有可能是职员，有可能是领导；在家庭中的角色可能是爸爸、妈妈，同时也是儿子或者女儿。

因为人们对这些角色再熟悉不过了，所以将其呈现在视频中的角色就会特别自然，并且很容易维持，很难倒塌。

比如育儿类头部账号"育儿女神蜜丝懂"，其本身就是一位年轻的母亲，所以在视频中表现出一种温柔、善解人意的妈妈形象时，就非常自然，并且深入人心，如图8所示。

所以对于大多数希望在育儿的同时，通过抖音赚取一定收益的宝妈群体来说，成功的或者失败的育儿专家、情感顾问、整理收纳师、餐饮顾问、美食专家等，都是很好的人设定位。

根据个人喜好

抖音短视频账号的运营是一个长期的过程，而为了让这个过程可以更轻松地坚持下来，兴趣爱好起到了关键作用。

比如图9所示的"铭哥说美食"抖音号，在视频中，"铭哥"介绍美食做法时的语气分外带感，表现出了那种"这么就倍儿香""这么做准没错"的自信。

这种"自信"的语气与其对美食的热爱定然分不开。这种情绪会感染到观众，进而形成其在观众心中的人设。

根据带货产品的特点

一些短视频内容创作者由于具有某些商品的资源，所以在创建账号时就已经确定了自己带货商品的种类。比如茶类抖音号"茶七七"，由于视频带货的商品是茶叶，而茶叶作为中国传统饮品之一，具备很深厚的文化底蕴。

为了让视频内容与商品的调性一致，其中的人物自然也要温文尔雅，穿着传统服饰，并且每一个动作都一板一眼，稳重大方，这样才能让观众更容易领悟到茶之韵，也更容易形成转化。

图8

图9

创建抖音账号的学问

确定账号的定位后就需要开始创建账号，比起早期的无厘头与随意，现在的抖音由于竞争激烈，因此创建账号之初就需要在各个方面精心设计，下面是关于抖音账号的设计要点。

为账号取名的6个要点

字数不要太多

简短的名字可以让观众一眼就知道这个抖音号或者快手号叫什么，让观众哪怕是无意中看到了你的视频，也可以在脑海中形成一个模糊印象。当你的视频第二次被看到时，其被记住的概率将大大增加。

另外，简短的名字比复杂的名字更容易记忆，建议将名字的长度控制在8个字以内。比如目前抖音上的头部账号：疯狂小杨哥、刀小刀sama、我是田姥姥等，其账号名称长度均在8个字以内，如图10所示。

不要用生僻字

如果观众不认识账号名，则对于宣传推广是非常不利的，所以尽量使用常用字作为名字，可以让账号的受众更广泛，也有利于运营时的宣传。

在此特别强调一下账号名中带有英文的情况。如果账号发布的视频，其主要受众是年轻人，在名字中加入英文可能显得更时尚；而如果主要受众是中老年人，则建议不要加入英文，因为这部分人群对于自己不熟悉的领域往往会有排斥心理，当看到不认识的英文时，则很可能不会关注该账号。

体现账号所属垂直领域

如果账号主要发布某一个垂直领域的视频，那么在名字中最好能够有所体现。

比如"央视新闻"，一看名字就知道是分享新闻视频的账号；而"51美术班"，一看名字就知道是分享绘画相关视频的账号，如图11所示。

其优点在于，当观众需要搜索特定类型的短视频账号时，将大大提高你的账号被发现的概率。同时，也可以通过名字给账号打上一个标签，精准定位视频受众。当账号具有一定的流量后，变现也会更容易。

图 10

图 11

使用品牌名称

如果在创建账号之前就已经拥有自己的品牌，那么直接使用品牌名称即可。这样不但可以对品牌进行一定的宣传，在今后的线上和线下联动运营时也更方便，如图 12 所示。

使用与微博、微信相同的名字

使用与微博、微信相同的名字可以让周围的人快速找到你，并有效利用其他平台所积攒的流量，作为在新平台起步的资本。

图 12

让名字更具亲和力

一个好名字一定是具有亲和力的，这可以让观众更想了解博主，更希望与博主进行互动。而一个非常酷、很有个性却冷冰冰的名字，则会让观众产生疏远感。即便很快记住了这个名字，也会因为心理的隔阂而不愿意去关注或者互动。

所以无论是在抖音还是快手平台，都会看到很多比较萌、比较温和的名字，比如"韩国媳妇大璐璐""韩饭饭""会说话的刘二豆"等，如图 13 ~ 图 15 所示。

图 13

图 14

图 15

为账号设置头像的 4 个要点

头像要与视频内容相符

一个主打搞笑视频的账号，其头像也自然要诙谐幽默，如"贝贝兔来搞笑"，如图 16 所示。一个主打真人出境、打造大众偶像的视频账号，其头像当然要选个人形象照，如"珠宝人辫子"，如图 17 所示。

而一个主打萌宠视频的账号，其头像最好是宠物照片，如"金毛~路虎"，如图 18 所示。

如果说账号名是招牌，那么头像就是店铺的橱窗，需要通过头像来直观地表现出视频主打的内容。

图 16

图 17

图 18

头像要尽量简洁

头像也是一张图片，而所有宣传性质的图片，其共同特点就是"简洁"。只有简洁的画面才能让观众一目了然，并迅速对视频账号产生一个基本了解。

如果是文字类的头像，则字数尽量不要超过 3 个字，否则很容易显得杂乱。

另外，为了让头像更明显、更突出，尽量使用对比色进行搭配，如黄色与蓝色、青色与紫色、黑色与白色等，如图 19 所示。

图 19

头像应与视频风格相吻合

即便属于同一个垂直领域的账号，其风格也会有很大区别。而为了让账号特点更突出，在头像上就应该有所体现。

比如同样是科普类账号的"笑笑科普"与"昕知科技"，前者的科普内容更偏向于生活中的冷门小知识，而后者则更偏向于对高新技术的科普。两者风格的不同，使得"笑笑科普"的头像显得比较诙谐幽默，如图 20 所示。

图 20

使用品牌 Logo 作为头像

如果是运营品牌的视频账号，与使用品牌名称作为名字类似，使用品牌 Logo 作为头像既可以起到宣传作用，又可以通过品牌积累的资源让短视频账号更快速地发展，如图 21 所示。

图 21

编写简介的 4 个要点

通过个性化的头像和名字可以快速吸引观众的注意力，但显然无法对账号内容产生进一步了解。而"简介"就是让观众在看到头像和名字的"下一秒"继续了解账号的关键。绝大多数的"关注"行为，通常是在看完简介后出现的，下面介绍简介撰写的 4 个关键点。

语言简洁

观众决定是否关注一个账号所用的时间大多在 5 秒以内，在这么短的时间内，几乎不可能去阅读大量的介绍性文字，因此简介撰写的第一个要点就是务必简洁，并且要通过简洁的文字，尽可能多地向观众输出信息。比如图 22 所示的健身类头部账号"健身 BOSS 老胡"，短短 3 行，不到 40 个字，就介绍了自己、账号内容和联系方式。

图 22

每句话要有明确的目的

正是由于简介的语言必须简洁，所以要让每一句话都有明确的意义，防止观众在看到一句不知所云的简介后就转而去看其他的视频。

这里举一个反例，比如一个抖音号简介的第一句话是"元气少女能量满满"。这句话看似介绍了自己，但仔细想想，观众仍然不能从这句话中认识你，也不知道你能提供什么内容，所以相当于是一段毫无意义的文字。

而优秀的简介应该是每一句话、每一个字都有明确的目的，都在向观众传达必要的信息。

比如图 23 所示的抖音号"随手做美食"，一共 4 行字，第 1 行指出商品购买方式；第 2 行表明账号定位和内容；第 3 行给出联系方式；第 4 行宣传星图有利于做广告。言简意赅，目的明确，让观众在很短的时间内就获得了大量的信息。

图 23

简介排版要美观

简介作为在主页上占比较大的区域，如果是密密麻麻一大片直接显示在界面上，势必会影响整体观感。建议在每句话写完之后，换行再写下一句。并且尽量让每一句话的长度基本相同，从而让简介看起来更整齐。

如果在文字内容上确实无法做到规律而统一，可以像图 24 所示那样，加一些有趣的图案，让简介看起来更加活泼、可爱一些。

图 24

可以表现一些自己的小个性

目前在各个领域，都已经存在大量的短视频内容。而要想突出自己制作的内容，就要营造差异化，对于简介而言也不例外。除了按部就班、一板一眼地介绍自己、账号定位与内容，部分表明自己独特观点或者是体现自己个性的文字同样可以在简介中出现。

比如图 25 所示的"小马达逛吃北京"的简介中，就有一条"干啥啥不行 吃喝玩乐第一名"的文字。

其中"干啥啥不行"这种话，一般是不会出现在简介中的，这就与其他抖音号形成了一定的差异。而且，这种语言也让观众感受到了一种玩世不恭与随性自在，体现出了内容创作者的个性，拉近了与观众的距离，从而对粉丝转化起到一定的促进作用。

图 25

简介应该包含的 3 大内容

所谓"简介",就是简单介绍自己的含义。那么在尽量简短并且言简意赅的情况下,该介绍哪些内容呢?以下内容是笔者建议通过简介来体现的。

我是谁?

作为内容创作者,在简介中介绍下"我是谁",可以增加观众对内容的认同感。

比如图 26 所示的抖音号"徒手健身干货 - 豪哥"的简介中,就有一句"2017 中国街头极限健身争霸赛冠军"的介绍。这句话既让观众更了解内容创作者,也表明了其专业性,让观众更愿意关注该账号。

图 26

能提供什么价值?

观众之所以会关注某个抖音号,是因为其可以提供价值,如搞笑账号能够让观众开心,科普账号能够让观众长知识,美食类账号可以教观众做菜等。所以,在简介中要通过一句话表明账号能够提供给观众的价值。

这里依旧以"徒手健身干货—豪哥"抖音号的简介为例,其第一句话"线上一对一指导收学员(提升引体次数、俄挺、街健神技、卷身上次数)"就是在表明其价值。那么希望在这方面有所提高的观众,大概率会关注该账号。

账号定位是什么?

所谓"账号定位",其实就是告诉观众账号主要做哪方面的内容,从而达到不用观众去翻之前的视频,尽量保证在 5 秒内打动观众,使其关注账号的目的。

比如图 27 所示的抖音号"谷子美食",在该简介中"每天更新一道家常菜,总有一道适合您"就向观众表明了账号内容属于美食类,定位是家常菜,更新频率是"每天",从而让想学习做一些不太难且美味的菜品的观众更愿意关注该账号。

图 27

背景图的 4 大作用

通过背景图引导关注

通过背景图引导关注是最常见的发挥背景图作用的方式。因为背景图位于画面的最上方，相对比较容易被观众看到。再加上图片可以带给观众更强的视觉冲击力，所以往往会被用来通过引导的方式直接增加粉丝转化，如图 28 所示。

但对于还没有形成影响力与号召力的新手账号来说，不建议采用这种背景图。

图 28

展现个人专业性

如果是通过自己在某个领域的专业性进行内容输出，进而通过带货进行变现，那么背景图可以用来展现自己的专业性，从而增加观众对内容的认同感。

比如图 29 所示的健身抖音号，就是通过展现自己的身材，间接证明自己在健身领域的专业性，进而提高粉丝转化。

图 29

充分表现偶像气质

对于具有一定颜值的内容创作者，可以将自己的照片作为背景图使用，充分发挥自己的偶像气质，也能够让主页更个人化，拉近与观众之间的距离。

比如图 30 所示的剧情类抖音号，就是通过将视频中的男女主角作为背景图，通过形象来营造账号的吸引力。

图 30

宣传商品

如果带货的商品集中在一个领域，那么可以利用背景图为售卖的产品做广告。比如"好机友摄影、视频"抖音号中，其中一部分商品是图书，就可以通过背景图进行展示，如图 31 所示。

这里需要注意的是，所展示的商品最好是个人创作的，如教学课程、手工艺品等，这样除了能起到宣传商品的作用，还是一种对专业性的表达。

图 31

认识账号标签

账号标签是抖音推荐视频时的重要依据，标签越明确的账号，看到其视频的观众与内容的关联性越高，就会有更多真正对你的内容感兴趣的观众看到这些视频，点赞、转发或评论量自然更高。

每个抖音账号都有 3 个标签，分别是内容标签、账号标签和兴趣标签。

内容标签

所谓"内容标签"，即作为视频创作者，每发布一个视频，抖音就会为其打上一个标签。随着发布相同标签的内容越来越多，其视频推送会越精准。这也是为什么建议各位读者在垂直领域做内容的原因。连续发布相同标签内容的账号，与经常发送不同标签内容的账号相比，其权重也会更高。高权重的账号可以获得抖音更多的资源倾斜。

账号标签

正如上文所述，当一个账号的内容标签基本相同，或者说内容垂直度很高时，抖音就会为这个账号打上账号标签。一旦拥有了账号标签，就证明该账号在垂直分类下已经具备一定的权重。可以说是运营阶段性成功的表现。

要想获得账号标签，除了所发布视频的内容标签要一致，还要让头像、名字、简介、背景图等都与标签相关，从而提高获得账号标签的概率。

比如图32所示的具有"美食"账号标签的"杰仔美食"抖音号，其头像是"杰仔"，名字中带"美食"，背景图也与美食相关，再加上言简意赅的简介，账号整体性很强。

兴趣标签

所谓"兴趣标签"，即该账号经常浏览哪些类型的视频，就会被打上相应的标签。比如

一位抖音用户，他经常观看美食类视频，那么就会为其贴上相应的兴趣标签，抖音就会更多地为其推送与美食相关的视频。

因为一个人的兴趣可以有很多种，所以兴趣标签并不唯一。抖音会自动根据观看不同类视频的时长及点赞等操作，将兴趣标签按优先级排序，并分配不同数量的推荐视频。

正是因为抖音账号有上述几个标签，而不像以前只有一个标签的存在，所以"养号"操作已经不复存在。各位内容创作者再也不需要通过大量浏览与所发视频同类的内容来为账号打上标签了。

总结起来，在以上 3 种标签中，内容标签是视频维度的，账号标签是账号维度，兴趣标签是创作者本身浏览行为维度的。

内容标签会对账号标签产生影响，但是兴趣标签不会影响内容标签和账号标签。

图 32

如何查看账号标签和内容标签

如前所述,兴趣标签与运营账号无关,不需要特意关注。但账号标签和内容标签涉及视频的精准投放,所以在运营一段时间后,创作者需要关注自己的账号是否已被打上了精准的账号标签。

通过第三方网站查看

"为账号打标签"是抖音官方后台的行为,所以在抖音中无法直接看到。但在第三方数据网站,由于可以获得很多抖音后台的数据,所以可以直接看到账号是否有标签。此处使用的是"飞瓜"数据平台,具体查看方法如下。

1. 进入飞瓜抖音数据网站 https://www.feigua.cn/,点击界面左侧的"播主搜索"选项,如图33所示。

2. 在搜索栏中输入账号名,此处以"杰仔美食"为例。输入后,点击"搜索"按钮,如图34所示。

3. 在界面下方即可找到"杰仔美食"账号的搜索结果,其账号名称右侧的"美食"二字即为账号标签。而在账号ID的右侧,还可以看到"内容标签",如图35所示。对于一些权重稍低,但所发布内容依然有一定垂直度的账号,则只能看到内容标签,无法看到账号标签。

图33

图34

图35

通过抖音判断

可以通过在抖音中搜索创作灵感的方法,来判断自己的账号是否有正确的内容标签。

1. 关注并进入"创作灵感小助手"主页,点击主页上的官方网站链接,如图36所示。

2. 查看推荐的创作话题,如果推荐的话题与自己创作的内容方向一致,就代表已经打上了相关内容标签,如图37所示。

图36

图37

手动为账号打标签

鉴于账号标签的重要性，抖音推出了手动为账号打标签的功能，具体操作步骤如下。

1. 点击抖音App右下角"我"，点击右上角三条杠，点击"创作者服务中心"，显示如图38所示的界面。

2. 在头像下方点击"添加标签"，显示如图39所示的标签选择页面。

3. 选择与自己相关的领域标签，点击"下一步"按钮。

4. 选择更细分的内容类型，如图40所示，点击"完成"按钮。

5. 显示保存标签的页面，如图41所示，提示创作者每间隔30天才可以修改一次。

需要注意的是，截至2022年2月，此功能仍然属于内测阶段，也就是说并不是所有创作者都可以在后台按上述方法操作成功，如图42所示。

图38

图39

图40

图41

图42

一定要实施的账号矩阵化策略

什么是账号矩阵

简单地说,账号矩阵就是将一个账号重复做若干个。

例如,笔者不仅运营了好机友摄影抖音号,还运营了北极光摄影抖音号,这就是一个低配版本的账号矩阵。

这个其实比较容易理解,例如,如果已经在线下成功开办了一个包子铺,要想让生意的规模及利益最大化,不是把 100 平米的包子铺扩大成 10000 平米,而是通过直营或加盟的方法,把这个 100 平米的包子铺,在不同地段开设 100 家。

所以,无论是线上还是线下,当一个账号或店铺的商业模式被验证后,则可以通过矩阵化的形式快速扩展,以获得更多收益。

例如,罗永浩的大号直播间简介里,介绍了他的直播间矩阵,如图 43 和图 44 所示。

账号矩阵化的益处

账号矩阵化的价值在于效益翻倍、风险打折,并且可以探索新的商业模式。

例如,对于同样一个选题,用不同的拍摄手法或素材制作后,可以分别发布在不同个账号上,获得更多流量。

由于短视频流量具有一定的随机性,有时同样的选题,在一个号没有获得很高的推荐量,在另一个号却获得了不错的推荐,这样就可以最大化选题及视频制作的投产比。

这种情况在笔者运营的不同账号中均有体现,非常相近甚至相同的选题,在一个账号上展现量仅 500 左右,但在另一个账号上的展现量却达到了数万甚至过十万,成为小爆款。

账号矩阵化的 3 种思路

做账号矩阵化时,可以从以下 3 个层面进行考虑。

简单重复

即账号矩阵里的若干个账号发布的内容基本相同,但拍摄手法及发布时间节点、视频标题不同,从而降低账号视频的制作成本,提高曝光率。

此外,可以通过矩阵化账号的名称来实现品牌影响力倍增。

虽然不同的账号内容不尽相同,但由于账号名称基本相同,

图 43

图 44

所以很容易打造出一个极具影响力的品牌，从而通过线上引流到线下成交的方式获得较大收益。

这些账号是利益相关人员以共同维护一个品牌的目的去打造，也可以是一个公司的若干人员以扩大影响力来运营，如图 45 所示的账号均是巨量课堂的运营人员创建的，数量加起来也非常庞大，起到了很好的宣传效应。

依据不同群体打造账号

众所周知，一个账号是无法覆盖所有用户的。

举一个简单的例子，笔者的粉丝一部分活跃时间是在晚间 9 点左右，这一部分粉丝群体基本上是在职的年轻人。而另一部分粉丝活跃的时间是在下午 3 点左右，这一部分粉丝群体基本上是离退休人员。因此，在账号矩阵化运营时，就会根据这些不同的粉丝活跃时间来发布视频。

在实际运营时，还需要根据粉丝的性别、审美倾向、信息接受度等方向来规划不同账号的内容。

依据变现模式打造账号

抖音变现的形式灵活多样，可以销售百货、图书，还可以提供知识类课程，甚至通过视频获得客户资料后，提供一对一服务。

所以，不同的账号可以侧重于不同的变现模式，并根据变现模式来规划视频内容。例如，如果要通过零售图书来进行变现，无须真人出镜，可考虑方案＋配音方式来制作视频；要销售农产品，则最好体现产品的原产地、生产过程；要销售知识课程，最好采用真人出镜的方式进行拍摄，从而塑造 IP 形象，增强可信度。

图 45

如何判断账号是否被限流、降权？

作为新手账号运营者，一旦发现视频流量比较低，大多数会怀疑自己的账号是不是被降权或者限流。对于曾经受到处罚的账号，运营者更容易产生这种忧虑。

其实通过抖音后台的账号检测工具，就可以确定账号当前的状态。

具体操作方法如下。

1. 进入"创作者服务中心"界面，点击"全部分类"按钮，如图46所示。

2. 点击"账号检测"按钮后，如图47所示。

3. 点击红色的"开始检测"按钮。

4. 抖音会对账号的多项功能进行检测，其中包括登录功能、投稿功能、评论功能、点赞功能、直播功能、用户资料修改功能、私信功能等，如图48所示。

5. 此外还会对最近发布的30个视频进行检测，如图49所示。

6. 如果检测后发现视频或账号有问题，就会在最后给出检测报告，如图50所示。

7. 根据提示对视频进行优化即可。

图46

图47

图48

图49

图50

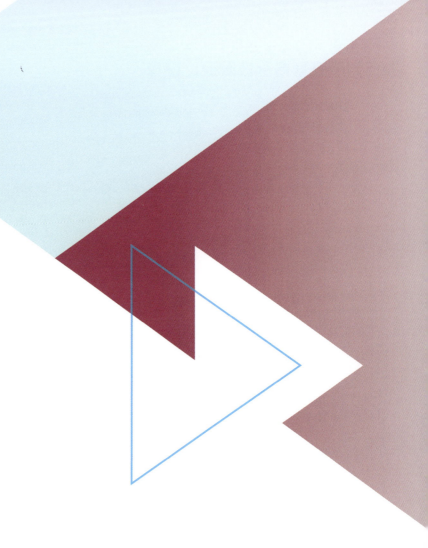

第 3 章
掌握短视频 7 大构成要素创作方法

学会寻找对标账号

对于一个新手来说，最好的学习方法就是借鉴，最好的老师就是同行。

因此一定要学会如何寻找与自己同一赛道的对标账号，通过分析这些账号发布的视频，学习他们的创作手段与思路，通过学习发布规律和账号搭建方法，掌握账号运营技巧。

更重要的是可以通过分析这些账号的变现方式与规模，来预判自己的收益。

搜索对标账号的两种方法

1. 在抖音顶部搜索框中输入要创建的视频主题词，如"电焊"话题，如图1所示。

2. 点击"视频"右侧的筛选按钮 ▽。

3. 选择"最多点赞""一周内""不限"3个选项，以筛选出近期爆款视频，如图2所示。

4. 观看视频时通过点击头像进入账号主页，进一步了解对标信息。

5. 也可以点击"用户""直播""话题"等标题，以更多方式找到对标账号，进行分析与学习，如图3所示。

除上述方法外，还可利用创作灵感，找到大量对标账号，如图4所示，方法请参考本章"利用创作灵感"相关章节的内容。

图 1

图 2

图 3

图 4

搜索对标账号的误区

在开始拆解热门视频之前，首先要找到与自己处于同一垂直领域的对标账号。因为只有分析他们的爆款视频，才有借鉴与学习的意义。

需要注意的是，在寻找对标账号时，不要只搜索同领域的头部大号，因为这些账号往往起步非常早，已经积累了大量粉丝，那么视频数据自然会比较"好看"。

为了让借鉴更有意义，建议去选一些粉丝基数不是很大，如 10 万左右，而且处于高速上升期的账号。这些账号的高速增长证明其内容势必与观众的需求非常吻合，那么分析他们创作的爆款视频则会更有意义。

学会分析对标账号的商业变现

绝大多数抖音创作者是以变现为最终目的进行创作的，因此一定要在花大量时间与精力模仿对标账号之前，先要客观了解此类账号的变现途径与能力。

对于大多数账号来说，先要变现的途径基本上就是带货与代言，所以，可以通过下面两种方法进行分析。

对标账号带货能力分析方法

由于抖音是禁止私下交易的，因此分析一个账号的带货能力，最简单的方法就是进入主页后，点击橱窗查看销售数据。

图 5 所示为一个销售家居日常商品的账号，点击主页"进入橱窗"，显示销售数值为 10 万 +，如图 6 所示。

图 5

图 6

点击"10 万 +"数字，则可以显示这些销售是多长时间达到的，如图 7 所示，可以看出这个账号的销售能力还是非常强的。

在橱窗页面点击"综合排序"，选择"销量优先"，则可以筛选出哪些商品销售量高，从而作为自己带货时的参考，如图 8 所示。

图 7

图 8

对标账号商业带言能力分析方法

商业带言即软广,是指品牌方以内容植入的形式,在创作者的视频中推销自己的品牌或商品。

这种合作比较规范的渠道是,通过字节跳动旗下的巨量星图平台进行合作。所以,只要稍加留意就会在大号的主页简介中看到红色的"找我官方合作"字样,如图9所示。

图 9

所以,要分析某个账号的商业带言能力,不妨进入巨量星图平台进行查看,具体操作步骤如下。

1. 用营销方身份登录巨量星图平台,其网址为 https://www.xingtu.cn/,如图10所示。

2. 搜索要查询的账号,如这里查询的是"农村朵朵",找到后点击账号名称。

图 10

3. 向下拖动页面,在"任务表现"区域可以看到已完成的广告任务,在画面右侧可以看到广告报价,如图11所示。

图 11

4. 图12所示为账号"大LOGO"的广告报价最低为30万,完成的任务数量为151条,所以这个账号经营还是非常成功的。

图 12

全面认识短视频的 7 大构成要素

虽然，大多数创作者每天都观看几十甚至数百个短视频，但仍然有不少创作者对视频结构要素缺乏了解，下面将对短视频组成要素进行一一拆解。

选题

即每一个视频的内容主题，选题是视频创作的第一步，好的选题不必使用太多技巧就能够获得大量推荐，而平庸的选题即便投放大量 DOU+ 广告进行推广，也不太可能火爆。

因此，对于创作者来说，"选题定生死"这句话也不算过分夸张。

内容

选题方向确定后，还要确定其表现形式。同样一个选题，可以真人口述，也可以图文展示；可以实场拍摄，也可以漫画表现。当前丰富的创作手段给了内容无限的创作空间。

在选题相似的情况下，谁的内容创作技巧更高超，表现手法更新颖，谁的视频就更可能火爆。

所以，抖音中的技术流视频一直拥有较高的播放量与认可度。图 13 所示为变身视频。

图 13

标题

标题是整个视频的主体内容的概括，好的标题能够让人对内容一目了然。

此外，对于视频中无法表现出来的情绪或升华主题，也可以在标题中表达出来，如图 14 所示。

图 14

音乐

抖音之所以能够给人沉浸的观看体验，背景音乐可以说功不可没。

大家可以试一下将视频静音，这时就会发现很多视频变得索然无味。

所以，每一个创作者要对背景音乐有足够的重视，养成保存同类火爆短视频背景音乐的好习惯，如图 15 所示。

图 15

字幕

为了便于听障人士及在嘈杂环境下观看视频，抖音中的大部分视频都添加了字幕。

但需要注意避免字幕位置不当、文字过小、色彩与背景色混融、字体过于纤细等问题，如图16和图17所示的视频就属于此类视频，可以看出来字幕的辨识度较差。

但这个不是强制性要求，对于新手来说，如果考虑成本，也可以不用添加。

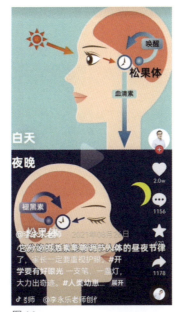

图16

图17

封面

封面不仅是视频的重要组成元素，也是粉丝进入主页后判断创作者是否专业的依据。

如图18和图19所示的整齐封面不仅能够给人以专业、认真的印象，而且使主页更加美观。

图18

图19

话题

在标题中添加话题的作用是告诉抖音如何归类视频。当话题被搜索或从标题处点击查看时，同类视频可依据时间、热度进行排名，如图20和图21所示。

因此，为视频增加话题有助于提高展现概率，获得更多流量。

图20

图21

让选题思路源源不断的方法

与任何一种内容创作相同，如果要进行持续创作，就必须不断找到创作思路，这才是真正的门槛，许多账号无法坚持下去也与此有一定的关系。

下面介绍 6 个常用的方法，帮助读者找到源源不断的选题灵感。

蹭节日

拿起日历，注意是要包括中、外、阳历、阴历各种节日的日历，另外，也不要忘记电商们自创的节日。

在这些特殊时间点，要围绕这些节日进行拍摄创作，因为每一个节日都是媒体共振时间点，不同类型、行业的媒体都会在这些时间节点发文或创作视频，从而将这些时间节点炒作成为或大或小的热点话题。

以 5 月为例，有劳动节和母亲节两个节日，立夏和小满两个节气，就是很好的切入点，如图 22 所示。

图 22

围绕这些时间点找到自己的垂直领域与其的相关性。例如，美食领域可以出一期选题"母亲节，我们应该给她做一道什么样的美食"；数码领域可以出一期节目围绕着"母亲节，送她一个高科技'护身符'"主题；美妆领域可以出一期节目"这款面霜大胆送母上，便宜量又足，性能不输×××"，这里的"×××"可以是一个竞品的名称。

只要集思广益，总能找到自己创作的方向与各个节日的相关性，从而成功蹭上节日热点。

蹭热点

此处的热点是指社会上的突发事件。这些热点通常自带话题性和争议性，利用这些热点作为主题展开，很容易获得关注。

所以，成功蹭热点是每一个媒体创作者必备的技能。这里之所以说是成功蹭热点，是因为的确有一些视频蹭热点是不成功的。

例如，主持人王某芬曾经就创业者茅侃侃自杀事件发过一个微博，并在第二条欢呼该微博阅读破 10W。这是典型的吃人血馒头，因此受到许多网民的抵制，如图 23 所示，最终不得不以道歉收场。

因此，蹭热点既有一定的技术含量，更有一定的道德底线，否则会适得其反。

图 23

那么，如何捕捉热点呢？首先是要多多浏览各个新闻终端的推送，例如可以多关注头条热搜、微博热门话题、百度热榜等的榜单，从而时刻紧跟社会热点。

需要注意的是，不能强蹭热点，因为不同的热点与不同的领域是强相关，与某些领域是弱相关，与其他领域可能不相关。

例如，在脱口秀演员池子与笑果文化打官司的事件中，中信银行为了配合大客户要求，擅自将池子的银行流水提供给了笑果文化。

这一热点事件与金融、监管、理财、演艺等领域强相关，与美食、美妆、数码、亲子等领域弱相关，甚至不相关。

因此，即使在弱相关的领域强蹭热点，不仅会让粉丝感觉莫名其妙，平台给的推荐流量也不会太高。

蹭同行

这里所说的同行，不仅包括视频媒体同行，还泛指视频创作方向相同的所有类型的媒体。

例如，不仅要在抖音上关注同类账号，尤其是相同领域的头部账号，还要在其他短视频平台上找相同领域的大号。

视频同行的内容能够帮助新入行的小白快速了解围绕着一个主题，如何用视频画面、声音音乐来表现选题主旨，也便于自己在同行基础上进行创新与创作。

另外，还应该关注图文领域的同类账号，如头条号、公众号、百家号、大鱼号和网易号、知乎、小红书等。

在这些媒体上寻找阅读量比较高或者热度比较高的文章，如图24~图26所示。

因为这些爆文可以直接转化成为视频选题，只需按文章的逻辑重新制作成为视频即可，所以对于新手来说，更值得推荐。

图24

图25

图26

利用创作灵感

创作灵感是抖音官方推出的帮助创作者寻找选题的工具，这些选题基于大数据筛选，所以不仅数量多，而且范围广，能够突破创作者的认知范围。

下面是具体的使用方法。

1. 在抖音中搜索"创作灵感"话题，如图27所示，点击进入话题。

2. 点击"点我找热门选题"，如图28所示。

图27

图28

3. 在顶部搜索栏中输入要创建的视频主题词，如"麻将"，再点击"搜索"，如图29所示。

4. 找到一个适合自己创建的、热门较高的主题，例如，笔者在此选择的是"麻将口诀大全"，点击进入。

5. 查看与此话题相关的视频，分析学习相关视频的创作思路，如图30所示。如果查看相关用户，还可以找到大量对标账号。

6. 按此方法找到多个值得拍摄的主题后，点击"稍后拍摄"按钮，将创作灵感保存在自己的灵感库中。

7. 以后要创建此类主题的视频时，只需要点击右上角的图标，打开自己的创作灵感库进行自由创作即可。

图29

图30

反向挖掘选题的方法

绝大多数创作者在策划选题时，方向都是由内及外，从创作者本身的知识储备去考虑，应该带给粉丝什么样的内容。这种方法的弊端是很容易由于自己的认知范围，而导致自己的视频内容限于窠臼。

如果已经有一定的粉丝量，不妨以粉丝为切入点，将自己为粉丝解决的问题制作成为选题，即反向从粉丝那里挖掘选题。

首先，这些问题有可能是共性的，不是一个粉丝的问题，而是一群粉丝的问题，所以受众较广。

其次，这些问题是真实发生的，甚至有聊天记录，所以可信度很高。

这样的选题思路，在抖音中已经有大 V 用得非常好了，比如"猴哥说车"，创作者就是为粉丝解决一个又一个的问题，并将过程创作成为视频，最终使自己成为 4000 万粉丝大号，如图 31 所示。

图 31

关闭个性化推荐挖掘选题的方法

众所周知，抖音采用的是个性化推荐方式，因此，一个对美食、旅游内容感兴趣的用户，就总是能够刷到这两类视频。

但这样的个性化推荐对于一个内容创作者来说无疑是思想的牢笼，因为无法看到其他领域的视频，自然也没办法举一反三，从其他领域的视频中吸取灵感，从而突破创作瓶颈。

所以，对于一个想不断突破、创新的创作者来说，一定要关闭抖音默认开启的个性化推荐开关，具体操作方法如下。

1. 在抖音中点击右上角的三条杠。
2. 点击"设置"选项，点击"通用设置"选项。
3. 点击"管理个性化内容推荐"选项。
4. 关闭"个性化内容推荐"开关，如图 32 所示。

执行上述操作后，抖音推送的都是各个领域较为热门的内容，对于许多创作者来说犹如打开了一个新世界。

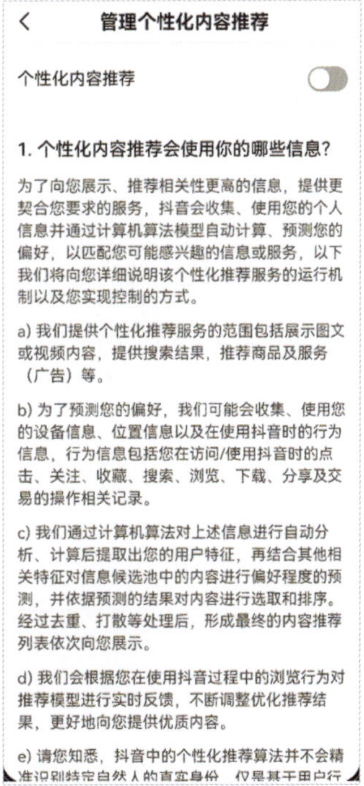

图 32

用抖音热点宝寻找热点选题

什么是抖音热点宝

抖音热点宝是抖音官方推出的热点分析型平台,基于全方位的抖音热点数据解读,帮助创作者更好地洞察热点趋势,参与热点选题创作,获取更多优质流量,而且完全免费。

要开启热点宝功能,要先进入抖音创作者服务平台,点击"服务市场",如图33所示。

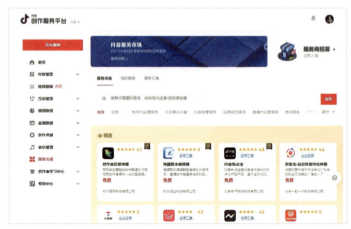

图33

在服务列表中点击"抖音热点宝",显示如图34所示的页面,点击红色的"立即订购"按钮后点击"提交订单"。

图34

点击"立即使用",则会进入如图35所示的使用页面。

如果感觉使用页面较小,可以通过网址 https://douhot.douyin.com/welcome 进入抖音热点宝的独立网站。

图35

使用热点榜单跟热点

抖音热点榜可以给出某一事件的热度，而且有更明显的即时热度趋势图，如图36所示，将光标放在某一个热点事件的"热度趋势"图形线条上，可以查看某一时刻的事件热度。

使用抖音热点榜，可以按领域进行区分，但可以通过点击"查看数量分布"按钮，来查看哪一个领域热点更多，如图37所示。

图36

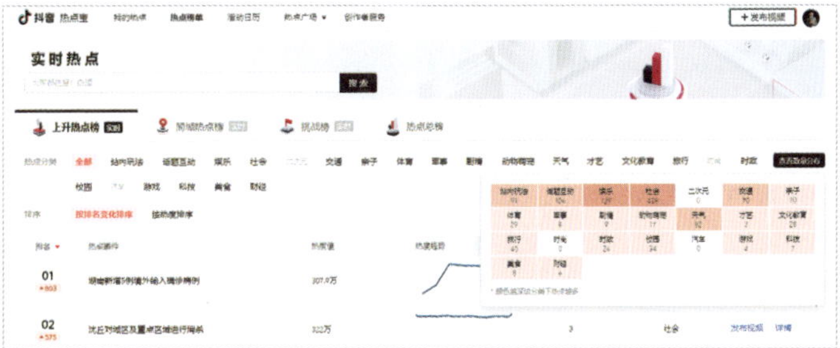

图37

利用同城热单推广线下门店

如果在创作视频时，有获取同城流量，推广线下门店的需求，一定要使用"同城热点榜"功能，在榜单上一共列了17个城市。

如果创作者所在的城市没有被列出，可以在右上方搜索框中搜索城市的名称，例如，笔者搜索"石家庄"，则可以查看石家庄的城市热点事件，如图38所示。

图38

标题撰写的 8 个技巧

短视频的标题就是发布视频时填写的关于视频的描述性文案。在浏览时,出现在视频左下角。

无论是通过电脑端后台发布视频,还是在抖音中直接点击加号上传视频,标题最多可以写 500 个字符。短视频标题可以是对视频的概括性描述,也可以是对视频内容的理解和感悟。好的视频标题可以吸引粉丝观看视频,提升完播率、互动率等重要数据。

突出具体问题

前面已经提到,一条视频的内容能否被观众接受,往往在于其是否解决了具体问题。那么对于一条解决了具体问题的视频,就一定要在标题上表现出这个具体问题是什么。

比如,对于科普类的视频,可以直接将问题作为标题"鸭子下水前为什么要先喝口水呢?""铁轨下面为什么要铺木头呢?"等;而对于护肤类产品的带货视频,则可以直接将这个产品的功效写在标题上,同样是以"解决问题"为出发点,如"油皮,敏感肌挚爱!平价洁面中的 ACE 来咯~"等,如图 39 所示。

图 39

标题留有悬念

如果将这个视频的核心内容都摆在标题上了,那么观众也就没有打开视频的必要了。因此,在起标题时,一定要注意留有一定的悬念,从而利用观众的好奇心去打开这条视频。

比如上文介绍的,直接将问题作为标题,其实除了突出视频所解决的问题,还给观众留下了一定的悬念。也就是说如果观众不知道问题的答案,又对这个问题感兴趣,就大概率会点开视频去观看。这也从侧面说明很多标题都以问句形式去表现的原因所在。

但保持悬念的方法绝不仅仅只能通过问句,比如"所有女生!准备好了吗?底妆界的超级流量博主来咯~",这个标题中就会引起观众的好奇,"这个底妆界超级网红到底是什么?",进而点开视频观看,如图 40 所示。

图 40

包含高流量关键词

任何一个垂直领域都会有相对流量较高的关键词。比如一个主攻美食的抖音号,如"家常菜""减肥餐""营养"等,都是流量比较高的词汇,用在标题里会更容易被搜索到。在节日期间,别忘了将节日名称也加到标题中,同样是出于"蹭流量"的目的,如图41所示。

另外,如果不确定哪个关键词的流量更高,不妨在抖音搜索界面中输入几个关键词,然后点击界面中的"视频"选项,数一数哪个关键词下的视频数量更多即可。

图 41

追热点

"追热点"这一标题撰写思路与"加入高流量关键词"有相似之处,都是为了提高观众看到该条视频的概率。毕竟哪个话题讨论的人多,其受众基数就会更大。

不同之处在于,虽然所有领域都有其高流量关键词,但并不是所有领域都能借用上当前的热点。

比如,运动领域的账号去蹭明星结婚热点就不会有什么效果;而美食领域的账号去借用"国宴菜谱公开"的热点就会具有非常明显的引流效果,如图42所示。

图 42

利用明星效应

明星本身是自带流量的,通过关注明星的微博或者抖音号、快手号等,发现她们正在用的物品或者去过的地方。然后在相应的视频中加上"某某明星都在用的……"或者"某某明星常去的……"等内容作为标题,其流量一般都不会太低,如图43所示。但需要注意的是,不要为了流量而假借明星进行宣传。

图 43

尽量简短

观众不会将注意力放在标题上很长时间,所以标题要尽量简短,并且要将内容表达清晰,让观众一目了然。

在撰写标题时,切记要将最吸引人的点放在前半句。比如"30秒一个碗,民间纯手工艺品,富平陶艺村欢迎大家",其重点就是通过"30秒一个碗"来吸引观众的好奇心,看看这碗是怎么仅用30秒就能做出一个的,所以将其放在前半句会第一时间吸引观众的注意力,如图44所示。

图 44

摆数字

比如"5秒就能学会""3个小妙招""4000米高空"等,如图45所示。通过摆数字,可以让观众感受到更具体的视频内容,从而在潜意识中认为"这个视频有干货"。

另外,如果要表现出对某个领域的专业性,也可以加入数字。比如"从业11年美容师告诉你,更有效的护肤方法";带货类视频则可以通过数字表现产品效果的卓越,如"每天使用5分钟还你一个不一样的自己"等。

图 45

采用设问句或反问句

采用设问句或反问句既可以营造悬念,又可以表明视频的核心内容,可以说是最常用的一种标题格式。观众往往会受好奇心的驱动,而点开视频观看。

需要注意的是,设问句或者反问句格式的标题并不是仅限于科普类或教育类账号使用。比如宠物类头部抖音号"会说话的刘二豆",其中一期视频标题为"喵生路那么长,为什么偏要走捷径呢?",同样勾起了观众的好奇心,如图46所示。

事实上,几乎任何一个视频都可以用设问句或反问句作为标题,但如果发布的所有视频的标题都是一种格式,也会让观众觉得单调、重复。

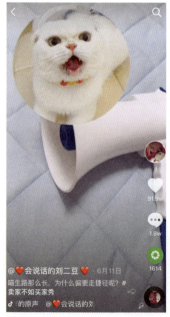

图 46

利用 4U 原则创作短视频标题及文案

什么是 4U 原则

4U 原则是由罗伯特·布莱在他的畅销书《文案创作完全手册》里提出的,网络上许多"十万+"的标题及爆火的视频脚本、话术,都是依据此原则创作出来的。

换而言之,下面是以标题创作为例,但学习后,也可以应用在视频文案、直播话术方面。

4U 其实是 4 个以 U 字母开头的单词,其意义分别如下。

Unique(独特)

猎奇是人类的天性,无论在写脚本时还是在写标题时,如果能够有意无意地透露出与众不同的独特点,就很容易引起观众的好奇心,如图 47 所示。

例如,下面的标题。

- 尘封 50 年的档案,首次独家曝光,×××事件的起因。
- 很少开讲的阿里云首席设计师开发心得。

图 47

Ultra-specific(明确具体)

在信息大爆炸的时代,无论脚本还是标题,最好是能够在短时间内,就让受众明确所能获得的益处,从而减少他们的决策时间,降低他们的决策成本。

列数字就是一个很好的方法,无论是脚本还是标题,都建议有明确的数字,如图 48 所示。

例如,下面的标题。

- 这样存定期,每年能多得 15% 收益。
- 视频打工人必须收藏的 25 个免费视频素材站。
- 小心,这 9 个口头禅,被多数人认为不礼貌。

此外,明确具体还指无论是脚本还是标题,最好明确受众,即使目标群体明确感受到标题指的就是他们,视频就是专门为解决他们的实际问题拍摄的,如图 49 所示。

例如,下面的标题。

- 饭后总是肚子胀,这样自测,就能准确知道原因。
- 半年还没有找到合适的工作?不如学自媒体创业吧。
- 还在喝自来水,没购买净水器吗?三年以后你会后悔。

图 48

图 49

Useful（实际益处）

如果能够在脚本或标题中呈现能够带给观众的确定性收益，就能够大幅提高视频完播率，如图 50 所示。

例如，下面的标题。

- 转发文章，价值 398 元的课程，限时免费领取。
- 从打工人到打工皇帝，他的职场心法全写在这本书里了。
- 不必花钱提升带宽，一键加快 Windows 上网速度。

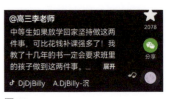

图 50

Urgent（紧迫性）

与获得相比，绝大多数人对失去更加恐惧，因此，如何能够在脚本或标题上表达出优惠、利益是限时限量的，就会让许多人产生紧迫性，从而打开视频或下单购买。

例如，下面的标题。

- 2021 年北京积分落户，只有 10 天窗口期，一定要做对这几件事。
- 本年度清库换季，只在今天直播间。

4U 原则创作实战技巧

懂得 4U 原则后，就可以灵活组合，创作出更容易打动人的视频标题及脚本。例如，可以考虑下面的组合方式。

- 明确具体目标人群 + 问题场景化 + 解决方案实际益处。
- 明确具体时间 + 目标人群 + 实际益处。
- 稀缺性 + 紧迫性。

下面以第一种组合为例，通过带货除螨仪来展示一个口播型脚本主体内容。

家里有过敏性鼻炎小朋友的宝妈一定要看过来（明确具体目标人群）。

小朋友一旦过敏性可真是不好受，鼻涕一把一把流，晚上还总是睡不好，即便睡着，也都是用嘴巴呼吸。（问题场景化）

怎么办呢，只好辛苦当妈的经常晒被子，换床单，不过到了天气不好的季节，可就麻烦了，没太阳啊。（问题场景化）

其实，大家真的可以试一下我们家这款刚获得 ××× 认证的 ××× 牌除螨仪，采用便携式设计，颜值高不说，还特别方便移动，最重要的是采用的是吸附作用进行除螨，效果杠杠滴。一张 1.8 米 ×2 米的大床，只要花 3 分钟就能够搞定。（解决方案实际益处）

因为，我们的仪器功率有 400W，口径大吸力强，还配有振动式拍打效果，可以将被褥深处的螨虫也拍出来，吸入尘盒，如图 51 所示。

图 51

用 BFD 法则写出有强烈情绪的文案

什么是 BFD 法则

要想让制作的视频打动人，其中一个技巧就是调动观众的强烈情绪。

那么，如何使视频有强烈情绪呢？著名文案大师迈克尔·马斯森特总结了一个非常有效的理论——BFD 理论。

即视频（也可以是文章）要从人们的 3 种"核心情绪"入手，分别是信念（Beliefs）、感受（Feelings）和渴望（Desires），简称 BFD。

无论是文案、脚本还是视频画面，都应该围绕如何调动这些情绪去雕琢打磨。

下面分别讲解如何围绕这 3 种情绪创作文案。

围绕 3 种情绪用 BFD 法则创作文案

信念

信念是情感、认知和意志的有机统一体，是人们在一定的认识基础上，确立的对某种思想或事物坚信不疑，并身体力行的心理态度。

这段抽象的概念，如果用大家熟悉的 NIKE 文案来诠释，就更容易理解了。

"在你的一生中，有人总认为你不能干这，不能干那；在你的一生中，有人总说你不够优秀、不够强健、不够天赋，他们还说你身高不行、体重不行、体质不行，不会有所作为。他们总说你不行！在你的一生中，他们会成千上万次迅速地、坚定地说你不行，除非你证明自己能行！NIKE，JUST DO IT。"

这段文案总结起来，表述的就是年轻人要有"永不放弃"的信念。

所以，如果一个视频能够传达出大多数人都认可的信念，就很容易火爆起来。

例如，在疫情期间，任何传递"抗疫必胜"等相关信念的视频，都非常容易点赞破万，如图 52 所示。

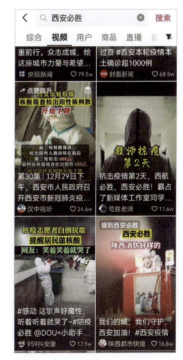

图 52

感受

感受，调动的是消费者的同理心与共情心理。

比如，一堆华丽的描述词汇，都不如一句"儿时的味道"，能够让消费者感受到食物的美味，如图 53 所示。

无论拍摄多么高大上的厨房场景，都不如表现妈妈的厨房更让人回味无穷。

这背后，都是由于文案与画面调动了消费者的同理心与共情心理，让消费者"看同身受"。

在这方面，还有一个非常经典的案例，希望能够在撰写文案方面给大家更多启迪。

大街上一个盲人，在面前放了一块牌子，上面写着：

我是个盲人，行行好，我需要钱与食物。

可是，并没有很多人给他钱。

后来一位女士路过，把牌子上的字改了一下，给钱的路人突然变得多了起来。

这位女士写的是：这真是美好的一天，可我却看不见。

这句话的精妙之处，就在于把盲人的感受表达了出来，激发了路人的共情心理。

图 53

渴望

渴望，是比现实需求稍高一个层次的情绪诉求。

例如，送孩子学钢琴的家长是希望孩子成为专业的钢琴师吗？还是希望通过钢琴考级为择校加分？其实，都不是。大部分家长是希望孩子更有气质，并通过钢琴训练克服懒散、消极等缺点，培养积极进取、坚韧不拔的意志品质。

所以，对于一个销售钢琴或销售钢琴培训课程的视频来说，脚本及文案的主题可以是"学过钢琴的孩子，生活更有耐心和自律性"，如图 54 所示。

在外漂泊的年轻人，对于买房子这件事，渴望的到底是什么？

也许用"别让这座城市只留下你的青春、汗水，却留不住你"来点题更能打动人。

图 54

获取优秀视频文案的两种方法

在手机端提取优秀文案的方法

如果希望快速获得大量的短视频文案，然后再统一进行研究，建议使用"轻抖"小程序的"文案提取"功能。具体操作方法如下。

1. 进入抖音，点击目标短视频右下角的图标，如图 55 所示。
2. 在打开的界面中点击"复制链接"按钮，如图 56 所示。
3. 进入微信，搜索并进入"轻抖"小程序，并点击"文案提取"选项，如图 57 所示。
4. 将复制的链接粘贴至地址栏，并点击"一键提取文案"按钮，如图 58 所示。

图 55

图 56

图 57

图 58

5. 稍等片刻后，识别出的文案即显示在界面中，点击"复制文案"按钮，如图 59 所示。
6. 长按文本界面，选择需要复制的文字，再点击左上角的"复制"按钮，如图 60 所示。接下来无论是粘贴到手机的"记事本"中，还是粘贴到 QQ 或者微信中，然后再将该段文字发送到计算机中即可。

图 59　　　　图 60

在电脑端获取海量文案的技巧

目前在电脑端还没有专门通过链接提取视频文案的工具,但却有一个能够一次性获得海量文案的方法,具体操作步骤如下。

1. 进入巨量创意网站 https://cc.oceanengine.com/,点击"工具箱"标签,再点击"脚本工具",如图 61 所示。

图 61

2. 在"脚本工具"页面中,通过选择或搜索不同的领域、关键词,即可找到大量可供借鉴学习的脚本,如图 62 所示。

图 62

截至 2021 年 12 月 23 日,在这个页面上总共可以搜索到共 225240 条脚本文案,相信一定能够满足绝大部分创作者的需求。

短视频音乐的两大类型

抖音短视频之所以让人着迷,一半是因为内容新颖别致,另一半则是由于有些视频有非常好听的背景音乐,有些视频有奇趣搞笑的音效铺垫。

想要理解音乐对于抖音的重要作用,一个简单的测试方式就是,看抖音时把手机调成静音模式,相信那些平时让你会心一笑的视频,瞬间会变得索然无味。

所以提升音乐素养是每一个内容创作者的必修课。

抖音短视频的音乐可以分为两类,一类是背景音乐,另一类是音效。

背景音乐又称伴乐、配乐,是指视频中用于调节气氛的一种音乐,能够增强情感的表达,达到一种让观众身临其境的感受。原本普通平淡的视频素材,如果配上恰当的背景音乐,充分利用音乐中的情绪感染力,就能让视频给人不一样的感觉。

例如,火爆的张同学的视频风格上粗犷简朴,但仍充满对生活的热望。这一特点与其使用男性奔放气质背景音乐《Aloha Heja He》契合度就很高。

使用剪映制作短视频时,可以直接选择各类音效,如图63所示。

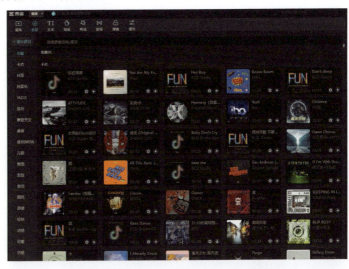

图 63

音效是指由声音所制造的效果,用于增进画面真实感、气氛或戏剧性效果,比如常见的快门声音、敲击声音、综艺节目中常用的爆笑声音等,都是常用的音效。

使用剪映制作短视频时,可以直接选择各类音效,如图64所示。

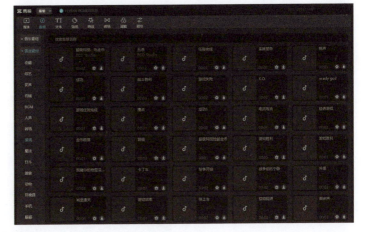

图 64

背景音乐匹配视频的4个技巧

电影"魔戒"的配乐大气磅礴，宫崎骏的电影的配乐空灵而悠长，可以说配乐是许多优秀电影成功的秘诀之一。虽然电影由于制作成本较高，可以定制配乐，但这并不意味着短视频由于成本低，可以忽略背景音乐。

恰恰相反，由于短视频需要较强的爆发力，所以，如果能够在背景音乐方面有所突破，必然能够让自己的短视频鹤立鸡群，获得更好的互动数据。

情绪匹配

如果视频主题是气氛轻松愉快的朋友聚会，背景的音乐显然不应该是比较悲伤或者太过激昂的音乐，而应该是轻松愉快的钢琴曲或者流行音乐，如图65所示。

在情绪的匹配方面，大部分创作者其实都不会出现明显的失误。

这里的误区在于有一些音乐具有多重情绪，至于会激发听众哪一种情绪，取决于听众当时的心情。所以对于这一类音乐，如果没有较高把握，应该避免使用，多使用那种情绪倾向非常明确的背景音乐。

图65

节奏匹配

所有的音乐都有非常明显的节奏和旋律，在为视频匹配音乐时，最好通过选择或者后期剪辑的技术，使音乐的节奏与视频画面的运镜或镜头切换节奏相匹配。

这方面最典型的案例就是在抖音上火爆的卡点短视频，所有能够火爆的卡点短视频，都能够使视频画面完美匹配音乐节奏，随着音乐变化切换视频画面。图66所示为可以直接使用的卡点模板视频。

正是由于考虑到视频与背景音乐节奏匹配的重要性，所以剪映提供了自动卡点的功能，如图67所示。

图66

图67

高潮匹配

几乎每一首音乐都有旋律上的高潮部分，在选择背景音乐时，如果音乐时长远超视频时长，如音乐时长为 4 分钟，但视频时长为 40 秒，那么，如果从头播放音乐，则音乐还没有播放到最好听的高潮部分，视频就结束了，如图 68 所示。

这样显然就起不到用背景音乐为视频增光添彩的作用，所以在这种情况下要对音乐进行截取，以使音乐最精华的高潮部分与视频的转折部分相匹配。

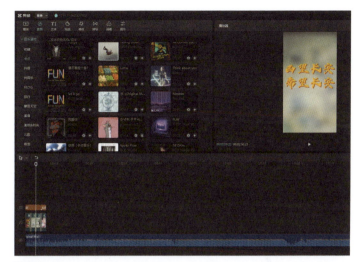

图 68

风格匹配

简单来说，就是背景音乐的风格要匹配视频的时代感，例如一个无论是场景还是出镜人物都非常时尚的短视频，显然不应该用古风背景音乐。

古风类视频与古风背景音乐显然更加协调，如图 69 和图 70 所示。

图 69

图 70

抖音短视频的 9 种呈现方式

"短视频"的呈现方式多种多样,有的呈现方式门槛较高,适合团队拍摄、制作;而有的呈现方式则相对简单,一个人也能轻松完成。笔者总结了当前常见的 9 种短视频呈现方式,各位读者可以根据自己的内容特点,从中选择适合自己的方式。

固定机位真人实拍

在抖音中,大量口播类视频都采用定点录制人物的方式。录制时通过人物面前固定的手机或相机完成,这种方式的好处在于一个人就可以操作,并且几乎不需要什么后期。

只要准备好文案,就可以快速制作出大量视频,如图 71 所示。

图 71

绿幕抠像变化场景

与前一种方式相比,由于采用了绿幕抠像的方式,因此人物的背景可以随着主题发生变化,适合于需要不断变换背景,以匹配视频讲解内容的创作者。但对场地空间与布光、抠像技术有一定的要求,图 72 所示为录制环境。

图 72

携特色道具出镜

对于不希望真人出镜的创作者,可以使用一些道具,如图 73 中的超大"面具",既可以起到不真人出镜的目的,又提高了辨识度。但需要强调的是,道具一定不能大众化,最好是自己设计并定制的。

图 73

录屏视频

即录制手机或平板的视频，这种视频创作门槛很低，适合于讲解手机游戏或者教学类内容，如图74和图75所示。前者为手机实录，后者为使用手机自带的录屏功能，或者电脑中的OBS、抖音直播伴侣等软件录制完成。

如果可以人物出镜，结合"人物出镜定点录制"这种方式，并通过后期剪辑在一起，可以丰富画面变现。

图 74

图 75

素材解读式视频

此类视频采用网上下载视频素材、添加背景音乐与AI配音的方式创作而成。影视解说、动漫混剪等类型的账号多用此方式呈现，如图76所示。

此外，一些动物类短视频也通常以"解读"作为主要看点。创作者从网络上下载或自行拍摄动物视频，然后再配上有趣的"解读"，如图77所示，也可获得较高播放量。

图 76

图 77

"多镜头"视频录制

这种视频往往需要团队才能完成，拍摄前需要专业的脚本，拍摄过程中需要专业灯光、收音设备及相机，拍摄后，还需要做视频剪辑与配音、配乐。

通过调整拍摄角度、景别，多镜头、多画面呈现内容。

大多数剧情类、美食类、萌宠类内容，都可以采用此种方式拍摄，如图78所示。

当然，如果创作者本身具有较强的脚本策划、内容创意与后期剪辑技能，也可以独自完成，3个月涨粉千万的大号"张同学"就属于此类。

图 78

文字类呈现方式

在视频中只出现文字，也是抖音上很常见的一种内容呈现方式。无论是如图 79 所示的为文字加一些动画和排版进行展示的效果，还是如图 80 所示的仅通过静态画面进行展现的视频效果，只要内容被观众接受，同样可以获得较高的流量。

图 79

图 80

图文类呈现方式

"图文视频"是抖音目前正在大力推广的一种内容表现方式。

通过多张图片和相应的文字介绍，即可形成一个短视频。这种方式大大降低了创作技术难度，按照顺序排列图片即可，如图 81 所示。由于是抖音力推的表现形式，因此还有流量扶持，如图 82 所示。

图 81

图 82

漫画、动画呈现方式

即以漫画或动画的形式来表现内容，如图 83 和图 84 所示。

其中，漫画类视频由于有成熟的制作工具，如美册，难度不算太高。但动画类内容的制作成本与难度就相当高了。

需要注意的是，这类内容由于没有明确人设，所以要想变现存在一定的困难。

图 83

图 84

在抖音中发布图文内容

什么是抖音图文

抖音图文是一种只需要发图并编写配图文字，即可获得与视频相同推荐流量的内容创作形式，视觉效果类于自动翻页的PPT。对于不擅于制作视频的内容创作者来说，抖音图文大大降低了创作门槛。

在抖音中搜索"抖音图文来了"，即可找到相关话题，如图 85 所示。

图 85

点击话题后，可以查看官方认可的示范视频，按同样的方式进行创作即可，如图 86 所示。

图 86

抖音图文的创作要点

抖音图文的形式特别适合于表现总结、展示类内容，如菜谱、拍摄技巧、常用化妆眉笔色号等内容。

因此，在创作时要注意以下几个要点。

1. 图片精美，且张数不要少于 6 张，否则内容会略显单薄。

2. 一定要配上合适的背景音乐，以弥补画面动感不足的缺点。

3. 视频标题要尽量将内容干货写全，例如，如图 87 所示的图文讲解的饼干制作配方，标题中用大量文字讲解了配方与制作方法。

4. 发布内容时，一定要加上话题 #抖音图文来了。因为在前期推广阶段，此类内容有流量扶持政策。

5. 如果要在图片上添加文字，一定要考虑阅读时的辨识性，例如，如图 88 所示的图片上，文字就略显多了。

图 87

图 88

制作风格统一的封面

充分认识封面的作用

如前所述,一个典型粉丝的关注路径是,看到视频——点击头像打开主页——查看账号简介——查看视频列表——点击关注。

在这个操作路径中,主页装修质量在很大程度上决定了粉丝是否要关注此账号,因此,每一个创作者都必须格外注意自己视频的封面在主页上的呈现效果。

整洁美观是最低要求,如图89所示,如果能够给人个性化的独特感受则更是加分项。

图89

抖音封面的尺寸

如果视频是横画幅,则对应的封面尺寸最好是1920像素×1080像素。如果是竖画幅,则应该是1080像素×1920像素。

封面的动静类型

抖音视频的封面分为动态与静止两种类型。

动态封面

如果在手机端发布短视频,点击"编辑封面"选项后,可以在视频现有画面中进行选择,如图90所示,生成动态封面。

这种封面会使主页显得非常零乱,不推荐使用。

图90

静止封面

如果通过电脑端的"抖音创作服务平台"进行视频上传,则可以通过上传封面的方法制作出风格独特或有个人头像的封面,这样的封面有利于塑造个人IP形象,如图91所示。

封面的文字标题

在上面的示例中,封面均有整齐的文字标题,但实际上,并不是所有的抖音视频都需要在封面上设计标题。

对于一些记录生活搞笑片段内容的账号,或以直播为主的抖音账号,如罗永浩,其主页的视频大多数都没有文字标题。

图91

封面文字对齐技巧

考虑到封面制作的时间成本及技术难度,许多新手通过电脑端的"抖音创作服务平台"上传视频时,通常使用平台内置的封面文字样式,如图92所示。

此时,有一个问题一定要注意,即封面标题文字的对齐问题,如果主页封面上的文字上下错位,会显得很杂乱。

因此,大家可以尝试使用笔者介绍的文字对齐技巧。

即输入封面标题文字后,点击"效果预览"标签,此时,可以看到已经发布的视频,在这种情况下,左右上下移动或放大缩小标题,即可让新视频的封面文字与已发布视频的标题对齐,如图93所示。

图 92

图 93

抖音封面裁剪问题

需要注意的是,如果上传的是竖画幅视频,但使用的是横画幅封面图片,则会被裁剪成为竖画幅,如图94所示。

因此,在选择与设计时,要确保封面图片的元素在裁剪后仍然是完整美观的。

如何制作个性封面

有设计能力的创作者,除可使用Photoshop外,还可以考虑使用类似稿定设计(https://www.gaoding.com/)、创客贴(https://www.chuangkit.com/)、包图网(https://ibaotu.com/)等可提供设计源文件的网站,通过修改设计源文件制作出个性封面。

图 94

用抖音话题增加曝光率

什么是话题

在抖音视频标题中，#符号后面的文字被称为话题，其作用是便于抖音归类视频，并便于观众在点击话题后，快速浏览同类话题视频。图 95 所示的标题中含有健身话题。

所以，话题的核心作用是分类。

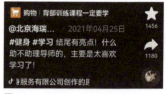

图 95

为什么要添加话题

添加话题有以下两个好处。

1. 便于抖音精准推送视频，由于话题是比较重要的关键词，因此，抖音会依据视频标题中的话题，将其推送给浏览过此类话题的人群。

2. 便于获得搜索浏览，当观众在抖音中搜索某一个话题时，添加此话题的视频均会显示在视频列表中，如图 96 所示。如果在这个话题下自己的视频较为优质，就会出现在排名较靠前的位置，从而获得曝光机会。

图 96

如何添加话题

在手机端与电脑端均可添加话题。两者的区别是，在电脑端添加话题时，系统推荐的话题更多、信息更全面，这与手机屏幕较小、显示太多信息会干扰发布视频的操作有一定关系，所以下面以电脑端为主讲解发布视频添加话题的相关操作。

在电脑端抖音创作服务平台上传一个视频后，抖音会根据视频中的字幕与声音自动推荐若干个标题，如图 97 所示。

图 97

由于推荐的话题大多数情况下不够精准，所以可以输入视频的关键词，以查看更多推荐话题，如图 98 所示。

图 98

可以在标题中添加多个话题，但要注意每个话题均会占用标题文字数量。图 99 所示的几个话题占用了 58 个字符。

话题选择技巧

在添加话题时，不建议选择播放量已经十分巨大的话题。除非对自己的视频质量有十足信心。

图 99

播放量巨大的话题，意味着与此相关的视频数量极为庞大，即使有观众通过搜索找到了话题，看到自己视频的概率也比较小。因此，不如选择播放量级还在数十万或数万的话题，以增加曝光概率。

例如，在本例中"静物摄影"的播放量已达 1.3 亿，因此不如选择"静物拍摄"话题，如图 100 所示。

图 100

话题创建技巧

虽然抖音上的内容已经极其丰富，但仍然存在大量空白话题，因此可以创建与自己视频内容相关的话题。

例如，笔者创建了一个"相机视频说明书"话题，并在每次发布相关视频时，都添加此话题，经过半个月运营，话题播放量达到了近 140 万，如图 101 所示。

同理，还可以通过地域+行业的形式创建话题，并通过不断发布视频，使话题成为当地用户的一个搜索入口，如图 102 所示。

图 101

图 102

第 4 章
使用手机及相机录制视频的操作方法

视频录制的基础设置

安卓手机视频录制参数设置方法

安卓手机和苹果手机均可对视频的分辨率和帧数进行设置。其中安卓手机还可以对视频的画面比例进行调整。安卓手机视频录制参数如图 1 所示，设置方法如图 2 ～图 4 所示。

分辨率	4K	1080p		720P	
比例	16:9	21:9	16:9	21:9	16:9
帧数（帧）	30	30	60	30	60

图 1

图 2　点击界面左上角的◎图标进入设置界面

图 3　选择"分辨率"选项，设置视频比例和清晰度

图 4　根据拍摄需求，选择视频的比例、清晰度及帧率

当前主流短视频平台的视频比例，横屏通常要求为16∶9，竖屏要求为9∶16，但这并不是说类似于1∶1、21∶9的画面比例就完全没有意义。

例如，如果拍摄的是横屏视频，但此时画面在屏幕中所占比例较小，如图5所示。

在这种情况下，不妨将视频中的画面直接拍摄或通过后期裁剪成1∶1的比例，这时画面在竖屏观看时就显得大一些，如图6所示。

图5

图6

分辨率与帧频的含义

在设置上面所讲解的参数时，涉及两个新的概念即"视频分辨率"与"帧频"，这两个概念对视频效果有非常大的影响，因此下面分别解释其含义。

视频分辨率

视频分辨率是指每一个画面中所能显示的像素数量，通常以水平像素数量与垂直像素数量的乘积或垂直像素数量表示。

以1080P HD为例，1080就是视频画面上垂直方向上像素的数量，P代表逐行扫描各像素，HD代表"高分辨率"。

4K分辨率是指视频画面在水平方向每行像素值达到或者接近4096个，如4096×3112、3656×2664及UHDTV标准的3840×2160，都属于4K分辨率的范畴。虽然有些手机宣称其屏幕分辨率达到了4K，但短视频平台考虑到流量与存储的经济性，即便创作者上传的是4K分辨率的视频，也会被压缩成为1280×720的分辨率，因此如果没有特别的用途，不建议用4K分辨率录制短视频。

720P是一种在逐行扫描下达到1280×720分辨率的显示格式，也是主流短视频平台提供的视频播放标准分辨率。

帧频

帧频的英文缩写是fps，是指一个视频里每秒展示出来的画面数。例如，一般电影是以每秒24张画面的速度播放，也就是一秒钟内在屏幕上连续显示出24张静止画面。由于视觉暂留效应，使观众看上去电影中的人像是动态的。

通常，每秒显示的画面数越多，视觉动态效果越流畅；反之，如果画面数越少，观看时就有卡顿感觉。如果需要在视频中呈现慢动作效果，帧频要高，使用30fps即可。

苹果手机分辨率与帧数设置方法

在苹果手机中也可对视频的分辨率、帧数进行设置。在录制运动类视频时，建议选择较高的帧率，可以让运动物体在画面中的动作更流畅。而在录制访谈等相对静止的画面时，选择30fps 即可，既省电又省空间，设置方法如图 7~ 图 9 所示。

图 7　进入"设置"界面，选择"相机"选项　　图 8　选择"录制视频"选项，进入分辨率和帧数设置界面　　图 9　选择分辨率和帧数

苹果手机视频格式设置注意事项

有些读者使用苹果手机拍摄的照片和视频，复制到 Windows 系统的计算机中后，无法正常打开。出现这种情况的原因是因为在"格式"设置中选择了"高效"选项。

在这种模式下，拍摄的照片和视频分别为 HEIF 和 HEVC 格式，而如果想在 Windows 系统环境中打开这两种格式的文件，则需要使用专门的软件打开。

因此，如果拍摄的照片和视频需要在 Windows 系统的计算机中打开，并且不需要文件格式为 HEIF 和 HEVC（录制 4K 60fps 和 240fps 视频时需要设置为 HEVC 格式），那么建议将"格式"设置为"兼容性最佳"，这样可以更方便播放或分享文件，设置方法如图 10 ~ 图 12 所示。

图 10　进入"设置"界面，选择"相机"选项　　图 11　选择"格式"选项　　图 12　如果拍摄的照片或视频需要在 Windows 系统中打开，建议选择"兼容性最佳"选项

用手机录制视频的基本操作方法

苹果手机录制常规视频的操作方法

打开苹果手机的照相功能,然后滑动下方的选项条,选择"录像"模式,点击下方的圆形按钮即可开始录制,再次点击该按钮即可停止录制,如图 13 和图 14 所示。

苹果手机还有一个比较人性化的功能,即在录制过程中点击右下角的快门按钮可随时拍摄静态照片,从而留住每一个精彩瞬间。

另外,还可以在拍摄照片时按住快门按钮不放,从而快速切换为视频录制模式。如需长时间录制,在按住快门按钮后向右拖动即可,如图 15 所示。

此外,录制时要注意长按画面,以锁定对焦与曝光,使画面的虚化与明暗效果不再发生变化,如图 16 所示。

图 15 拍摄照片时,可以通过长按快门按钮的方式进行视频录制;松开快门按钮即结束录制

图 13 在视频录制模式下,点击界面右侧快门按钮即可开始录制

图 14 录制过程中点击右下角快门按钮可在视频录制过程中拍摄静态照片;点击右侧中间圆形按钮可结束视频录制

图 16 录制视频时要长按画面中的主体对象,使其四周出现黄色的方框,以锁定自动曝光与对焦

安卓手机录制常规视频的操作方法

安卓手机与苹果手机的视频录制方法基本相同，均需要打开照相软件，然后滑动下方的选项条选择"录像"模式，点击下方圆形按钮即可开始录制，再次点击该按钮即可停止录制，如图17和图18所示。

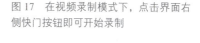

图17 在视频录制模式下，点击界面右侧快门按钮即可开始录制

图18 录制过程中点击右下角快门按钮可在视频录制过程中拍摄静态照片；点击右侧中间圆形按钮可结束视频录制

根据平台合理选择视频画幅

不同的短视频平台，其视频展示方式是有区别的。比如优酷、头条和B站等平台是通过横画幅来展示视频的，因此竖画幅拍摄的视频在这些平台上展示时，两侧就会出现大面积的黑边。

而抖音、火山和快手这些短视频平台，其展示视频的方式是竖画幅，此时以竖画幅录制的视频就可以充满整个屏幕，观看效果会更好，如图19所示。

另外，要参加火山及抖音的中视频伙伴计划，需要将视频拍摄成横屏画面。

所以在录制视频前，要先确定将要发布的平台，再确定是竖画幅录制还是横画幅录制。

图19 竖画幅录制的录视频更适合发布在抖音、快手等手机短视频平台上

使用手机录制视频进阶配件及技巧

由于视频呈现的是连续的动态影像，因此与拍摄静态图片不同，需要在整个录制过程中持续保证稳定的画面和正常的亮度，并且还要考虑声音的问题。所以，要想用手机拍摄出优质的短视频，需要更多的配件和技巧才能实现。

保持画面稳定的配件及技巧

三脚架

进行固定机位的短视频录制时，通过三脚架固定手机即可确保画面的稳定性。

由于手机重量较轻，所以市面上有一种"八爪鱼"三脚架，可以在更多的环境下进行固定，非常适合户外固定机位录制视频时使用，如图 20 所示。

而常规的手机三脚架则适合在室内录制视频，其机位一旦选定后，即可确保在重复录制时，其取景不会发生变化，如图 21 所示。

图 20 八爪鱼手机三脚架

稳定器

在移动机位进行视频录制时，手机的抖动会严重影响视频质量。而利用稳定器则可以大幅减弱这种抖动，让视频画面始终保持稳定，如图 22 所示。

根据所要拍摄的效果不同，可以设定不同的稳定模式。比如想跟随本人进行拍摄，就可以使用"跟随模式"，使画面可以稳定、匀速地跟随人物进行拍摄。如果想要拍摄"环视一周"的效果，也可使用该模式。

另外，个别稳定器还配有手动调焦等功能，可以轻松用手机实现"希区柯克式变焦"效果。

图 21 常规手机三脚架

移动身体而不是移动手机

在手持手机录制视频时，如果需要移动手机进行录制，那么画面很容易出现抖动。建议各位将手肘放在身体两侧夹住，然后移动整个身体来使手机跟随景物移动，这样拍摄出来的画面会比较稳定。

图 22 稳定器

替代滑轨的水平移动手机技巧

如果希望绝对平稳地水平移动手机进行视频录制，最佳方案是使用滑轨。然而滑轨是非常专业的视频拍摄配件，使用起来也比较麻烦，所以大多数短视频爱好者都不会购买。

但可以通过先将手机固定在三脚架上，然后在三脚架下垫一块布（垫张纸也可以，但纸与桌面的摩擦会出现噪声），接下来缓慢、匀速地拖动这块布，就可以实现类似滑轨的移镜效果，如图 23 所示。

图 23 缓慢拖动三脚架下面的布，以便较稳定地移动手机

移动时保持稳定的技巧

始终维持稳定的拍摄姿势

为保持稳定，在移动拍摄时需要保持正确的拍摄姿势。双手要拿稳手机（或拿稳稳定器），从而形成三角形支撑，增强稳定性。

憋住一口气

此方法适合在短时间内移动机位录制时使用，因为普通人在移动状态下憋一口气仅可维持十几秒的时间。如果在这段时间内可以完成一个镜头的拍摄，那么此法可行；如果时间不够，切记不要采用此种方法。因为在长时间憋气后，势必会急喘几下，这几下急喘往往会让画面出现明显抖动。

保持呼吸均匀

如果憋一口气的时间无法完成拍摄，那么就需要在移动录制过程中保持呼吸均匀。

屈膝移动减少反作用力

在移动过程中之所以很容易造成画面抖动，其中一个很重要的原因就在于迈步时地面给的反作用力会让身体振动一下。但当屈膝移动时，弯曲的膝盖会形成一个缓冲，就好像自行车的减震一样，从而避免产生明显的抖动。

提前确定地面情况

在移动录制时，创作者的眼睛一直盯着手机屏幕，无暇顾及地面情况。为了确保拍摄过程中的安全性和稳定性（若被绊倒就绝对拍废了一个镜头），一定要事先观察好路面情况。

保持画面亮度正常的配件及技巧

利用简单的人工光源进行补光

在室内进行视频录制时,即便肉眼观察到的环境亮度已经足够明亮,但手机的宽容度比人眼差很多,所以往往通过曝光补偿调节至正常亮度后,画面会出现很多噪点。

如果想获得更好的画质,最好购买补光灯对人物或其他主体进行补光。

比较经济的补光方案是使用 LED 常亮灯,再加上柔光罩,就可以发出均匀的光线。其中,环形 LED 补光灯非常适合自拍视频使用,如图 24 所示。

图 24 环形 LED 补光灯

如果想要获得较好的补光效果,最好使用 200W 左右的柔光球式灯具,如图 25 所示。

图 25 柔光球灯

通过反光板进行补光

反光板是一种比较常见的低成本补光方法,而且由于是反射光,所以光质更加柔和,不会产生明显的阴影,如图 26 所示。但为了能获得较好的效果,需要布置在与主体较近的位置。这就对视频拍摄时的取景有了较高的要求,通常用于固定机位拍摄(如果是移动机位拍摄,则很容易将附近的反光板也录制进画面中)。

图 26 反光板

使用外接麦克风提高音质

在室外录制视频时,如果环境比较嘈杂或者是在刮风的天气下录制,视频中会出现大量噪声。为了避免这种情况,建议使用可连接手机的麦克风进行录制,视频中的杂音将会明显减少。

另外,安卓手机大多采用 Type-C 接口,苹果手机则为 Lightning 接口,而可以连接手机的麦克风大多仅匹配 3.5mm 耳机接口,所以还需准备一个转换接头方可使用。

此外,也可以使用时下流行的无线领夹麦,以获得更自由的拍摄收音方式,如图 27 所示。

图 27 手机用无线麦克风

用手机录制视频的 10 大注意事项

拍摄者保持安静

由于拍摄者离话筒比较近,如果边拍摄边说话,会干扰主体收音效果,所以不能说话。如果有什么信息需要告诉被摄者,可以采取打手势的方法。

谨慎对焦

在拍摄过程中尽量不要随意改变对焦,因为重新选择对焦点时,画面会有一个由模糊到清晰的缓慢过程,破坏画面流畅感。

注意光线

在光线较弱的环境中拍摄时,视频画面的噪点会比较多,为了避免这种情况,在没有专业设备的情况下,可以看看周围有哪些照明设施可用,例如在晚上录制时橱窗的光、路灯、灯箱等都可以考虑。此外,也可以考虑靠近有较强反光效果的物体,以取得补光效果。在室内拍摄时一定要使用大功率补光灯具,这样视频的画质才会更好。

避免使用 60fps

主流短视频平台提供的都是 30fps 的播放帧频,因此录制成为 60fps 的视频会被再次压缩,从而影响视频画质。

使用后置镜头

大部分手机的后置镜头画质优于前置镜头,因此一定要优先使用后置镜头。

清洁镜头

录制视频前要注意清洁镜头,镜头上的灰尘与指纹都会对视频画面产生影响。

保持稳定

拍摄视频时使用三脚架或稳定器,能够大幅度提升视频观感。

注意手机可用容量

为了能够让视频录制顺利进行,在录制之前务必检查一下手机的可用容量。

使用飞行模式

在视频录制过程中,如果有电话打入手机会暂停录制。虽然在挂断电话后,录制会自动继续进行,但即便是短暂的中断,也很有可能导致整个视频需要重新录制。

保持电量充足

长时间录制视频非常耗电,拍摄前最好保证电量充足。尤其在录制延时视频、教学课程视频等可能需要连续拍摄几个小时的题材时,除了确保电量充足,还应该在拍摄过程中将手机连上充电宝,以保证在整个录制期间不会出现电量耗尽的情况。

使用相机录制视频的 4 大优势

更好的画质

所有摄影与摄像类器材的成像影响元素之一就是感光元件，感光元件越大，理论上画面质量会更高，这也是为什么在摄影行业流传着"底大一级，压死人"的说法。

图 28 所示为不同画幅比例的相机与手机感光元件的尺寸对比，最小的红色方块是手机的感光元件面积，最大的灰色方块是全画幅相机的感光元件面积。

可以看出，手机与全画幅相机的区别相当大，这也是为什么即便当前最高档的手机成像也无法与普通相机相匹敌的原因。

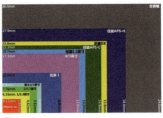

图 28

更强的光线适应性

无论是单反还是微单，其感光的动态范围都比手机更广。所谓动态范围，简单理解就是感光元件能够记录的最大亮部信息和暗部信息，更广的动态范围能够记录下更多的画面细节，在对视频做后期时调色处理效果也更好。

尤其是索尼与佳能等相机提供的 Log 模式，即便在逆光情况下拍摄，也能获得非常好的明暗细节，而大部分手机在逆光拍摄时，天空处将明显过曝，如图 29 所示，因此，这是目前手机无法超越的性能。

图 29

更丰富的景别

虽然，目前大部分手机拥有从超广角到超长焦的拍摄功能，但在不同焦距的镜头间切换时，大部分手机仍然存在颜色变化、画质明显下降的问题。

但单反和微单相机则可以利用高质量镜头，拍摄出不同画面景别、景深及透视关系的高质量视频画面。

更漂亮的背景虚化效果

不同的镜头光圈会给画面带来不同的景深效果，也就是背景虚化效果，拍摄时使用的光圈越大、镜头焦距越长，背景虚化效果越强，这种背景虚化效果远不是手机可以比拟的，如图 30 所示。这也是许多追求画面质感的口播型、剧情型抖音账号使用相机拍摄视频的主要原因。

除上述优势，更好的防抖效果、更专业的收音性能也是众多短视频大号不再使用手机，而使用专业相机的原因之一。

图 30

设置相机录制视频时的拍摄模式

与拍摄照片一样，拍摄视频时也可以采用多种不同的曝光模式，如自动曝光模式、光圈优先曝光模式、快门优先曝光模式、全手动曝光模式等。

如果对于曝光要素不太理解，可以直接设置为自动曝光或程序自动曝光模式。

如果希望精确控制画面的亮度，可以将拍摄模式设置为全手动曝光模式。但在这种拍摄模式下，需要摄影师手动控制光圈、快门和感光度3个要素，下面分别讲解这3个要素的设置思路。

光圈：如果希望拍摄的视频场景具有电影效果，可以将光圈设置得稍微大一点，如F2.8、F2等，从而虚化背景获得浅景深效果。反之，如果希望拍摄出来的视频画面远近都比较清晰，就需要将光圈设置得稍微小一点，如F12、F16等。

感光度：在设置感光度时，主要考虑的是整个场景的光照条件，如果光照不是很充分，可以将感光度设置得稍微大一点，但此时画面噪点会增加，反之则可以降低感光度，以获得较为优质的画面。

快门速度对于视频的影响比较大，在下面将进行详细讲解。

理解相机快门速度与视频录制的关系

在曝光三要素中，光圈和感光度无论在拍摄照片还是拍摄视频时，其作用都是一样的，但唯独快门速度对于视频录制有着特殊的意义，因此值得详细讲解。

根据帧频确定快门速度

从视频效果来看，大量摄影师总结出来的经验是应该将快门速度设置为帧频2倍的倒数。此时录制出来的视频中运动物体的表现最符合肉眼观察效果。

比如视频的帧频为25P，那么快门速度应设置为1/50秒（25乘以2等于50，再取倒数，为1/50）。同理，如果帧频为50P，则快门速度应设置为1/100秒。

但这并不是说，在录制视频时快门速度只能锁定不变。在一些特殊情况下，需要利用快门速度调节画面亮度时，在一定范围内进行调整也是没有问题的。

快门速度对视频效果的影响

降低快门速度提升画面亮度

在昏暗环境下录制视频时，如图31所示，可以适当降低快门速度以保证画面亮度。

但需要注意的是，当降低快门速度时，快门速度也不能低于帧频的倒数。有些相机，如佳能也无法设置成比1/25秒还低的快门速度，因为佳能相机在录制视频时会自动锁定帧频倒数为最低快门速度。

图31

提高快门速度改善画面流畅度

提高快门速度时,可以使画面更流畅,但需要指出的是,当快门速度过高时,由于每一个动作都会被清晰定格,从而导致画面看起来很不自然,甚至会出现失真的情况。

造成这种情况的原因是因为人的眼睛是有视觉时滞,也就是看到高速运动的景物时,会出现动态模糊的效果。而当使用过高的快门速度录制视频时,运动模糊消失了,取而代之的是清晰的影像。比如在录制一些高速奔跑的景象时,由于双腿每次摆动的画面都是清晰的,就会看到很多只腿的画面,也就导致出现画面失真、不正常的情况,如图32所示。

因此,在录制视频时,建议快门速度最好不要高于最佳快门速度的2倍。

另外,当快门速度提高时,也需要更大功率的照明灯具,以避免视频画面变暗。

图32 电影画面中的人物快速移动时,画面中出现动态模糊效果是正常的

拍摄帧频视频时推荐的快门速度

上面对于快门速度对视频的影响进行了理论性讲解,这些理论可以总结成为如图33所示的一个比较简单的表格。

帧频	快门速度		
	普通短片拍摄	HDR 短片拍摄	
		P、Av、B、M 模式	Tv 模式
119.9P	1/4000-1/125	—	
100.0P	1/4000-1/100		
59.94P	1/4000-1/60		
50.00P	1/4000-1/50		
29.97P	1/4000-1/30	1/1000-1/60	1/4000-1/60
25.00P		1/1000-1/50	1/4000-1/50
24.00P	1/4000-1/25	—	
23.98P			

图33

理解用相机拍视频时涉及的重要基础术语含义

视频分辨率

使用相机录制视频时涉及的视频分辨率概念，与前面讲述的使用手机录制视频时涉及的视频分辨率概念并没有本质不同，不同之处在于，当前录制视频的主流相机视频分辨率都比较高，以佳能的 R5 相机为例，其一大亮点就是支持 8K 视频录制。在 8K 视频录制模式下，用户可以最高录制帧频为 30P、文件无压缩的超高清视频，而且在后期编辑时可以通过裁剪的方法制作跟镜头及局部特写镜头效果，这是手机无法比拟的。

帧频

帧频也被称为 fps，是指一个视频里每秒展示出来的画面数。

使用相机录制视频时，可以轻松获得高帧频、高质量的视频画面。例如，以佳能 R5 为例，在 4K 分辨率的情况下，依然支持 120fps 视频拍摄，可以通过后期轻松获得慢动作视频效果。

例如，李安在拍摄电影"双子杀手"时使用的就是 4K、120fps，超高帧率不仅使电影看上去无限接近真实，中间的卡顿和抖动也近乎消失。

图 34 和图 35 所示为以佳能相机为例，设置高帧频视频的录制操作方法。

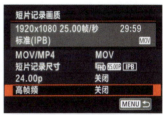

图34 在**短片记录画质**菜单中选择**高帧频**选项

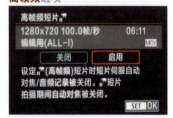

图35 点击选择**启用**选项，然后点击 SET OK 图标确定

视频制式

不同国家、地区的电视台所播放视频的帧频是有统一规定的，称为电视制式。全球分为两种电视制式，分别为北美、日本、韩国、墨西哥等国家使用的 NTSC 制式和中国、欧洲各国、俄罗斯、澳大利亚等国家使用的 PAL 制式。

选择不同的视频制式后，可选择的帧频会有所变化。比如在佳能 5D4 中，选择 NTSC 制式后，可选择的帧频为 119.9P、59.94P 和 29.97P；选择 PAL 制式后，可选择的帧频为 100P、50P、25P。

需要注意的是，只有在所拍视频需要在电视台播放时，才会对视频制式有严格要求。如果只是自己拍摄上传视频平台，选择任意视频制式均可正常播放。

图 36 和图 37 所示为以佳能相机为例，设置视频制式的操作方法。

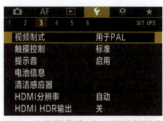

图36 在**设置菜单3**中选择**视频制式**选项

图37 点击选择所需的选项

码率

码率也被称为比特率,是指每秒传送的比特(bit)数,单位为bps(Bit Per Second)。码率越高,每秒传送的数据就越多,画质就越清晰,但相应的,对存储卡的写入速度要求也更高。

有些相机可以在菜单中直接选择不同码率的视频格式,有些则需要通过选择不同的压缩方式实现。

例如,使用佳能相机时可以选择MJPG、ALL-I、IPB和IPB♨等不同的压缩方式,如图38所示。

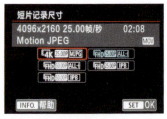

图38 在**短片记录尺寸**菜单中可以选择不同的压缩方式,以此控制码率

其中选择MJPG压缩模式可以得到最高码率,根据不同的机型,其码率也有差异,如图39和图40所示。比如佳能EOS R在选择MJPG压缩模式后可以得到码率为480Mbps的视频,而佳能5D4则为500Mbps。

值得一提的是,如果要录制码率超过400Mbps的视频,需要使用UHS-II存储卡,也就是写入速度最少应该达到100MB/s,否则无法正常拍摄。而且由于码率过高,视频尺寸也会变大。以佳能EOS R为例,录制一段码率为480Mbps、时长为8分钟的视频则需要占用32GB存储空间。

图39 低码率的视频显得模糊粗糙

图40 高码率的视频更清晰

色深

理解色深要先理解RGB

在理解色深之前，先要理解RGB。RGB即三原色，分别为红（R）、绿（G）、蓝（B）。人们现在从显示器或者电视上看到的任何一种色彩，都是通过红、绿、蓝这3种色彩进行混合而得到的。

但在混合过程中，当红、绿、蓝这3种色彩的深浅不同时，得到的色彩也不同。

比如面前有一个调色盘，里面先放上绿色的颜料，当分别混合深一点的红色和浅一点的红色时，其得到的色彩肯定不同。那么当手中有10种不同深浅的红色和一种绿色时，就能调配出10种色彩。所以，颜色的深浅与可以呈现的色彩数量有关系。

图41

图42

理解灰阶

上文所说的色彩的深浅，用专业的说法，其实就是灰阶。不同的灰阶是以亮度作为区分的。图41所示为16个灰阶。

而当颜色具有不同的亮度时，也就是具有不同灰阶时，表现出来的其实就是所谓色彩的深浅不同，如图42所示。

理解色深

做好了铺垫，色深就比较好理解了。首先色深的单位是bit，1bit代表具有2个灰阶，也就是一种颜色具有2种不同的深浅；2bit代表具有4个灰阶，也就是一种颜色具有4种不同的深浅色；3bit代表8种……

所以N bit就代表一种颜色包含2的N次方种不同深浅的颜色。所谓色深为8bit，就可以理解为有2的8次方，也就是256种深浅不同的红色，256种深浅不同的绿色和256种深浅不同的蓝色，一共能混合出256×256×256=16777216种色彩。

因此，以佳能5D4为例，其拍摄的视频色彩深度为8bit，就是指可以记录16777216种色彩的意思，如图43和图44所示。所以说色深是表示色彩数量的一个概念。

图43 在**拍摄菜单4**中选择**Canon Log设置**选项

图44 点击选择所需选项，然后点击**SET OK**图标确定

用佳能相机录制视频的简易流程

下面以佳能 5D Mark Ⅳ相机为例，讲解拍摄视频短片的简单流程。

1. 设置视频短片格式菜单选项，并进入实时显示模式。
2. 切换相机的曝光模式为TV、或M挡或其他模式，如图45所示，开启"短片伺服自动对焦"功能。
3. 将"实时显示拍摄/短片拍摄"开关转至短片拍摄位置，如图46所示。
4. 通过自动或手动的方式先对主体进行对焦，如图47所示。
5. 按下 START/STOP 按钮，即可开始录制短片，此时画面右上角会显示一个红圈，表示正在录制视频，如图48所示。录制完成后，再次按下 START/STOP 按钮。

图45 选择合适的曝光模式

图46 切换至短片拍摄模式

图47 在拍摄前，可以先进行对焦

图48 录制短片时，会在右上角显示一个红色的圆

虽然上面的流程看上去很简单，但实际上在这个过程中，涉及若干知识点，如设置视频短片参数、设置视频拍摄模式、开启并正确设置实时显示模式、开启视频拍摄自动对焦模式、设置视频对焦模式、设置视频自动对焦灵敏感度、设置录音参数、设置时间码参数等，只有理解并正确设置这些参数，才能录制出一个合格的视频。

如果希望深入研究，建议选择更专业的图书进行学习。

用索尼相机录制视频的简易流程

下面以SONY αRⅣ相机为例,讲解拍摄视频短片的简单流程。

1.设置视频文件格式及记录设置菜单选项。
2.切换相机的照相模式为S、M挡或其他模式,如图49所示。
3.通过自动或手动的方式先对主体进行对焦,如图50所示。
4.按下红色MOVIE按钮开始录制短片,如图51所示,录制完成后,再次按下红色MOVIE按钮。

图49 选择合适的曝光模式　　图50 在拍摄前,可以先进行对焦　　图51 按下红色MOVIE按钮即可开始录制

在视频拍摄模式下,屏幕会显示若干参数,了解这些参数的含义,有助于摄影师快速调整相关参数,以提高录制视频的效率、成功率及品质,如图52所示。

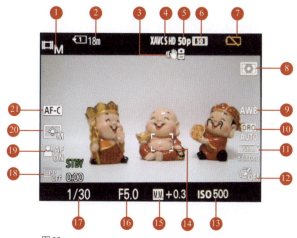

图52

- ❶ 照相模式
- ❷ 动态影像的可拍摄时间
- ❸ SteadyShot关/开
- ❹ 动态影像的文件格式
- ❺ 动态影像的帧速率
- ❻ 动态影像的记录设置
- ❼ 剩余电池电量
- ❽ 测光模式
- ❾ 白平衡模式
- ❿ 动态范围优化
- ⓫ 创意风格
- ⓬ 照片效果
- ⓭ ISO感光度
- ⓮ 对焦框
- ⓯ 曝光补偿
- ⓰ 光圈值
- ⓱ 快门速度
- ⓲ 图片配置文件
- ⓳ AF时人脸/眼睛优先
- ⓴ 对焦区域模式
- ㉑ 对焦模式

虽然上面的流程看上去很简单,但实际上在这个过程中涉及若干知识点,如果希望深入研究,建议选择更专业的摄影摄像类图书进行学习。

用索尼相机录制视频时设置视频对焦模式的方式

在拍摄视频时，有两种对焦模式可供选择，一种是连续自动对焦，另一种是手动对焦，设置方法如图53所示。

在连续自动对焦模式下，只要保持半按快门按钮，相机就会对被摄对象持续对焦，合焦后，屏幕将点亮◉图标。

当用自动对焦无法对想要的被摄体合焦时，建议改用手动对焦进行操作。

在拍摄视频时，可以根据选择对象或对焦需求，选择不同的自动对焦区域模式，索尼相机在视频模式下可以选择5种自动对焦区域模式，设置方法如图54所示。

图53 在拍摄待机屏幕显示下，按Fn按钮，然后按▲▼◀▶方向键选择对焦模式选项，转动前/后转盘选择所需的对焦模式

- 广域自动对焦区域▭：选择此对焦区域模式后，在执行对焦操作时，相机将利用自己的智能判断系统，决定当前拍摄的场景中哪个区域应该最清晰，从而利用相机可用的对焦点针对这一区域进行对焦。

- 区自动对焦区域▭：使用此对焦区域模式时，先在液晶显示屏上选择想要对焦的区域位置，对焦区域内包含数个对焦点，在拍摄时，相机自动在所选对焦区范围内选择合焦的对焦框。此模式适合拍摄动作幅度不大的题材。

- 中间自动对焦区域[·]：使用此对焦区域模式时，相机始终使用位于屏幕中央区域的自动对焦点进行对焦。此模式适合拍摄主体位于画面中央的题材。

图54 在拍摄待机屏幕显示下，按Fn按钮，然后按▲▼◀▶方向键选择对焦区域模式选项，按控制拨轮中央按钮进入详细设置界面，然后按▲或▼方向键选择对焦区域选项。当选择了自由点选项时，按◀或▶方向键选择所需选项

- 自由点自动对焦区域▦：选择此对焦区域模式时，相机只使用一个对焦点进行对焦操作，而且摄影师可以自由确定此对焦点所处的位置。拍摄时使用多功能选择器的上、下、左、右按钮，可以将对焦框移动至被摄主体需要对焦的区域。此对焦区域模式适合拍摄需要精确对焦，或对焦主体不在画面中央位置的题材。

- 扩展自由点自动对焦区域▦：选择此对焦区域模式时，摄影师可以使用多功能选择器的上、下、左、右按钮选择一个对焦点，与自由点模式不同的是，摄影师所选的对焦点周围还分布有一圈辅助对焦点，若拍摄对象暂时偏离所选对焦点，则相机会自动使用周围的对焦点进行对焦。此对焦区域模式适合拍摄可预测运动趋势的对象。

用索尼相机录制视频时设置录音参数并监听现场音

设置录音

以SONY αRIV微单相机为例,在录制视频时,可以通过"录音"菜单设置是否录制现场的声音,设置方法如图55和图56所示。

图55 在**拍摄设置2菜单**的第2页中选择**录音**选项

图56 按▼或▲方向键选择**开**或**关**选项,然后按控制拨轮中央按钮

设置录音音量

当开启录音功能时,可以通过"麦克风"菜单设置录音的等级。

在录制现场声音较大的视频时,设定较低的录音电平可以记录具有临场感的音频。

录制现场声音较小的视频时,设定较高的录音电平可以记录容易听取的音频。

设置方法如图57和图58所示。

图57 在**拍摄设置2菜单**的第2页中选择**录音音量**选项

图58 按◀或▶方向键选择所需等级,然后按控制拨轮中央按钮确定

减少风声噪声

选择"开"选项,可以减弱通过内置麦克风进入的室外风声噪声,包括某些低音调噪声;在无风的场所进行录制时,建议选择"关"选项,以便录制到更加自然的声音,设置方法如图59和图60所示。

此功能对外置麦克风无效。

图59 在**拍摄设置2菜单**的第3页中选择**减少风噪声**选项

图60 按▼或▲方向键选择**开**或**关**选项,然后按控制拨轮中央按钮

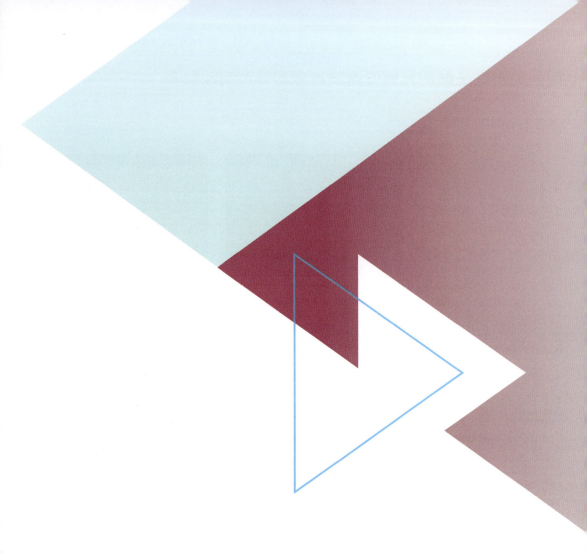

第 5 章
让视频更好看的美学基础

5个使画面简洁的方法

画面简洁的一个重要原因就是力求突出主体。下面介绍5个常用的使画面简洁的方法。

仰视以天空为背景

如果拍摄现场太过杂乱，而光线又比较均匀，可以用稍微仰视的角度进行拍摄，以天空为背景营造比较简洁的画面。

可以根据画面需求，适当调亮画面或压暗画面，使天空过曝成为白色或欠曝变为深暗色，以得到简洁的背景，这样主体在画面中会更加突出，如图1所示。

图1

俯视以地面为背景

如果拍摄环境中的条件限制太多，没有合适的背景，也可以以俯视的角度进行拍摄，将地面作为背景，从而营造出比较简单的画面，如图2所示。使用这种方法时可以因地制宜，例如在水边拍摄时，可以让水面作为背景；在海边拍摄时，可以让沙滩作为背景；在公园拍摄时，可以让草地作为背景。

如果俯视拍摄时元素也显得非常多且杂乱，要注意使用手机的长焦段或给相机安装长焦镜头只拍摄局部特写。

图2

找到纯净的背景

要想画面简洁,背景越简单越好。由于手机不能营造比较浅的景深,也就是说,背景不可能虚化得非常明显。

为了使画面看起来干净、简洁,最好选择比较简单的背景,可以是纯色的墙壁,如图3所示,也可以是结构简单的家具,或者画面内容简单的装饰画等。背景越简单,被摄主体在画面中就越突出,整个画面看起来也就越简单、明了。

此时,一定要把握简洁的度,视频不同于照片,在短视频平台中,过于简单的画面对观众的吸引力较弱。

图3

故意使背景过曝或欠曝

如果拍摄的环境比较杂乱、无法避开的话,可以利用调整曝光的方式来达到简化画面目的。根据背景的明暗情况,可以考虑使背景过曝成为一片浅色或欠曝成为一片深色,如图4所示。

要让背景过曝,就要在拍摄时增加曝光;反之,应该在拍摄时降低曝光,让背景成为一片深色。

使背景虚化

利用朦胧虚化的背景,可以有效突出主体,增加视频画面的电影感。目前大部分手机均有人像模式、大光圈模式和微距模式,可以使用这些模式虚化背景,如图5所示。

如果拍摄时使用的是相机,则可以用大光圈或长焦距来取得漂亮的虚化效果。

此外,近距离拍摄主体或让主体与背景拉开较远距离,可以增强虚化效果。

图4

图5

9 种常用的构图法则

构图法则是经过实践检验的视觉美学定律，无论是拍摄照片还是拍摄视频，只要在拍摄过程中遵循这些构图法则，就能使视频画面的视觉美感得到大幅度提升。下面介绍几种常用的构图法则。

三分法构图

三分法构图是黄金分割构图法的一个简化版，以 3×3 的网格对画面进行分割，主体位于任意一条三分线或交叉点上，都可以得到突出表现，且给人以平衡、不呆板的视觉感受，如图 6 和图 7 所示。

现在大多数手机、相机都有网格线辅助构图功能，可以帮助创作者进行三分法构图。

图 6

图 7 将人物置于画面的三分线位置，使其成为画面的兴趣点

散点式构图

散点式构图看似很随意，但一定要注意点与点的分布要匀称，不能出现一边很密集，另一边很稀疏的情况，否则画面会给人一种失重的感觉。

选择散点式构图时，点与点之间要有一定的变化，如大小对比、颜色对比等，否则画面会显得很呆板。

这种构图形式常用于拍摄花卉、灯、糖果等静物题材，如图 8 和图 9 所示。

图 8

图 9

水平线构图

水平线构图能使画面向左右方向产生视觉延伸感,增加画面的视觉张力,给人以宽阔、安宁、稳定的画面效果。在拍摄时可根据拍摄对象的具体情况,安排、处理画面的水平线位置。

根据画面所要表达的重点不同,使用了3种不同高度的水平线构图方式。

如果想着重表现地面景物,可将水平线安排在画面的上 1/3 处,避免天空在画面中所占比例过大,如图 10 和图 11 所示。

反之,如果天空中有变幻莫测、层次丰富、光影动人的云彩,可将画面的表现重点集中于天空,此时可调整画面水平线,将其放置在画面的下 1/3 处,从而使天空在画面中的比例较大,如图 12 和图 13 所示。

除此之外,还可以将水平线放置在画面中间位置,以均衡对称的画面形式呈现开阔、宁静的画面效果,此时地面与天空各占画面的一半,如图 14 和图 15 所示。

使用这种构图法则时,通常要配合横画幅拍摄方式。

图 10 高水平线构图的画面很适合表现地面的景物 摄影:刘娟

图 11

图 12 低水平线构图的画面很好地表现出了乌云密布的景象

图 13

> **提示**
>
> 在海边或空旷的地方拍摄,需要以水平线构图时,为避免水平线倾斜,可开启手机上的水平仪模式。

图 14

图 15 水平线构图的画面看起来给人以很平稳的感觉 摄影:刘娟

垂直线构图

与水平线构图类似,垂直线构图能使画面在上下方向产生视觉延伸,可以加强画面中垂直线条的力度和形式感,给人以高大、威严的视觉感受。摄影师在构图时可以通过单纯截取被摄对象的局部来获得简练的由垂直线构成的画面效果,使画面呈现出较强的形式美感。

为了获得和谐的画面效果,不得不考虑线条的分布与组成。在安排垂直线时,不要让它将画面割裂,这种构图形式常用来表现树林和高楼林立的画面,如图16和图17所示。

图 16

图 17 用垂直线构图拍摄树林,将其生机勃勃的生命力表现得很好,画面很有形式美感

斜线构图

斜线构图能使画面产生动感,并沿着斜线的两端方向产生视觉延伸,增强了画面的延伸感。另外,斜线构图打破了与画面边框相平行的均衡形式,与其产生势差,从而突出和强调斜线部分。

使用手机拍摄时握持姿势比较灵活,因此为了使画面中出现斜线,也可以斜着拿手机进行拍摄,使原本水平或垂直的线条在手机屏幕的取景画面中变成一条斜线,如图18和图19所示。

图 18 利用玻璃反射在画面中形成多条斜线,从而增强了画面的动感

图 19

对称构图

对称构图是指画面中的两部分景物以某一条线为轴,轴的两侧在大小、形状、距离和排列等方面相互平衡、对等的一种构图形式。

通常采用这种构图形式来表现拍摄对象上下(左右)对称的画面,有些对象本身就有上下(左右)对称的结构,如鸟巢、国家大剧院等就属于自身结构是对称形式的。因此,摄影中的对称构图实际上是对生活中对称美的再现,如图20和图21所示。

还有一种对称式构图是由主体与反光物体中的虚像形成的对称,这种画面给人一种协调、平静、有秩序的感觉。

图20 基本上所有的皇家建筑都追求极致的对称

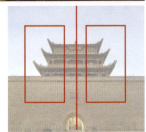

图21

框式构图

框式构图是借助于被摄物自身或者被摄物周围的环境,在画面中制造出框形的构图样式,从而将观赏者的视点"框"在主体上,使其得到观赏者的特别关注。

"框"的选择主要取决于其是否能将观赏者的视点"框取"在主体物之上,而并不一定非得是封闭的框状,除了使用门、窗等框形结构,树枝、阴影等开放的、不规则的"框"也常被应用到框式构图中,如图22和图23所示。

图22 巧妙地利用滑梯通道形成框式构图,使观众的目光聚集在小女孩身上

图23

透视牵引构图

透视牵引构图能将观赏者的视线及注意力有效牵引，聚集在画面中的某个点或线上，形成一个视觉中心。它不仅对视线具有引导作用，还可大大加强画面的视觉延伸性，增强画面的空间感，如图24和图25所示。

画面中相交的透视线条所形成的角度越大，画面的视觉空间效果越显著，因此，拍摄时的镜头视角、拍摄角度等都会对画面透视效果产生相应的影响。例如，镜头视角越广，越可以将前景更多地纳入画面中，从而加大画面最近处与最远处的差异对比，获得更大的画面空间深度。

图24

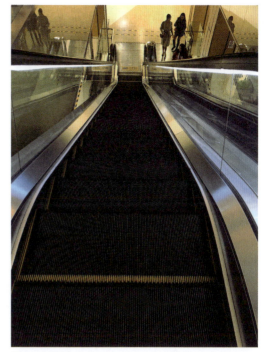

图25

曲线构图

S形曲线构图是指通过调整拍摄的角度，使所拍摄的景物在画面中呈现S形曲线的构图手法。由于画面中存在S形曲线，因此，其弯曲所形成的线条变化能够使观众感到趣味无穷，这也正是S形构图照片的美感所在。

如果拍摄的题材是女性人像，可以利用合适的摆姿使画面呈现出漂亮的S形曲线。

在拍摄河流、道路时，也常用S形曲线构图手法来表现河流与道路蜿蜒向前的感觉，如图26～图29所示。

图26

图28

图27

图29

2 种不同性质的光线

用软光表现唯美画面

软光实际上就是没有明确照射方向的光，如阴天、雾天、雾霾天的天空光或者添加柔光罩的灯光等。

这种光线下所拍摄的画面没有明显的受光面、背光面和投影关系，在视觉上明暗反差小，影调平和，适合拍摄写实的画面。

在室内拍摄视频时，通常要使用有大面积柔光罩的照具的原因也在于此。

拍摄人像时，常用散射光表现女性柔和、温婉的气质和嫩滑的皮肤质感，如图 30 所示。

图 30

用硬光表现有力度的画面

当光线没有经过任何介质散射或反射，直接照射到被摄体上时，这种光线就是硬光，其特点是明暗过渡区域较小，给人以明快的感觉，如图 31 所示。

直射光的照射会使被摄体产生明显的亮面、暗面与投影，因而画面会表现出强烈的明暗对比，从而增强景物的立体感。

这种光线非常适合拍摄表面粗糙的物体，特别是在塑造被摄主体"力"和"硬"的气质时，可以发挥直射光的优势。

在室内拍摄视频时，要注意观察天气与拍摄场地。如果万里无云，且在中午前后拍摄，则光线较硬，会使视频画面有明显的明暗对比。

如果是在阴天或早上、傍晚时分拍摄，则光线会柔和许多。

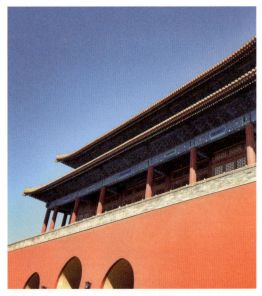

图 31

3 种拍摄视频时常见的光线方向

善于表现色彩的顺光

当光线照射方向与手机或相机拍摄方向一致时，这时的光即为顺光。

在顺光照射下，景物的色彩饱和度很高，拍出来的画面通透，颜色亮丽，如图 32 所示。

对于多数视频创建新手来说，建议先从顺光开始练习拍摄，因为使用顺光能够减少出错的概率。

顺光除了可以拍出颜色亮丽的画面，因其没有明显的阴影或投影，所以很适合拍摄女孩子，可以使其脸上没有阴影，尤其是用手机自拍时，这种光线比较好掌握。

但顺光也有不足之处，即顺光照射下的景物受光均匀，没有明显的阴影或投影，不利于表现景物的立体感与空间感，画面比较呆板乏味。

为了弥补顺光的缺点，需要让画面层次更加丰富。例如，使用较小的景深突出主体，如图 33 所示；或者在画面中纳入前景来增加画面层次感；或者利用明暗对比的方式，也就是指以深暗的主体景物搭配明亮的背景或前景，或以明亮的主体景物搭配深暗的背景。

图 32 顺光示意图

图 33 顺光下女孩的面部几乎没有阴影，看起来很白皙

善于表现立体感的侧光

当光线照射方向与手机拍摄方向成 90°角时,这种光线即为侧光。

侧光是风光摄影中运用较多的一种光线,这种光线非常适合表现物体的层次感和立体感,原因是侧光照射下,景物的受光面在画面上构成明亮部分,而背光面形成阴影部分,明暗对比明显,如图 34 所示。

景物处在这种照射条件下,轮廓比较鲜明,纹理也很清晰,立体感强。因此,用这个方向的光线进行拍摄最容易出效果,所以很多摄影爱好者都用侧光来表现建筑物、大山的立体感,如图 35 所示。

图 34 侧光示意图

图 35 侧光照射下建筑的立体感很强

逆光环境的拍摄技巧

逆光是指从被摄景物背面照射过来的光,被摄主体的正面处于阴影部分,而背面处于受光面。

在逆光下拍摄的景物,如果让主体曝光正常,较亮的背景则会过曝;如果让背景曝光正常,那么主体往往很暗,缺少细节,形成剪影。所以,逆光下拍摄剪影是最常见的拍摄方法,如图 36 所示。

考虑到拍摄视频的目的是"叙事",因此,拍摄没有细节的剪影并不适合。

所以,在拍摄时无论是使用手机还是使用相机,要确保被拍摄主体曝光基本正常,此时,即使背景有过曝的情况也是可以接受的,如图 37 所示。

如果需要拍摄剪影素材,测光位置应选择在背景相对明亮的位置上,点击手机屏幕中的天空部分即可。使用相机拍摄时,要对准天空较亮处测光,再按下曝光锁定按钮后开始拍摄。

若想使剪影效果更明显,则可以在手机或相机上减少曝光补偿。

图 36 逆光示意图

图 37 逆光下的人物形成了剪影效果,画面具有很强的形式美感

3个通过色彩让画面更美观的方法

让画面更有冲击力的对比色

在色彩圆环上位于相对位置的色彩,即为对比色,如图38所示。一幅照片中,如果具有对比效果的色彩同时出现,会使画面产生强烈的色彩效果,给人留下深刻的印象。

无论是照片拍摄还是视频拍摄,通过色彩对比来突出主体是最常用的手法之一。

无论是利用天然的、人工布置的,还是通过后期软件进行修饰的方法,都可以通过明显的色彩对比来突出主体对象。

在对比色搭配中,最明显也最常用到的就是冷暖对比。一般来说,在画面中暖色会给人以向前的感觉,冷色则给人以后退的感觉,这两者结合在一起就会产生纵深感,并使画面具有视觉冲击力。

例如,实际拍摄过程,可以在蓝色主色调的场景中,安排黄色的被摄主体;在青色主色调的场景中,安排洋红色的被摄主体。

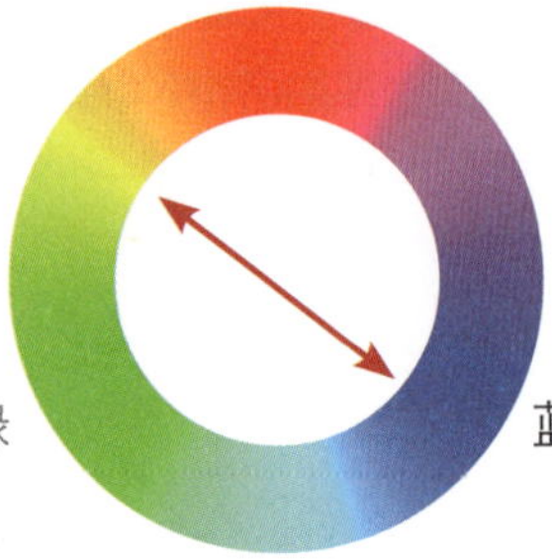

图38 对比色示意图

让画面表现和谐美的相邻色

在色环上临近的色彩相互配合,如红、橙、橙黄,蓝、青、蓝绿,红、品红、红紫,绿、黄绿、黄等色彩的相互配合,如图39所示。由于它们反射的色光波长比较接近,不至于引起视觉上的明显跳动。所以,它们相互配置在一起时,虽然没有强烈的视觉对比效果,但是会显得和谐、协调,给人以平缓、舒展的感觉。

需要指出的是,相邻色构成的画面较为协调、统一,很难给观赏者带来较强的视觉冲击力,此时可依靠景物独特的形态或精彩的光线为画面增添视觉冲击力,如图40所示。

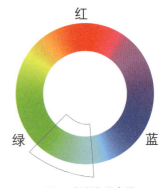

图39 相邻色示意图

图40 黄绿相间的邻近色调使画面看起来很和谐

确保画面有主色调

无论是照片还是视频中的某一个静止画面，都应该具有一种明显的色彩倾向，这种色彩即为主色调，例如，画面可以整体偏蓝或偏红，偏暖或偏冷。

如同小说或电影中有主角、配角一样，如果在一个画面中没有一个统一的有倾向性的主色调，就会显得杂乱无章，让观众的眼睛无所适从。

要让照片拥有主色调，可以按照下面的方法进行操作。

- 选择画面中大部分具有同一色调的景物，如绿色的草地、蓝色的墙、黑色的衣服等，总之只让一种颜色占据画面的绝大部分，如图 41 和图 42 所示。
- 在某种有颜色的光线下进行拍摄，如在黄色、红色的灯光下拍摄，这样的光线具有染色作用，能够使画面具有统一的光线色，如图 43 所示。
- 利用拍摄软件或者后期软件中的滤镜，使画面具有某一种颜色，如图 44 所示。

图 41

图 42

图 43

图 44

第 6 章
拍视频必会的镜头语言与脚本创作方法

认识镜头语言

"镜头语言"既然带有"语言"二字,那就说明这是一种与说话类似的表达方式;而"镜头"二字则代表是用镜头来进行表达。所以镜头语言可以理解为用镜头表达的方式,即通过多个镜头中的画面,包括组合镜头的方式,向观众传达拍摄者希望表现的内容。

所以,在一个视频中,除了声音,所有为了表达而采用的运镜方式、剪辑方式和一切画面内容,均属于镜头语言。

镜头语言之运镜方式

运镜方式是指录制视频过程中,摄像器材的移动或者焦距调整方式,主要分为推镜头、拉镜头、摇镜头、移镜头、甩镜头、跟镜头、升镜头与降镜头共 8 种,简称为"推拉摇移甩跟升降"。由于环绕镜头可以产生更具视觉冲击力的画面效果,所以在本节中将介绍 9 种运镜方式。

需要提前强调的是,在介绍各种镜头运动方式的特点时,为了便于各位读者理解,会说明此种镜头运动在一般情况下适合表现哪类场景,但这绝不意味着它只能表现这类场景,在其他特定场景下应用也许会更具表现力。

推镜头

推镜头是指镜头从全景或别的景位由远及近向被摄对象推进拍摄,逐渐推成近景或特写镜头。其作用在于强调主体、描写细节、制造悬念等,如图 1 所示。

图 1 推镜头示例

拉镜头

拉镜头是指将镜头从全景或别的景位由近及远调整，景别逐渐变大，以表现更多环境。其作用主要在于表现环境，强调全局，从而交代画面中局部与整体之间的联系，如图 2 所示。

图 2 拉镜头示例

摇镜头

摇镜头是指机位固定，通过旋转相机而摇摄全景或者跟着拍摄对象的移动进行摇摄（跟摇）。

摇镜头的作用主要为 4 点，分别是介绍环境、从一个被摄主体转向另一个被摄主体、表现人物运动，以及代表剧中人物的主观视线。

值得一提的是，当利用"摇镜头"介绍环境时，通常表现的是宏大的场景。左右摇镜头适合拍摄壮阔的自然美景，如图 3 所示；上下摇镜头则适用于展示建筑的雄伟或峭壁的险峻。

图 3 摇镜头示例

移镜头

拍摄时，机位在一个水平面上移动（在纵深方向移动则为推/拉镜头）的镜头运动方式称为移镜头。

移镜头的作用其实与摇镜头十分相似，但在"介绍环境"与"表现人物运动"这两点上，其视觉效果更为强烈。在一些制作精良的大型影片中，可以经常看到使用这类镜头所表现的画面。

另外，由于采用移镜头方式拍摄时，机位是移动的，所以画面具有一定的流动感，这会让观赏者感觉仿佛置身于画面中，更有艺术感染力，如图 4 所示。

图4 移镜头示例

跟镜头

跟镜头又称"跟拍",是跟随被摄对象进行拍摄的镜头运动方式。跟镜头可连续而详尽地表现角色在行动中的动作和表情,既能突出运动中的主体,又能交代动体的运动方向、速度、体态及其环境的关系,有利于展示人物在动态中的精神面貌,如图5所示。

跟镜头在走动过程中的采访及体育视频中经常使用。拍摄位置通常位于人物前方,形成"边走边说"的视觉效果。而体育视频则通常为侧面拍摄,从而表现运动员运动的姿态。

图5 跟镜头示例

环绕镜头

将移镜头与摇镜头组合起来,就可以实现一种比较炫酷的运镜方式——环绕镜头。通过环绕镜头可以360°全方位展现某一主体,经常用于在华丽场景下突出新登场的人物,或者展示景物的精致细节。

环绕镜头最简单的实现方法就是将相机安装在稳定器上,然后手持稳定器,在尽量保持相机稳定的情况下绕人物跑一圈儿即可,如图6所示。

图6 环绕镜头示例

甩镜头

甩镜头是指一个画面拍摄结束后,迅速旋转镜头到另一个方向的镜头运动方式。由于甩镜头时画面的运动速度非常快,所以该部分画面内容是模糊不清的,但这正好符合人眼的视觉习惯(与快速转头时的视觉感受一致),所以会给观赏者带来较强的临场感,如图 7 所示。

值得一提的是,甩镜头既可以在同一场景中的两个不同主体间快速转换,模拟人眼的视觉效果;又可以在甩镜头后直接接入另一个场景的画面(通过后期剪辑进行拼接),从而表现同一时间下,不同空间中并列发生的情景,这种方法在影视剧制作中经常出现。

图7 甩镜过程中的画面是模糊不清的,以此迅速在两个不同场景间进行切换

升镜头与降镜头

升镜头是指相机的机位慢慢升起,从而表现被摄体的高大,如图 8 所示。在影视剧中,也被用来表现悬念;而降镜头的方向则与之相反。升降镜头的特点在于能够改变镜头和画面的空间,有助于增强戏剧效果。

需要注意的是,不要将升降镜头与摇镜混为一谈。比如机位不动,仅将镜头仰起,此为摇镜头,展现的是拍摄角度的变化,而不是高度的变化。

图8 升镜头示例

3个常用的镜头术语

之所以对主要的镜头运动方式进行总结，一方面是因为比较常用，又各有特点；另一方面则是为了交流、沟通所需的画面效果。

因此，除了上述 9 种镜头运动方式，还有一些偶尔也会用到的镜头运动或相关"术语"，如"空镜头""主观镜头"等。

空镜头

空镜头是指画面中没有人的镜头，也就是单纯拍摄场景或场景中局部细节的画面，通常用来表现景物与人物的联系或借物抒情，如图 9 所示。

图9 一组空镜头表现事件发生的环境

主观性镜头

主观性镜头其实就是把镜头当作人物的眼睛，可以形成较强的代入感，非常适合表现人物的内心感受，如图 10 所示。

图10 主观性镜头可以模拟人眼看到的画面效果

客观性镜头

客观性镜头是指完全以一种旁观者的角度进行拍摄。其实这种说法就是为了与"主观性镜头"相区分。因为在视频录制过程中，除了主观镜头就是客观镜头，而客观镜头又往往占据视频中的绝大部分，所以几乎没有人会说"拍个客观镜头"这样的话，如图 11 所示。

图11 客观性镜头示例

镜头语言之转场

镜头转场方式可以归纳为两大类，分别为技巧性转场和非技巧性转场。技巧性转场是指在拍摄或者剪辑时要采用一些技术或者特效才能实现；而非技巧性转场则是直接将两个镜头拼接在一起，通过镜头之间的内在联系，让画面切换显得自然、流畅。

技巧性转场

淡入淡出

淡入淡出转场即上一个镜头的画面由明转暗，直至黑场；下一个镜头的画面由暗转明，逐渐显示至正常亮度，如图 12 所示。淡出与淡入过程的时长一般各为 2 秒，但在实际编辑时，可以根据视频的情绪、节奏灵活掌握。部分影片中，在淡出淡入转场之间还有一段黑场，可以表现出剧情告一段落，或者让观赏者陷入思考。

图12 淡入淡出转场形成的由明到暗再由暗到明的转场过程

叠化转场

叠化转场是指将前后两个镜头在短时间内重叠，并且前一个镜头逐渐模糊到消失，后一个镜头逐渐清晰直到完全显现，如图 13 所示。叠化转场主要用来表现时间的消逝、空间的转换，或者在表现梦境和回忆的镜头中使用。

值得一提的是，由于在叠化转场时，前后两个镜头会有几秒比较模糊的重叠，如果镜头质量不佳的话，可以用这段时间掩盖镜头缺陷。

图13 叠化转场会出现前后场景景物模糊重叠的画面

划像转场

划像转场也被称为扫换转场，可分为划出与划入。上一个画面从某一方向退出屏幕称为划出；下一个画面从某一方向进入屏幕称为划入，如图14所示。根据画面进、出屏幕的方向不同，可分为横划、竖划、对角线划等，通常在两个内容意义差别较大的镜头转场时使用。

图14 画面横向滑动，前一个镜头逐渐划出，后一个镜头逐渐划入

非技巧性转场

利用相似性进行转场

当前后两个镜头具有相同或相似的主体形象，或者在运动方向、速度和色彩等方面具有一致性时，即可实现视觉连续、转场顺畅的目的，如图15所示。

比如，上一个镜头是果农在果园里采摘苹果，下一个镜头是顾客在菜市场挑选苹果的特写，利用上下镜头中都有"苹果"这一相似性内容，将两个不同场景下的镜头联系起来，从而实现自然、顺畅的转场效果。

图15 利用"夕阳的光线"这一相似性进行转场的3个镜头

利用思维惯性进行转场

利用人们的思维惯性进行转场，往往可以产生联系上的错觉，使转场流畅而有趣，如图16所示。

例如，上一个镜头是孩子在家里和父母说"我去上学了"，然后下一个镜头切换到学校大门的场景，整个场景转换过程就会比较自然。究其原因在于观赏者听到"去上学"3个字后，脑海中自然会呈现出学校的场景，所以此时进行场景转换就会显得比较顺畅。

图16 通过语言等其他方式让观赏者脑海中呈现某一景象,从而进行自然、流畅的转场

两级镜头转场

利用前后镜头在景别、动静变化等方面的巨大反差和对比,形成明显的段落感,这种方法称为两级镜头转场,如图17所示。

此种转场方式的段落感比较强,可以突出视频中的不同部分。比如,前一段落大景别结束,下一段落小景别开场,就有种类似写作"总分"的效果。也就是在大景别部分让观赏者对环境有一个大致的了解,然后在小景别部分细说其中的故事,从而让观赏者在观看视频时有一个更加清晰的思路。

图17 先通过远景表现日落西山的景观,然后自然地转接两个特写镜头,分别表现"日落"和"山"

声音转场

用音乐、音响、解说词、对白等与画面相配合的转场方式称为声音转场。声音转场方式主要分为以下2种。

(1)利用声音的延续性自然转换到下一段落。其中,主要方式是同一旋律、声音的提前进入和前后段落声音相似部分的叠化。利用声音的吸引作用,弱化了画面转换、段落变化时的视觉跳动。

(2)利用声音的呼应关系实现场景转换。上下镜头通过两个连接紧密的声音进行衔接,并同时进行场景的更换,让观赏者有一种穿越时空的视觉感受。比如,上一个镜头是男孩儿在公园里问女孩儿"你愿意嫁给我吗?",下一个镜头是女孩儿回答"我愿意",但此时场景已经转到了结婚典礼现场。

空镜头转场

只拍摄场景的镜头称为空镜头。这种转场方式通常在需要表现时间或者空间巨大变化时使用,从而起到一个过渡、缓冲的作用,如图 18 所示。

除此之外,空镜头也可以实现"借物抒情"的效果。比如,上一个镜头是女主角向男主角在电话中提出分手,接一个空镜头,是雨滴落在地面的景象,然后再接男主角在雨中接电话的景象。其中,"分手"这种消极情绪与雨滴落在地面的镜头之间是有情感上的内在联系的;而男主角站在雨中接电话,由于与空镜头中的"雨"存在空间上的联系,从而实现了自然且富有情感的转场效果。

图18 利用空镜头衔接时间和空间发生大幅跳跃的镜头

主观镜头转场

主观镜头转场是指上一个镜头拍摄主体正在观看的画面,下一个镜头接转主体所观看的对象,这就是主观镜头转场。主观镜头转场是按照前、后两个镜头之间的逻辑关系来处理转场的手法,既显得自然,同时也可以引起观众的探究心理,如图 19 所示。

图19 主观镜头通常会与主体所看景物的镜头连接在一起

遮挡镜头转场

当某物逐渐遮挡画面,直至完全遮挡,然后再逐渐离开,接着显露画面的过程就是遮挡镜头转场。这种转场方式可以将过场戏省略掉,从而加快画面节奏,如图 20 所示。

其中,如果遮挡物距离镜头较近,阻挡了大量的光线,导致画面完全变黑,再由纯黑的画面逐渐转变为正常的场景,这种方法称为挡黑转场。而挡黑转场可以在视觉上给人以较强的冲击感,同时还可以制造视觉悬念。

图20 当马匹完全遮挡住骑马的孩子时,镜头自然地转向了羊群特写

简单了解拍摄前必做的"分镜头脚本"

通俗地理解，分镜头脚本就是将一个视频所包含的每一个镜头拍什么、怎么拍，先用文字写出来或者画出来（有的分镜头脚本会利用简笔画表明构图方法），也可以理解为拍视频之前的计划书。

在影视剧拍摄中，分镜头脚本有着严格的绘制要求，是拍摄和后期剪辑的重要依据，并且需要经过专业的训练才能完成。但作为普通摄影爱好者，大多数都以拍摄短视频或者 Vlog 为目的，因此只需了解其作用和基本撰写方法即可。

"分镜头脚本"的作用

指导前期拍摄

即便是拍摄一个长度仅为 10 秒左右的短视频，通常也需要 3~4 个镜头来完成。那么这 3 个或 4 个镜头计划怎么拍，就是分镜脚本中应该写清楚的内容，从而避免到了拍摄场地后现场构思，既浪费时间，又可能因为思考时间太短而得不到理想的画面，如图 21~图 23 所示。

值得一提的是，虽然分镜头脚本有指导前期拍摄的作用，但不要被其所束缚。在实地拍摄时，如果有更好的创意，则应该果断采用新方法进行拍摄。如果担心临时确定的拍摄方法不能与其他镜头（拍摄的画面）衔接，则可以按照原分镜头脚本中的计划拍摄一个备用镜头，以防万一。

图21 徐克导演分镜头手稿

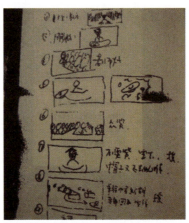
图22 姜文导演分镜头手稿

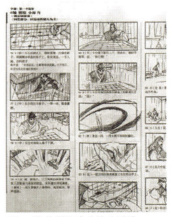
图23 张艺谋导演分镜头手稿

后期剪辑的依据

根据分镜头脚本拍摄的多个镜头，需要通过后期剪辑合并成一个完整的视频。因此，镜头的排列顺序和镜头转换的节奏都需要以镜头脚本作为依据。尤其是在拍摄多组备用镜头后，很容易相互混淆，导致不得不花费更多的时间进行整理。

另外，由于拍摄时现场的情况很可能与预期不同，所以前期拍摄未必完全按照分镜头脚本进行。此时就需要懂得变通，抛开分镜头脚本，寻找最合适的方式进行剪辑。

"分镜头脚本"的撰写方法

掌握了"分镜头脚本"的撰写方法，也就学会了如何制定短视频或者Vlog的拍摄计划。

"分镜头脚本"中应该包含的内容

一份完善的分镜头脚本，应该包含镜头编号、景别、拍摄方法、时长、画面内容、拍摄解说和音乐7部分内容。下面逐一讲解每部分内容的作用。

（1）镜头编号。镜头编号代表各个镜头在视频中出现的顺序。绝大多数情况下，它也是前期拍摄的顺序（因客观原因导致个别镜头无法拍摄时，则会先跳过）。

（2）景别。景别分为全景（远景）、中景、近景和特写，用于确定画面的表现方式。

（3）拍摄方法。针对拍摄对象描述镜头运用方式，是"分镜头脚本"中唯一对拍摄方法的描述。

（4）时长。用来预估该镜头的拍摄时长。

（5）画面。对拍摄的画面内容进行描述。如果画面中有人物，则需要描绘人物的动作、表情、神态等。

（6）解说。对拍摄过程中需要强调的细节进行描述，包括光线、构图及镜头运用的具体方法等。

（7）音乐。确定背景音乐。

提前对上述7部分内容进行思考并确定后，整个视频的拍摄方法和后期剪辑的思路、节奏就基本确定了。虽然思考的过程比较费时，但正所谓"磨刀不误砍柴工"，做一份详尽的分镜头脚本，可以让前期拍摄和后期剪辑变得轻松很多。

撰写"分镜头脚本"

了解了"分镜头脚本"所包含的内容后，就可以自己尝试进行撰写了。这里以在海边拍摄一段短视频为例，向读者介绍"分镜头脚本"的撰写方法。

由于"分镜头脚本"是按不同镜头进行撰写的，所以一般都是以表格的形式呈现。但为了便于介绍撰写思路，会先以成段的文字进行讲解，最后再通过表格呈现最终的"分镜头脚本"。

首先整段视频的背景音乐统一确定为陶喆的《沙滩》，然后再用分镜头讲解设计思路。

镜头1：人物在沙滩上散步，并在旋转过程中让裙子散开，表现出海边的惬意。所以"镜头1"利用远景将沙滩、海水和人物均纳入画面中。为了让人物在画面中显得比较突出，应穿着颜色鲜艳的服装，如图24所示。

镜头 2：由于"镜头 3"中将出现新的场景，所以将"镜头 2"设计为一个空镜头，单独表现"镜头 3"中的场地，让镜头彼此之间具有联系，起到承上启下的作用，如图 25 所示。

镜头 3：经过前面两个镜头的铺垫，此时通过在垂直方向上拉镜头的方式，让镜头逐渐远离人物，表现出栈桥的线条感与周围环境的空旷、大气之美，如图 26 所示。

镜头 4：最后一个镜头则需要将画面拉回视频中的主角——人物。同样通过远景来表现，同时兼顾美丽的风景与人物。在构图时要利用好栈桥的线条，形成透视牵引线，增强画面的空间感，如图 27 所示。

图24 镜头1：表现人物与海滩景色

图25 镜头2：表现出环境

图26 镜头3：逐渐表现出环境的极简美

图27 镜头4：回归人物

经过上述的思考后，就可以将"分镜头脚本"以表格的形式表现出来了，最终的成品如图 28 所示。

镜号	景别	拍摄方法	时间	画面	解说	音乐
1	远景	移动机位拍摄人物与沙滩	3秒	穿着红衣的女子在沙滩上、海水边散步	采用稍微俯视的角度，表现出沙滩与海水。女子可以摆动起裙子	《沙滩》
2	中景	以摇镜头的方式表现栈桥	2秒	狭长栈桥的全貌逐渐出现在画面中	摇镜头的最后一个画面，需要栈桥透视线的灭点位于画面中央	同上
3	中景+远景	中景俯拍人物，采用拉镜头方式，让镜头逐渐远离人物	10秒	从画面中只有人物与栈桥，再到周围的海水，再到更大空间的环境	通过长镜头，以及拉镜头的方式，让画面逐渐出现更多的内容，引起观赏者的兴趣	同上
4	远景	固定机位拍摄	7秒	女子在优美的栈桥上翩翩起舞	利用栈桥让画面更具空间感。人物站在靠近镜头的位置，使其占据一定的画面比例	同上

图28

套用脚本模板快速创作出短视频

对于许多新手来说，想要一上手就撰写出成熟、规范的视频脚本，是一件有难度的事，因此，不妨先从套用短视频脚本开始拍摄，下面讲解具体的操作方法。

1. 在手机上下载巨量创意App，登录后界面如图29所示。

2. 点击"创作"图标，并点击"拍成片"标签，如图30所示。

图29

图30

3. 在视频分类中选择合适的分类与需要套用的模板，在此笔者选择的"一技傍身：职业培训"，共有6个分镜头，如图31所示。

4. 点击此视频后，在打开的页面上点击"选TA！跟我拍"蓝色按钮，如图32所示。

图31

图32

5. 首先依次观看6个分镜头，在视频中有非常完整的拍摄方法，包括运镜的角度、打光的方向，图33所示为分镜头1示例。

6. 学习后，在每个分镜头页面点击下方的"拍摄"蓝色按钮，如图34所示。

7. 在拍摄页面按蓝色的拍摄按钮即可开拍。拍摄时注意观看拍摄运镜说明文案，还可以点击放大观看左上角的示范小图，如图35所示。

8. 拍摄完成所有分镜头后，在如图36所示的页面选择"智能剪辑"或"手动剪辑"选项。笔者建议选择"智能剪辑"选项，因为在这种模式下，巨量创意App可以一次批量生成多个视频。

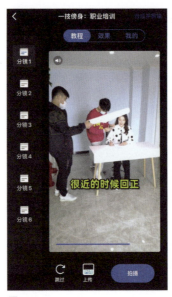

图33

图34

图35

图36

9. 选择"智能剪辑"选项后，进入如图 37 所示的页面，可以添加字幕并配音，并设置批量生成的视频的数量，在此笔者设置为 6。

10. 点击下方的"自动剪辑"红色按钮。

11. 经过一段时间运算后，则可以生成 6 个视频，如图 38 所示。

12. 在手机的相册中，可以找到这 6 个视频，如图 39 所示。

13. 这些批量生成的视频显然无法成为精品，但由于是批量生成的。因此可以作为二次创作的素材。如果对于视频要求不算太高，也可以直接上传到短视频平台。

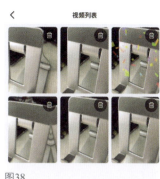

图38

图37

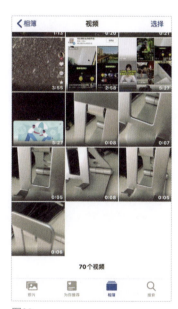

图39

高赞短视频脚本示例

对于拍摄抖音或者快手上的短视频而言,其实不需要将分镜头脚本写得如此详尽。只要将每个镜头所要表现的内容基本描述清楚,然后在录制时进行自由发挥就可以了。

下面通过4个抖音、快手上点赞过万的短视频脚本文案,直观地讲解作为普通短视频爱好者应如何撰写分镜头脚本。

案例一:吹风机的妙用

该短视频计划展示吹风机的4个妙用方法,加上视频封面和片尾,所以应拍摄6个镜头。

镜头1

手持吹风机并阐述视频将向各位观众介绍4个妙用方法。

镜头2

将一个表面有很多灰尘的键盘摆在镜头前,并说明用常规方法很难清理。然后打开吹风机,将键盘上的灰尘清理干净。

镜头3

拿出事先准备好的、带有标签的不锈钢盆或者是新买的水杯,并说明直接撕标签会在盆上留下痕迹。接下来将吹风机打开,对准标签处吹风,再撕下来就不会留有痕迹,如图40所示。

镜头4

拿出一瓶很久没有打开的指甲油,表演出用了很大劲儿仍打不开的情景。随后打开吹风机对准指甲油的盖子吹一会儿,再将其轻松拧开。

镜头5

有一件衣服皱巴巴的,可是又没有电熨斗,画面中的人物表现出苦恼的表情。将衣服铺在桌子上,在上面洒点水,然后用吹风机将衣服"吹平",如图41所示。

镜头6

人物再次入镜,并建议各位观众如果有其他吹风机的妙用方法,请留言,如图42所示。

图40

图41

图42

案例二：头皮养护产品宣传视频

该短视频通过"头皮按摩操"作为引入，介绍在使用该产品并进行头皮按摩后，可以让头发更健康。

镜头 1

介绍一种可以让头皮更健康的按摩操，并让大家跟着自己一起做。结尾通过倒计时"3、2、1"的方式，与下一个镜头衔接，如图 43 所示。

镜头 2

介绍第一步要先将头皮养护产品抹在头皮上，此处要用特写镜头表现产品敷在头皮上的画面，如图 44 所示。

镜头 3

从特写镜头转换为头部近景，表现"头皮按摩操"的按摩手势。

镜头 4

从近景推到头部特写，表现按摩方法。

镜头 5

举起产品，说出事先准备好的广告词，如图 45 所示。

镜头 6

广告词说完后，画面中出现一只手将产品拿走，此时模特做出惊讶的表情，如图 46 所示。

镜头 7

模特的表情从产品突然被拿走的惊讶转变为自豪，证明产品效果好，十分抢手，并再次推荐大家购买。

图43

图44

图45

图46

案例三：4S 店的那些搞笑事

该短视频讲述了一位 4S 店女业务员拿不到地上的一把车钥匙，此时正好有一位男业务员路过，本想帮她一把，结果却好心做坏事的故事。

镜头 1

女业务员拼命想拿到远处地面上的车钥匙，如图 47 所示。

镜头 2

此时正好路过一位男业务员，低头帮她拿车钥匙时，不小心将口袋里完全一样的钥匙全部掉了出来，而女业务员需要的这把钥匙也被混入其中，如图 48 所示。

镜头 3

两人此时都表现出很郁闷的感觉。画面转为黑白，并且给面部特写镜头。

镜头 4

为了找到女业务员需要的那把钥匙，两个人站在车前挨个尝试哪把钥匙能打开车门。

镜头 5

利用"闪黑"转场表现出时间的流逝，然后当车灯闪烁、找到那把钥匙后，两人激动得跳了起来。这一跳，使得成堆的钥匙又掉到了地上，并且混在了一起，如图 49 所示。

镜头 6

近景拍摄女业务员，两人因为太累，坐在地上继续一把钥匙一把钥匙地进行尝试，如图 50 所示。

图47　　　　图48　　　　图49　　　　图50

案例四：教你克服拖延症

在这个短视频中，同时采用了真人出镜讲解、情景还原和具体操作方法演示 3 种方式，教会观众如何克服拖延症。

镜头 1

真人出镜，抛出一个问题"你是不是也有拖延症？"，如图 51 所示。

镜头 2

工作场景画面的录制，让拖延症与职场产生联系，如图 52 所示。

镜头 3

切换到真人出镜，并说明这个视频将教给各位观众克服拖延症的方法。

镜头 4

通过制作好的纸片道具，将不同类型的工作进行分类，并直观地表现出来，如图 53 所示。

镜头 5

录制计算机屏幕，展示将工作分类后，并严格按此执行的工作状态，如图 54 所示。

镜头 6

讲解老师入镜，对克服拖延症的方法进行总结。

图51

图52

图53

图54

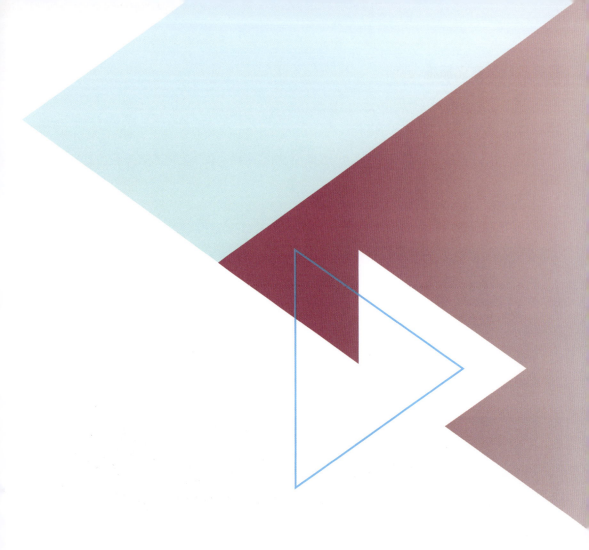

第 7 章
剪映短视频剪辑快速上手

认识手机版剪映的界面

将一段视频素材导入剪映后,即可看到其编辑界面。该界面由 3 部分组成,分别为预览区、时间线和工具栏。

1. 预览区:预览区的作用在于可以实时查看视频画面。随着时间轴处于视频轨道不同的位置,预览区会显示当前时间轴所在的那一帧的图像。

可以说,视频剪辑过程中的任何一个操作,都需要在预览区中确定其效果。当对完整视频进行预览后,发现已经没有必要继续修改时,一个视频的后期就完成了。

在图 1 中,预览区左下角显示的为"00:02/00:03"。其中"00:02"表示当前时间轴位于的时间刻度为"00:02";"00:03"则表示视频总时长为 3 秒。

点击预览区下方的▶图标,即可从当前时间轴所处位置播放视频;点击↺图标,即可撤回上一步操作;点击↻图标,即可在撤回操作后,再将其恢复;点击⛶图标可全屏预览视频。

2. 时间线:使用剪映进行视频后期时,90% 以上的操作都是在"时间线"区域完成的。该区域包含三大元素,分别为"轨道"、"时间轴"和"时间刻度"。当需要对素材长度进行裁剪,或者添加某种效果时,就需要同时运用这三大元素来精确控制裁剪和添加效果的范围。

3. 工具栏:位于剪映编辑界面的最下方。剪映中的所有功能几乎都需要在工具栏中找到相关选项进行使用。在不选中任何轨道的情况下,剪映所显示的为一级工具栏,点击相应选项,即会进入二级工具栏。

值得注意的是,当选中某一轨道后,剪映工具栏会随之发生变化,变成与所选轨道相匹配的工具。比如图 2 所示为选中视频轨道的工具栏,而图 3 所示则为选择音频轨道时的工具栏。

图 1

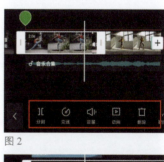

图 2

图 3

认识剪映专业版的界面

剪映专业版是将剪映手机版移植到电脑上的,所以整体操作的底层逻辑与手机版剪映几乎完全相同。但得益于电脑的屏幕较大,所以在界面上会有一定区别。因此只要了解各个功能、选项的位置,在学会手机版剪映操作的情况下,也就自然知道如何通过剪映专业版进行剪辑。

图 5

剪映专业版主要包含六大区域,分别为工具栏、素材区、预览区、细节调整区、常用功能区和时间线区域,如图 4 所示。在这六大区域中,分布着剪映专业版的所有功能和选项。其中占据空间最大的是时间线区域,该区域也是视频剪辑的主要"战场"。剪辑的绝大部分工作都是在对时间线区域中的"轨道"编辑,从而实现预期的画面效果。双击剪映图标,点击"开始创作"按钮,如图 5 所示,即可进入剪映专业版编辑界面。

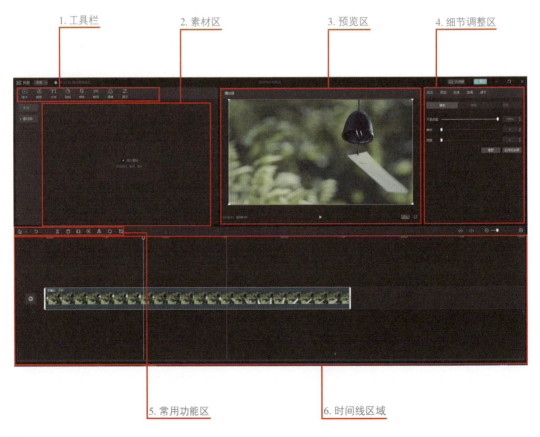

图 4

1. 工具栏：工具栏区域中包含视频、音频、文本、贴纸、特效、转场、滤镜、调节共 8 个选项。其中只有"视频"选项没有在手机版剪映出现。点击"视频"选项后，可以选择从"本地"或者"素材库"中导入素材至素材区。

2. 素材区：无论是从本地导入的素材，还是选择了工具栏中"贴纸""特效""转场"等工具，其可用的素材、效果均会在素材区显示。

3. 预览区：在后期过程中，可随时在预览区查看效果。点击预览区右下角的■图标可进行全屏预览；点击右下角的■图标，可以调整画面比例。

4. 细节调整区：当选中时间线区域中的某一轨道后，在细节调整区即会出现可针对该轨道进行的细节设置。选中"视频轨道""文字轨道""贴纸轨道"时，细节调整区分别如图 6 ~ 图 8 所示。

图 6　　　　　　　　　图 7　　　　　　　　　图 8

5. 常用功能区：在常用功能区中可以快速对视频轨道进行"分割""删除""定格""倒放""镜像""旋转""裁减"7 个操作。

另外，如果有误操作，点击该功能区中的■图标，即可将上一步操作撤回；点击■图标，即可将鼠标的作用设置为"选择"或"切割"。当选择为"切割"时，在视频轨道上按下鼠标左键，即可在当前位置"分割"视频。

6. 时间线区域：时间线区域中包含三大元素，分别为"轨道"、"时间轴"和"时间刻度"。

由于剪映专业版界面较大，所以不同的轨道可以同时显示在时间线区域中，如图 9 所示。这点相比手机版剪映是其明显优势，可以提高后期处理效率。

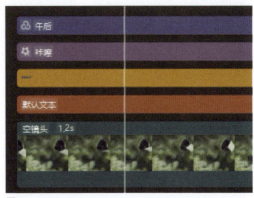

图 9

零基础小白也能快速出片的方法

为了让零基础的小白也能快速剪出不错的视频，剪映提供了 3 种可以"一键成片"的功能。

提交图片或视频素材后"一键成片"

剪映中有一项功能为"一键成片"，可以在导入素材后，直接生成剪辑后的视频。具体操作步骤如下。

1. 打开剪映，点击"一键成片"按钮，如图 10 所示。

2. 按顺序选择素材，点击界面右下角的"下一步"按钮，如图 11 所示。

3. 生成视频后，在界面下方选择不同的效果，然后点击右上角的"导出"按钮即可，如图 12 所示。若希望对视频效果进行修改，可再次点击所选效果，并对素材顺序、音量及文字等进行调整。

图 10

图 11

图 12

特别提示： 剪映功能强大、知识点较多，本章仅对其做了简要介绍，如果想要深入学习，请跟随本书附赠的视频课程进行学习。

通过文字"一键"生成短视频

通过"图文成片"功能,即可通过导入一段文字,让剪映自动生成视频,具体操作步骤如下。

1. 打开剪映,点击"图文成片"选项,如图 13 所示。

2. 点击"粘贴链接"选项,将发布在今日头条上的链接输入,即可自动导入文字。或者点击"自定义输入"选项,直接将文字输入至剪映,如图 14 所示。

3. 此处以"粘贴链接"为例,将链接复制粘贴后,点击"获取文字内容"选项,如图 15 所示。

图 13

图 14

图 15

4. 文章显示后,点击右上角的"生成视频"按钮,如图 16 所示。

5. 如果对生成的视频满意,点击界面右上角的"导出"按钮即可。如果不满意,可以对"画面""音色""文字"等进行修改,或者点击右上角的"导入剪辑"按钮,利用剪映的全部功能进行详细修改,如图 17 所示。

图 16

图 17

通过模板"一键"出片

利用剪映中的"剪同款"功能，可实现一键套用模板并生成视频，具体操作步骤如下。

1. 打开剪映，点击界面下方的"剪同款"选项，如图 18 所示。
2. 点击希望使用的模板，此处以"手绘漫画变身"模板为例，如图 19 所示。
3. 点击界面右下角的"剪同款"选项，如图 20 所示。

图 18

图 19

图 20

4. 选择素材后，点击界面右下角的"下一步"按钮，如图 21 所示。
5. 自动生成视频后，可点击界面右上角的"无水印导出分享"按钮。

如果需要修改，则可以点击界面下方的素材后，再次点击该素材，可以替换素材，或者进行裁剪、调节音量等，如图 22 所示。

图 21

图 22

视频后期的基本流程

导入视频

导入视频的基本方法

1. 打开剪映 App 后,点击"开始创作"按钮,如图 23 所示。
2. 在进入的界面中选择希望处理的视频,然后点击界面下方的"添加到项目"按钮,即可将该视频导入剪映 App 中。当选择了多个视频导入剪映时,其在编辑界面的排列顺序与选择顺序一致,并且在如图 24 所示的导入视频界面中也会出现序号。在编辑界面中同样可以改变视频的排列顺序。

图 23

图 24

导入视频的小技巧

在剪映 App 内直接选择视频导入时,由于无法预览视频,很多相似场景的视频就很难分辨,无法确定哪一个才是希望导入的。通过以下方法可以解决这个问题。

1. 先将筛选出的视频放在手机中的一个相簿或者文件夹中,并点击界面右上方的"选择"按钮,如图 25 中。
2. 接下来将筛选出的视频全部选中,并点击左下角的 图标(安卓手机需点击"打开"按钮),如图 26 所示。
3. 在打开的界面中点击剪映 App 图标,即可导入所选视频,如图 27 所示。

图 25

图 26

图 27

调整画面比例

无论将视频发布到抖音还是快手,都建议先将视频设置为 9∶16 的比例后再进行发布。

因为在刷短视频时,大多数人都是竖拿手机,所以 9∶16 的画面比例对于观众来说更方便观看。

1. 打开剪映 App,点击界面下方的"比例"按钮,如图 28 所示。

2. 在界面下方选择所需的视频比例,建议设置为 9∶16,如图 29 所示。

3. 如果使用的是快影 App,则需要点击界面上方如图 30 所示红框内的选项。

4. 并在打开的界面中选择视频比例,如图 31 所示。

5. 如果视频素材是横屏拍摄的,则在选择 9∶16 比例后,快影会自动将上下区域填充为模糊背景,如图 32 所示。而剪映只能通过手动设置来实现类似效果。

图 28

图 29

图 30

图 31

图 32

剪辑视频

将视频片段按照一定顺序组合成一个完整视频的过程，称为"剪辑"。

即使整个视频只有一个镜头，也可能需要将多余的部分删除，或者是将其分成不同的片段，重新进行排列组合，进而产生完全不同的视觉感受，这同样也是"剪辑"。

将一段视频导入剪映后，与剪辑相关的工具基本都在"剪辑"选项中，如图33所示。其中常用的工具为"分割"和"变速"，如图34所示。

另外，为多段视频间添加转场效果也是"剪辑"中的重要操作，可以让视频显得更加流畅、自然。图35所示为转场编辑界面。

图33

图34

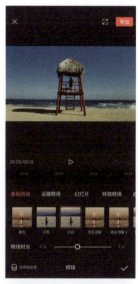

图35

还可以在剪辑过程中加入一些"特效"，让视频更吸引人。图36所示为剪映的特效编辑界面。

值得一提的是，视频的第一帧画面会被默认选择为封面。但在抖音官方网站上传视频时，则可以手动上传图片作为封面。

快影与剪映的剪辑界面大同小异，几乎剪映中包含的所有工具，在快影中都可以找到，其视频编辑界面如图37所示。

图36

图37

润色视频

与图片后期相似,一段视频的影调和色彩也可以通过后期来调整,具体操作步骤如下。

1. 打开剪映 App 后,点击界面下方的"调节"按钮,如图 38 所示。
2. 选择亮度、对比度、高光、阴影等工具,拖动滑动条,即可实现对画面明暗、影调的调整,如图 39 所示。
3. 也可以点击图 38 中的"滤镜"按钮,在如图 40 所示的界面中通过添加滤镜来调整画面的影调和色彩。拖动滑动条,可以控制滤镜的强度,从而得到理想的画面色调。

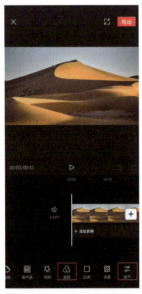

图 38

图 39

图 40

4. 快影 App 中没有类似剪映的"调节"功能,只能通过滤镜来调整影调和色彩。

根据笔者的经验,快影中所包含的滤镜在数量和质量方面都要高于剪映。

点击如图 41 所示的界面中的"调整"按钮,再点击"滤镜"工具,即可在不同分类下选择合适的滤镜,如图 42 所示。

图 41

图 42

添加音乐

通过剪辑将多个视频串联在一起，然后对画面进行润色后，其在视觉上的效果就基本确定了。接下来，则需要对视频进行配乐，进一步烘托短片所要传达的情绪与氛围，具体操作步骤如下。

1. 在添加背景音乐之前，首先点击视频轨道下方的"添加音频"字样，进入音频编辑界面，如图 43 所示。

2. 点击界面左下角的"音乐"按钮，即可选择背景音乐，如图 44 所示。若在该界面点击"音效"按钮，则可以选择一些简短的音频，针对视频中某个特定的画面进行配音。

3. 进入音乐选择界面后，点击音乐右侧的 ⬇ 图标，即可下载该音频，如图 45 所示。

图 43

图 44

图 45

4. 下载完成后，⬇ 图标会变为"使用"字样。点击该字样，即可将所选音乐添加至视频中，如图 46 所示。

5. 使用快影为视频添加音乐时，点击视频轨道下方的"点击添加音乐"按钮，即可进入音乐选择界面，与剪映几乎没有区别，如图 47 所示。

图 46

图 47

导出视频

对视频进行剪辑和润色,并添加背景音乐后,就可以将其导出保存或者上传到抖音或快手中进行发布了,具体操作步骤如下。

1. 点击剪映右上角的"导出"按钮,如图 48 所示。

2. 选择导出视频的画质和帧数。帧率选择 30 即可。为了让视频更清晰,如果有充足的存储空间,建议将分辨率设置为"2K/4K",如图 49 所示。

3. 成功导出后,即可在相册中查看该视频,或者点击"一键分享到抖音"按钮,直接在抖音上发布该视频,如图 50 所示。

图 48

图 49

图 50

4. 使用快影导出视频同样需要点击界面右上角的"导出"按钮。

但在导出前不要忘记点击红框内的选项,如图 51 所示。

并在打开的界面中设置分辨率。同样,为了获得最优画质,建议选择最高分辨率,如图 52 所示。

图 51

图 52

第 8 章
掌握短视频运营技巧快速涨粉

抖音考查视频互动率的底层逻辑

什么是视频互动率

视频互动率是指一个视频的完播率，以及评论、点赞和转发数值。这些数据反馈出了观众对于视频的喜好程度，以及与视频创作者的互动频次。

最直观的体现就是视频播放界面显示出来的各项数字，如图 1 所示。

很显然像这样点赞量达到 223.5 万的视频，一定是一个播放量达到数千万的爆款视频，而一个新手发布的视频，各项数据基本上都在 200～500 左右。

所以，通过分析视频互动数据，各个视频的质量高下立判。

图 1

为什么要考量视频互动率

抖音考量视频完播、评论及点赞，从表面来看是为了以此为依据，给用户推荐更多的优质视频。

但从平台底层逻辑来看，其实考量的是这个视频能为抖音拉住多少人，将这些用户黏在抖音里多长时间。

因为在如图 2 所示的这些短视频平台中，竞争的焦点是，国民总时间。

简单地说，14 亿国人，每天上网的总时间就是 24 小时 × 14 亿。

每一个看短视频的用户不是看 A 平台，就是看 B 平台，A 平台的创作达人能够把观众多留在 A 平台一分钟，B 平台就少一分钟。

因此从商业角度来看，如果 A 平台想要做大做强，就需要在不突破底线的情况下，使用各种方法激励内容创作者用各种内容把人留在平台内部。

所以，无论平台考核规则如何变化，还是推出以前没有见过的新的考核指标，只要明白了这个底层逻辑，创作者就知道应该如何应对了。

图 2

用这 5 个方法提升短视频完播率

认识短视频完播率

一个视频如果想获得更多流量，必须关注"完播率"数据指标，那么什么是"完播率"呢？

如果直接说"某个视频的完播率"，就是指"看完"这个视频的人占所有"看到"这个视频的人的比值。

但随着短视频运营的精细化，关注不同时间点的"完播率"其实更为重要，如"5 秒完播率""10 秒完播率"等。

将一个视频所有时间点的完播率汇总起来后，就会形成一条曲线，即"完播率曲线"。点击曲线上的不同位置，就可以显示出当前时间点的"完播率"，即"看到该时间点的观众占所有观众的百分比"，如图 3 所示。比如一个视频，到了 30 秒还有 90% 人在看，30 秒的完播率就是 90%；到了 60 秒还有 40% 的人在看，那么 60 秒的完播率就是 40%。

如果该视频的"完播率曲线（你的作品）"整体处于"同时长热门作品"的完播率曲线（蓝色）上方，则证明这条视频比大多数的热门视频都更受欢迎，自然也会获得更多的流量倾斜。相反，如果该曲线处于蓝色曲线下方，则证明完播率较低，需要找到完播率大幅降低的时间点，并对内容进行改良，争取留住观众，整体提升完播率曲线。

下面介绍 4 种提高视频完播率的方法。

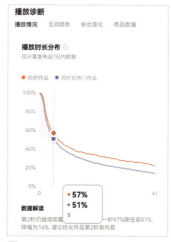

图 3

缩短视频时长

对于抖音而言，视频时间长短并不是视频是否优质的判断指标，长视频也可能是"注了水"的，而短视频也可能是满满的"干货"，所以视频长短对于平台来说没有意义，完播率对平台来说才是比较重要的判断依据。

在创作视频时，10 秒钟能够讲清楚的事情，能够表现清楚的情节，绝对不要拖成 12 秒，哪怕多一秒钟，完播率数据也可能会下降一个百分点。

抖音刚刚上线时，视频最长只有 15 秒，但即使是 15 秒的时间，也成就了许多视频大号，因此 15 秒其实就是许多类视频的最长时长，甚至很多爆款视频的时长只有 7 ~ 8 秒。

如图 4 所示，这是一个通过吸引观众玩游戏来获得收益的视频，其时长只有 8 秒，力求通过最短的时间展现出游戏的趣味。

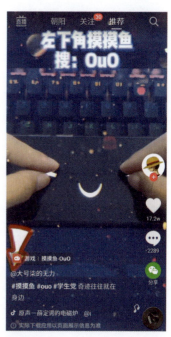

图 4

当然对于很多类型的视频而言，如教程类或知识分享类，可能在一分钟之内无法完成整个教学，那么提升完播率对于这类视频来说可能会相对困难一些。

但是也并非完全没有方法，比如很多视频会采取这样的方法，即在视频的最开始采用口头表达的方法告诉观看的粉丝，在视频的中间及最后会有一些福利赠送给大家，这些福利基本上都是一些可以在网上搜索到的资料，也就是说零成本，用这个方法吸引粉丝看到最后，如图5所示。

也可以将长视频分割成2~3段，在剪映中通过"分割"工具即可实现，如图6所示。当然，每一段都要增加前情回顾或未完待续。

另一个方法就是在开头时要告诉大家，一共要讲几个点，如果的确是干货，大家就会等着把你的内容全部看完，如图7所示。

同时在画面中也可以有数据体现，比如一共要分享6个点，就在屏幕上面分成6行，然后用数字从1写到6。每讲一个点，就把内容填充到对应的数字后面。

图 5

图 6

图 7

因果倒置

所谓因果倒置，其实就是倒叙，这种表述方法无论是在短视频创作还是大电影的创作过程中都十分常见。

例如，在很多电影中经常看到，刚开始就是一个非常紧张的情节，比如某个人被袭击，然后采取字幕的方式将时间向回调几年或某一段时间，再从头开始讲述这件事情的来龙去脉。

在创作短视频时，其实也是同样的道理。短视频刚开始时首先抛出结果，比如图8所示的"一条视频卖出快200万的货，抖音电商太强大了"。把这个结果（或效果）表述清楚以后，充分调动粉丝的好奇心，然后再从头讲述。

图 8

因此，在创作视频时，有一句话是"生死3秒钟"，也就是说在3秒钟之内，如果没有抓住这个粉丝关注力，没有吸引到他的注意力，那么这个粉丝就会向上或者向下滑屏，跳转到另外一个视频。

所以在3秒钟之内一定要把结果抛出来，或者提出一个问题，比如说，"大家在炒鸡蛋时，鸡蛋总是有股腥味儿，怎样才能用最简单的方法去除这股腥味儿？"这就是一个悬疑式的问题，如果观众对这个话题比较感兴趣，就一定会往下继续观看。

将标题写满

很多粉丝在观看视频时，并不会只关注画面，也会阅读这个视频的标题，从而了解这个视频究竟讲了哪些内容。

标题越短，粉丝阅读标题时所花费的时间就越少，反之标题如果被写满了所有的字数，那么就能够拖延粉丝，此时如果所制作的视频本身就不长，只有几秒钟时间，那么当粉丝阅读完标题后，可能这个视频就已经播完了，采用这种方法也能够大幅度提高完播率，如图9所示。

图 9

表现新颖

无论是现在正在听的故事还是看的电影，里面发生的事情在其他的故事和电影中都已经发生过了。

那么为什么人们还会去听这些新的故事，看这些新的电影呢？就是因为他们的画面表现风格是新颖的。

所以在创作一个短视频时，一定要思考是否能够运用更新鲜的表现手法或者画面创意来提高视频完播率。

比如图10所示即为通过一种新奇的方式来自拍，自然会吸引观众进行观看。

当然，也不要将注意力完全聚焦在画面的表现形式上，有时用一个当前火爆的背景音乐也能提高视频的完播率。

在这方面电影行业已经有非常典型的案例，即"满城尽带黄金甲"，这个电影的片尾曲用的是周杰伦演唱的《菊花台》，以往当电影结束时，只要字幕开始上升，大部分观众基本上就会离开观众席。但是这部电影当片尾曲响起来时，绝大部分观众还安静地坐在观众席上，直到播放完这首歌曲才离开。

图 10

用这8个技巧提升视频评论率

认识短视频评论率

视频的评论率就是指当视频发布以后，有多少粉丝愿意在评论区进行评论交流。

一个视频的评论区越活跃，意味着视频对于粉丝的黏性也越高，从短视频平台层面来判断，这样的视频就是优质视频，因此就会被平台推荐给更多粉丝。

那么如何去提高视频的评论率呢？下面分享8种方法。

用观点引发讨论

这种方法是指在视频中提出观点，引导粉丝进行评论。比如可以在视频中这样说，"关于某某某问题，我的看法是这样子的，不知道大家有没有什么别的看法，欢迎在评论区与我进行互动交流。"

在这里要衡量自己带出的观点或者自己准备的那些评论是否能够引起讨论。例如在摄影行业里，大家经常会争论摄影前期和后期哪个更重要，那么以此为主题做一期视频，必定会有很多观众进行评论，如图11所示。

又比如，佳能相机是否就比尼康好，索尼的摄影视频拍摄功能是否就比佳能强大？去亲戚家拜访能否空着手？女方是否应该收彩礼钱？结婚是不是一定要先有房子？中美基础教育谁更强？这些问题首先是关注度很高，其次本身也没有什么特别标准的答案，因此能够引起大家的广泛讨论。

图 11

利用神评论引发讨论

首先自己准备几条神评论，当视频发布一段时间后，利用自己的小号发布这些神评论，引导其他粉丝在这些评论下进行跟帖交流。如图12所示的评论获得了10.3W点赞，如图13所示的评论获得了58.4W点赞。

图 12

图 13

评论区开玩笑

即在评论区通过故意说错或者算错,引发粉丝在评论区进行追评。

例如图14和图15所示的评论区,创作者发表100×500=50万的评论,引发了大量追评。

图14

图15

卖个破绽诱发讨论

另外,也可以在视频中故意留下一些破绽,比如说故意拿错什么,故意说错什么,或者故意做错什么,从而留下一些能够吐槽的点。

因为绝大部分粉丝都以能够为视频纠错而感到自豪,这是证明他们能力的一个好机会。当然,这些破绽不能影响视频主体的质量,包括IP人设。

比如图16所示的视频,由于透视问题引起了很多观众的讨论。

以图17所示的视频是主播故意将"直播间"说成了"直间播",引发粉丝在评论区讨论。

图16

图17

在评论区问个问题

可以在视频评论区内问一个大家感觉有意思的问题,这个问题甚至可以与视频的内容完全无关。

例如图 18 所示的视频是一个销售玩具的带货视频,创作者在评论区问的问题是"三个字证明你是哪个省的,不许出现地名。"

这个问题完全与视频无关,但得到了非常多回复,如图 19 所示。

而作者也基本做到了一一回复,正是这种有趣的问题,以及有来有往的回复,使这个视频获得了 1412 条评论,不可谓不多。

在视频里引导评论分享

即在视频里通过语言或文字引导粉丝将视频分享给自己的好友观看。

图 20 和图 21 为一个美容灯的视频评论区,可以看到,大量粉丝 @ 自己的好友。

而这个视频也因此获得了高达 4782 条评论、19W 点赞与 4386 次转发,数据可谓爆表。

图 18

图 19

图 20

图 21

评论区发"暗号"

即在视频里通过语言或文字引导粉丝在评论区留下暗号,例如图22所示的视频要求粉丝在评论区留下软件名称"暗号"。

图23所示为粉丝在评论区发的"暗号",使用此方法不仅获得了大量评论,而且还收集了后续可针对性精准营销相关课程的用户信息,可谓一举两得。

图22

图23

在评论区刷屏

创作者也可以在评论区内发布多条评论,如图24所示。

这种方法有以下几个好处。

首先,自己发布多条评论后,在视频浏览页面,评论数就不再是0,具有吸引粉丝点击评论区的作用。

其次,发布评论时要针对不同的人群进行撰写,以覆盖更广泛的人群。

最后,可以在评论区写下在视频中不方便表达的销售或联系信息,如图25所示。

图24

图25

用这 5 个方法提高短视频点赞量

认识短视频点赞量

在抖音中所有被点赞的视频，都可以通过点击右下角的"我"，然后点击"喜欢"重新找到它并再次观看，也就是起到了一个收藏的作用，如图 26 和图 27 所示。

所以对于平台而言，点赞量越高的视频代表其价值越大，值得向更多的人推荐。

要提高视频的点赞量，需要从用户的角度去分析点赞行为的背后原因，并由此出发调整视频创作方向、细节及运营方案。

从大的层面去分析点赞量，其背后基本有四大原因，下面一一进行分析。

图 26　　　　　　图 27

让观众有"反复观看"的需求

正如前面所说的，点赞这种行为有可能是为了方便自己再次去观看这个视频，此时点赞起到了收藏的作用。

那么什么样的视频才值得被收藏呢？一定是对自己有用的。

这类视频往往是干货类，能够告诉大家一个道理，或者说是一个技术、一种诀窍、一个知识，能够解决大家已经碰到的问题或者可能会碰到的问题。

比如笔者专注的领域之一是自媒体运营、视频拍摄、摄影及后期制作，因此在这些领域收集了很多小诀窍，如图 28 所示即为一个视频后期技巧。

所以要想提高视频的点赞率，所拍摄的视频必须要解决问题，而且要解决的是大家可能都会碰到的共性问题。

比如，北方人都非常喜欢吃面食，在很多美食大号里，制作香辣可口的重庆小面的视频点赞率都非常高，就是因为这类视频解决了北方人的一个问题。

所以在创作视频之初，一定要将每一个视频的核心点提炼出来，写到纸上并围绕这个点来拍视频。

也就是说在拍视频之前，一定要问自己一个问题，这个视频解决了哪些人的什么问题。

图 28

认可与鼓励

点赞这种行为,除了为自己收藏那些现在或者以后可能会用到的知识和素材,也是观众对于视频内容的认可与鼓励。

这种视频往往是弘扬正能量的一种视频,比如在2020年的疫情期间,全国各地都涌现出了一批可歌可泣、感人至深的英雄事迹。

以钟南山院士为例,只要短视频中涉及了钟南山院士,点赞量都非常高,所以这其实是一种态度,一种认可,如图29所示。

这就提醒读者在创作这类短视频时,一定要问自己一个问题,就是这个视频弘扬的是什么样的正能量。

图29

情感认同

还有一种点赞的原因是情感认同,无论这个视频表现出来的情绪是慷慨激昂、热血沸腾,还是低沉忧郁、孤独寂寞,只要观看这个视频的粉丝的心情恰好与你的视频基本相同,那么这个粉丝自然会去点赞,如图30所示。

所以,应该在每一个节日、每一个重大事件出现时,发布那些与节日、事件气氛情绪相契合的视频。例如,在春节要发布喜庆的,在清明节要发布缠绵的、阴郁的,在情人节要发布甜蜜的,而在儿童节要发布活泼欢快的。

无论是正面的情绪还是负面的情绪,都是比较好的切入点。

图30

强烈提醒

在每一个视频的开头或最后都应该提醒粉丝要关注、留言、转发、点赞,实践证明,有这句话比没有这句话的点赞量和关注率会提高很多,如图31所示。

比较常用的文案是,"大家赶紧点赞,收藏这个视频,以免刷着刷着视频找不到了。"

图31

利用疯传 5 大原则提升转发率

什么是视频流量的发动机

任何一个平台的任何自媒体内容，要获得巨量传播，观众的转发可以说是非常重要的助推因素，是内容流量的发动机。

例如，对于以文章为主要载体的公众号来说，阅读者是否会将文章转发到朋友圈，会决定这个公众号的文章是否能获得"10 万 +"，涨粉速度是否快。

对于以视频为载体的抖音平台来说，观众是否在视频评论区 @ 好友来观看，是否下载这个视频转发给朋友，会决定视频获得更多流量，被更多人看见。

所以，单纯从传播数据来看，自媒体内容优化标题、内容、封面的根本出发点之一就是获得更高的转发量。

什么决定了转发量

为什么有些视频转发量很高，有些视频没几个人转发？这个问题的答案是，媒体"内容"本身造成转发量有天壤之别。

无论出于什么样的目的，被转发的永远是内容本身，所以，每一个媒体创作者在构思内容、创作脚本时，无论是以短视频为载体，还是以文字为载体，都要先问自己一个问题，如果自己是读者，是否会把这个视频（这篇文章）转发到自己的朋友圈，推荐给自己的同事或亲朋好友。

只有在得到肯定的答案后，才值得花更多时间去深度创作。

大众更愿意转发什么样的内容

除了抒发自己的所思所想，每一个创作者创作的内容都是为别人创作的，因此，必须要考虑这些人是否会转发自己的内容，以及创作什么样的内容别人才更愿意转发。

关于这个问题的答案，在不同的时代及社会背景下可能会有所不同。但却有一些基本的共同原则，沃顿商学院的教授乔纳·伯杰在他的图书《疯传》中进行了列举，依据这些原则来创作内容，大概率能获得更高的传播率。

让内容成为社交货币

如果将朋友圈当成社交货币交易市场，那么每个人分享的事、图片、文章、评论都会成为衡量这个社交货币价值的重要参数。朋友们能够通过这个参数，对这个人的教养、才识、财富、阶层进行评估，继而得出彼此之间的一种对比关系。

这也是为什么社会上有各种组团 AA 制，在各大酒店拍照、拍视频的"名媛"。

又例如，当你分享的视频内容是"看看那些被塑料袋缠绕而变得畸形的海龟，锁住喉咙的海鸟，这都是人类一手造成的。从我做起，不用塑料袋。"大家就会认为你富有爱心，有环保意识。

当你不断分享豪车、名包时，大家在认为你有钱的同时，也会认为你的格调不高。

所以，当粉丝看到我们创作的内容，并判断在分享了这些内容后，能让别人觉得自己更优秀、与众不同，那么这类内容选题就是值得挖掘的。

让内容有情绪

有感染力的内容经常能够激发人们的即时情绪,这样的内容不仅会被大范围谈论,更会被大范围传播,所以需要通过一些情绪事件来激发人们分享的欲望。

研究表明,如果短视频有以下 5 种强烈的情绪:惊奇、兴奋、幽默、愤怒、焦虑,都比较容易引起转发。

这其中比较明显的是"幽默"情绪,在任何短视频平台,一个能让人会心一笑的幽默短视频,比其他类型的短视频至少高 35% 的转发率。

所以,在所有短视频平台,除了政府大号,幽默搞笑垂直细分类型的账号粉丝量最高。

但是需要注意的是,这类账号的变现能力并不强。

让内容有正能量

国内所有短视频平台对视频的引导方向都是正向的,例如,抖音的宣传口号就是"记录美好生活",所以,正能量内容的视频更容易获得平台的支持与粉丝的认可。

例如,2021 年大量有关于鸿星尔克的短视频,轻松就能获得几十万,甚至过百万的点赞与海量转发,如图 32 所示,就是因为这样的视频具有积极的正能量。

图 32

让内容有实用价值

"这样教育出来的孩子,长大了也会成为巨婴。""如果重度失眠,不妨听听这三首歌,相信很快就会入睡。"看到这样的短视频内容,是不是也想马上转给身边的朋友?要想提高转发率,一个常用的方法就是视频要讲干货。

让内容有普世价值

普世价值泛指那些不分地域,超越宗教、国家、民族,任何有良知与理性的人,都认同的理念。例如,爱、奉献、不能恃强凌弱等。

招商银行曾经发布了一条名为"世界再大,大不过一盘番茄炒蛋"的视频,获得过亿播放与评审团大奖,如图 33 所示,就是因为这条视频有普世价值。视频的内容是一位留学生初到美国,参加一个聚会,每个人都要做一个菜。他选了最简单的番茄炒蛋,但还是搞不定,于是向远在中国的父母求助,父母拍了做番茄炒蛋的视频指导他,下午的聚会很成功。他突然意识到,现在是中国的凌晨,父母为了自己,深夜起床,进厨房做菜。

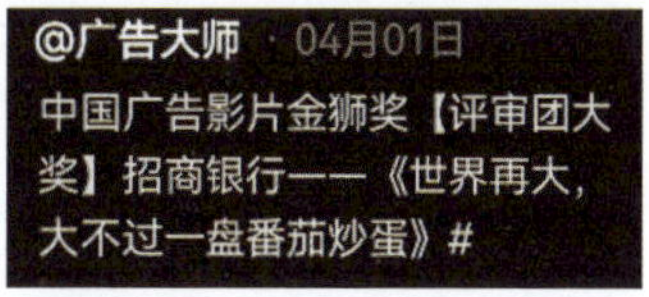

很多人都被这条视频打动,留言区一片哭泣的表情符号。

图 33

发布短视频也有大学问

短视频制作完成后，就可以发布了。作为短视频制作的最后一个环节，千万不要以为点击"发布"按钮后就万事大吉了。发布内容的时间、发布规律，以及是否@了关键账号，都对视频的热度有很大影响。

将 @ 抖音小助手作为习惯

"抖音小助手"是抖音官方账号之一，专门负责评选关注度较高的热点短视频。而被其选中的视频均会出现在每周一期的"热点大事件"中。所以，将发布的每一条视频后面都@抖音小助手，可以增加被抖音官方发现的概率，一旦被推荐到官方平台，上热门的概率将被大大提高，如图34所示。

即便没有被官方选中，多看看"热点大事件"中的内容，也可以从大量热点视频中学到一些经验。

另外，"抖音小助手"这个官方账号还会不定期地发布一些短视频制作技巧，读者可以从中学到不少干货。

下面讲解@抖音小助手的具体操作步骤。

1. 搜索"抖音小助手"账号并关注，如图35所示。
2. 选择自己需要发布的视频后，点击"@好友"选项，如图36所示。
3. 在好友列表中找到或直接搜索"抖音小助手"，如图37所示。
4. @抖音小助手成功后，其将以黄色字体出现在标题栏中，如图38所示。

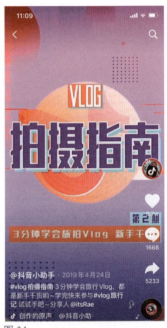

图34

图35　　　　　图36　　　　　图37　　　　　图38

发布短视频时"蹭热点"的两个技巧

不但制作短视频内容时要紧贴热点,在发布视频时也有两个蹭热点的小技巧。

@ 热点相关的人或官方账号

前面已经提到,@ 抖音小助手可以参与每周热点视频的评选,一旦被选中即可增加流量。类似的,如果为某个视频投放了 DOU+,还可以 @DOU+ 小助手,如果视频足够精彩,还有可能获得额外流量,如图 39 所示。

虽然在大多数情况下,@ 某个人主要是提醒其观看这个视频。但当 @ 了一位热点人物时,证明该视频与这位热点人物是有相关性的,从而借用人物的热度来提高视频的流量,也是一种常用方法。

图 39

参与相关话题

所有视频都会有所属的领域,因此参与相关话题的操作几乎是每个视频在发布时都必做的操作。

比如一个山地车速降的视频,那么其参与的话题可以是"山地车""速降""极限运动"等,如图 40 所示;而一个做摄影教学视频的抖音号,其参与的话题可以是"摄影""手机摄影""摄影教学"等,如图 41 所示。

如果不知道自己的视频参与什么话题能够吸引更多的流量,可以参考同类高点赞视频所参与的话题。

参与话题的方式也非常简单,只需要在标题撰写界面点击"#话题"选项,然后输入所要参与的话题即可。

当然,话题也可以更具体一些,如最近人们比较受关注的"北京新发地"就可以作为一个话题。而且在界面下方还会出现相似的话题,以及各个话题的热度,如图 42 所示。

图 40

图 41

图 42

发视频时位置添加技巧

发布视频时选择添加位置有两点好处。

第一,如果创作者本身有实体店,可以通过视频为线下的实体店引流,增加同城频道的曝光机会。

第二,通过将位置定位到粉丝较多的地域,可以提高粉丝观看到该视频的概率。例如,通过后台分析发现自己的粉丝多为广东省粉丝,在发布视频时,可以把定位选择到广东省某一个城市的某一个商业热点区域。

在手机端发布视频时,可以在"你在哪里"选项内直接输入需要定位的位置。

电脑后台发布视频时,可以在"添加标签"下选择"位置"选项,并且输入希望定位的新位置,如图43所示。

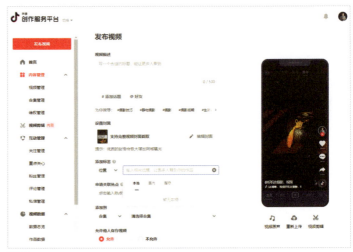

图 43

是否开启保存选项

如果不是有特别的原因,不建议关闭"允许他人保存视频"选项,因为下载数量也是视频是否优质的一个重量考量数据。电脑端设置如图44所示。

图 44

需要注意的是,在手机端发布视频时没有此选项,需要在完成发布后选择视频,点击右下角的"权限设置",然后选择"高级设置"选项,如图45所示。

再关闭"允许下载"选项,如图46所示。

图 45　　　　图 46

发视频时的同步技巧

如果已经开通了今日头条与西瓜视频账号，可以在抖音发布视频时同步到这两个平台上，从而使一个视频能够吸引到更多的流量。

尤其值得一提的是，如果发布的是横画幅的视频，而且时长超过了一分钟，那么在发布视频时，如果同步到了这两个平台，还可以获得额外的流量收益。

在手机端发布视频时，可以在"高级设置"选项中开启"同步至今日头条和西瓜视频"开关，如图47所示。

电脑后台发布视频时，可以开启"同步至其他平台"开关，如图48所示。

图 47

图 48

定时发布视频技巧

如果运营的账号有每天发布视频的要求，而且有大量可供使用的视频，建议使用电脑端的定时发布视频功能，如图49所示。

发布视频的时间可以预定为2小时后至7天内。

需要注意的是，手机端不支持定时发布功能。

图 49

找到发布短视频的最佳时间

相信各位读者都会发现，同一类视频，质量也差不多，然而在不同的时间发布时，其播放、点赞、评论等数据均会发生较大变化。这也从侧面证明了，发布时间对于一条视频的流量是有较大影响的。那么何时发布视频才能获得更高的流量呢？下面将从周发布时间和日发布时间两方面进行分析。

从每周发布视频的时间进行分析

如果可以保证稳定的视频输出的话，当然最好是从周一到周日，每天都能发布一条甚至两条视频。但作为个人短视频制作者而言，这个视频制作量是很难实现的。那么就要在一周的时间中有所取舍，在一周中流量较低的那一天就可以选择不发，或者是少发视频。

笔者研究了一下粉丝数量在百万以上的抖音号，其在一周中发布视频的规律，总结出以下3点经验。

1. 周日发布视频频率较低。

其实这些头部大号基本上每天都在发视频，毕竟大多数都有自己的团队。但还是能够发现，周日这天发布视频的频率明显低于其他时间。

究其原因，由于周日临近周一，所以大多数观众都或多或少会准备进入上班状态，导致刷抖音的次数有所降低。

2. 周五、周六发布视频频率较高。

周五和周六这两天，大多数抖音大号的视频发布频率都比较高。其原因可能在于，周五、周六这两天，大家都沉浸在放假的喜悦中，有更多的时间去消遣，所以抖音视频的打开率也会相对较高。

3. 意外发现——周三也适合发布视频。

经过对大量抖音号的发布频率进行整理后，笔者意外发现很多大号也喜欢在周三发布视频。这可能是因为周三作为工作日的中间点，很多人会觉得过了周三，离休息日就不远了，导致流量也会升高。

图 50 所示为抖音头部大号"刀小刀 sama"在一周中各天发布视频的数量柱形图，也从侧面印证了笔者的分析。

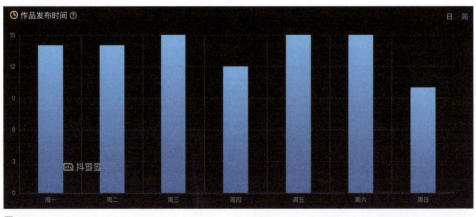

图 50

从每天发布视频的时间进行分析

相比每周发布视频的时间，每天发布的时间其实更为重要。因为在一天的不同时段，用手机刷视频的人数会有很大区别。举个最简单的例子，夜间 12 点以后，绝大多数人都已经睡觉了，如果此时发布视频，肯定没有什么流量。

经过笔者对大量头部账号的视频发布时间进行分析，总结出以下 3 点经验。

1. 发布视频的时间主要集中在 17 点～19 点，如图 51 所示。

大多数头部抖音账号都集中在 17 点～19 点这一时间段发放视频。其原因在于，抖音中的大部分用户都是上班族。而上班族每天最放松的时间就是下班后坐在地铁上或者公交车上的时间。此时很多人都会刷一刷抖音上那些有趣的短视频，缓解一天的疲劳，如图 52 所示。

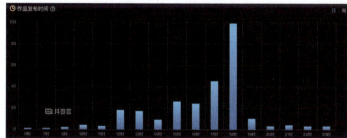

图 51

图 52

2. 11 点～13 点也是不错的发布时间。

首先强调一点，抖音上大部分的视频都在 17 点～19 点发布，所以相对来说，其他时间段的视频发布量都比较少。但中午 11 点～13 点这个时间段也算是一个小高峰，会有一些账号选择在这个时间段发布视频。这个时间段同样是上班族休息的时间，可能会有一部分人利用碎片时间刷一刷短视频。

3. 20 点～22 点更适合教育类账号发布视频，如图 53 所示。

在笔者搜集到的数据中，发现了一个比较特殊的情况，即教育类的抖音号往往会选择在 20 点～22 点这个时间段发布视频，如图 54 所示。

究其原因，由于 17 点～19 点虽然看视频的人多，但大多数都是为了休闲放松一下。而当吃过晚饭后，一些上班族为了提升自己，就会花时间看一些教育类的内容；而且家中的环境也比较安静，更适合学习。

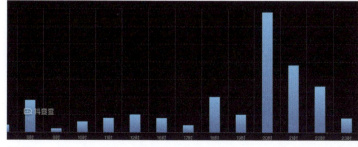

图 53

图 54

用合集功能提升播放量

可以将内容相关的视频做成合集，这样无论用户从哪一条视频进来，都会在视频的下方看到合集的名称，从而进一步点开合集后查看所有合集，如图55和图56所示。

这就意味着，每发一期新的视频都有可能会带动之前所有合集中视频的播放量。

要创建合集，必须在电脑端进行操作，可以用下面介绍的两种方法去实现。

手动创建合集

在电脑端创作服务平台的管理后台，点击左侧"内容管理"中的"合集管理"，进入合集管理页面，点击右上角的红色按钮"创建合集"。

根据提示输入合集的名称及介绍，并且将视频加入合集后即可完成，如图57所示。

图55

图56

自动创建合集

根据视频的标题，抖音会自动生成不同视频的合集，如图58所示。

点击进入这些合集后，可以按照提示为合集命名，并修改合集的封面。

所以，如果要按这种方法创建合集，一定要注意在发布视频时标题要有规律。

图57

图58

管理视频提升整体数据的技巧

通过计算机端后台不但可以发布视频，还可以点击右侧的"内容管理"选项进行视频管理，如图59所示，在其中进行恰当的操作也能提升账号或视频的互动数据。

图 59

置顶视频

抖音可以同时置顶3个视频，并且最后设置为"置顶"的视频将成为主页的第一个视频，另外两个则根据置顶顺序依次排列。

置顶的视频一定要起到以下两个重要作用。

第一，彰显实力。通常将点赞、评论量高的作品置顶，可以让进入主页的观众第一时间看到该视频，从而以最优质的内容吸引观众，进而使其关注账号，如图60所示。

第二，进一步增进观众对账号的认识，即通过3个置顶视频解释以下3个问题，"我是谁""我能提供的产品与服务是什么""我的产品与服务为什么更值得你信赖与选择"，如图61所示。

图 60　　　　　　　　图 61

设置权限

通过"设置权限"选项可以控制"哪些人能够看到视频"，以及是否允许观众将该视频保存在自己的手机中。

如果发布的视频数据不好看或者有其他问题，可以选择"仅自己可见"，以隐藏此视频。正是由于隐藏了大量数据不佳的视频，因此很多大号的主页视频普遍有上万点赞与评论。

删除视频

对于一些在发布后引起了较大争议或确实有问题的视频,可以将其删除。不建议大量删除已发布的视频,取而代之的是应该采取隐藏操作。

关注管理与粉丝管理

互动管理包括关注管理、粉丝管理和评论管理。在"关注管理"中,可以查看该账号已关注的所有用户,并可直接在该页面中取消关注,如图62所示。

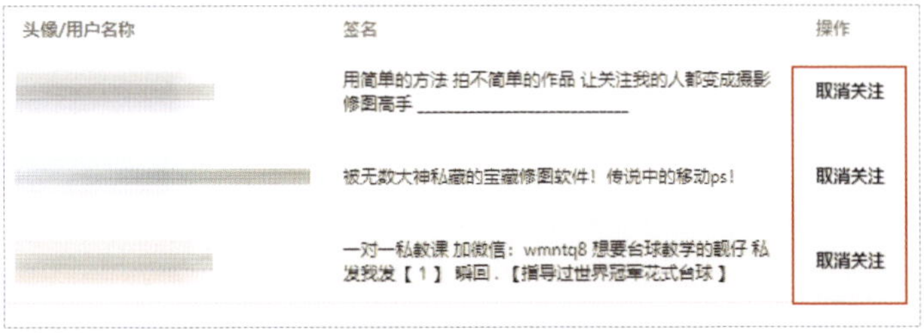

图 62

通过"粉丝管理"选项可以查看所有关注自己账号的粉丝,在该页面中可快速"回关"各粉丝,如图63所示。

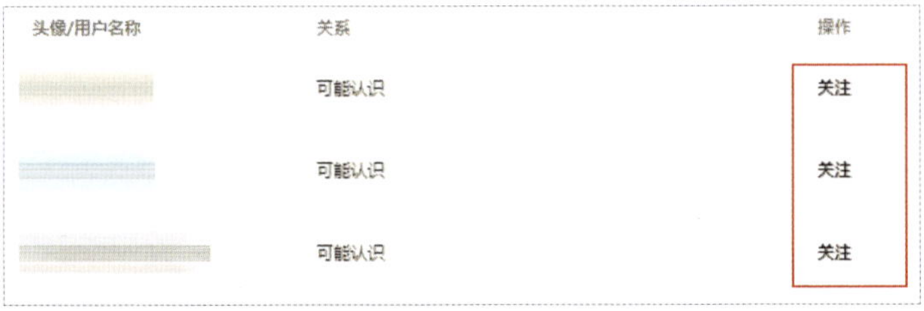

图 63

评论管理

要管理评论,首先要点击左侧功能列表中的"评论管理"选项,再点击右上角的"选择视频"按钮,查看某一视频下的评论。

在打开的列表框中,不但可以看到视频封面及标题,还可以直观地看到各视频的评论数量,方便选择有评论或者评论数量较多的商品进行查看,如图64所示。

选择某个视频后,评论即可显示在界面下方,可以对其进行点赞、评论或者删除等操作。

图 64

利用重复发布引爆账号的技巧

这里的重复发布不是指发布完全重复的视频，而是指同样的一个脚本或拍摄思路，每天重复拍摄、大量发布的方法。

例如，账号"牛丸安口"每天发布的视频只有两种，一种是边吃边介绍，另一种是边做边介绍，然后通过视频进行带货销售，如图 65 所示。

这样的操作模式看起来比较机械、简单，也没有使用特别的运营技巧，但创作者硬是以这样的操作发布了 15000 多条视频，创造了销售 121 万件的好成绩，如图 66 所示。

图 65

图 66

图 67 所示的是另一个账号"@蓝 BOX 蹦床运动公园"，拍摄手法也属于简单重复的类型，甚至视频都没有封面与标题。但也获得了 133 万粉丝，并成功地将这个运动公园推到了好评榜第 5 名的位置，如图 68 所示。

通过这两个案例可以看出，对于部分创作者来说，一个经过验证的脚本与拍摄手法，是可以无限次使用的。

图 67

图 68

理解抖音的消重机制

什么是抖音的消重机制

抖音的消重机制是指，当一个创作者发布视频后，抖音通过一定的数据算法，判断这个视频与平台现有的视频是否存在重复。

如果这个视频与平台中已经存在的某个视频重复比例或相似度非常高，就容易被判定成为搬运，这样的视频得到的推荐播放数量很低。

消重机制首先是为了保护视频创作者的原创积极性与版权，其次是为了维护整个抖音生态的健康性，如果一个用户不断刷到内容重复的视频，对这个平台的认可度就会大大降低。

抖音消重有几个维度，包括视频的标题、画面、配音及文案。

其中比较重要的是视频画面比对，即通过对比一定比例的两个或多个视频画面，来判断这些视频是否是重复的，这其中涉及非常复杂的算法，不在本书的讨论范围之内，有兴趣的读者可以搜索视频消重相关文章介绍。

如果一个视频被判定为搬运，那么就会显示如图69所示的审核意见。

需要特别注意的是，由于是计算机算法，因此有一定的误判概率，所以如果创作者确定视频为原创，可以进行申诉，方法可以参考下面的章节。

图69

应对抖音消重的两个实用技巧

虽然网络上有大量视频消重处理软件，可以通过镜像视频、增加画面边框、更换背景音乐、叠加字幕、抽帧、改变视频码率、增加片头片尾、改变配音音色、缩放视频画面、改变视频画幅比例等技术手段，应对抖音的消重算法。

如果不是运营着大量的矩阵账号或通过搬运视频赚快钱，那么还是建议以原创视频为主。

但对于新手来说，可能需要大量视频试错，培养抖音的运营经验。

所以，笔者提供两个能够应对抖音消重机制的视频制作思路。

第一，在录制视频时采用多机位录制。比如用手机拍摄正面，用相机拍摄侧面。这样一次就可以得到两个画面完全不同的视频，注意在录制时要使用1拖2无线麦克风。

第二，绝大多数人在录制视频时，不可能一次成功，基本上都要反复录制多次。所以可以通过后期，将多次录制的素材视频混剪成为不同的视频。

抖音消重的实战检验

虽然，从原理上与实践上来看，抖音的消重机制是客观存在的。但经过笔者多次实战检验，即便发布完全相同的视频，也有一些视频仍然能够获得正常的播放量。

图 70

图 70 所示的视频是笔者于 2022 年 1 月 9 日发布在好机友摄影抖音号上的视频，1 天之内获得了 1.8 万观看与 248 点赞，实际上，此视频曾于 2021 年 10 月 8 日发布于北极光摄影抖音号，并获得了 1.7 万观看与 335 点赞，如图 71 所示。

图 71

图 72 所示的播放界面是笔者在北极光摄影抖音号电脑管理后台，直接点击视频播放至第 30 秒时的界面。

图 73 所示的播放界面是笔者在好机友摄影抖音号电脑管理后台，直接点击视频播放至第 30 秒时的界面。

通过对比可见，两个视频的确完全相同。

笔者还曾进行过多次实验，结果表明，即便完全相同的视频，有时也仍然能够获得正常推荐。

这个实验并不是鼓励大家多发重复视频，而是说明只要是算法就有不可控因素，如果某个精心制作的视频没火爆起来，不妨隐藏后再多拍几次。如果直播时急需引流而又没有新视频，不妨发几个老视频，也能起到小数量级引流作用。

图 72

图 73

如何查看视频是否被限流

由于抖音的去重机制，无论是否属于误判，只要视频被抖音判定为搬运，就会被限流。所以，一个视频的数据发生大幅度波动时，创作者一定要学会查看视频是否被限流。可以通过下面两种方式来判断视频是否被限流。

在电脑后台查看的方法

具体操作步骤如下。

1. 使用抖音账号登录https://creator.douyin.com/。

2. 被限流的视频下面会标注"不适合继续推荐"，如图74所示。

图 74

3. 点击"查看详情"，会看到视频的审核意见，如图75所示。

图 75

4. 如果认为是系统误判，可以点击红色的"我要申诉"字样，并在如图76所示的界面中填写具体原因。

图 76

5. 通常一个工作日内就可以收到申诉结果，例如，对于上述视频，经笔者申诉后仍然由于"涉及广告营销行为"被限流，如图77所示。

图 77

在手机端查看的方法

在手机上也可以查看视频是否被限流,具体操作步骤如下。

1. 在作品列表中找到怀疑被限流的视频,点右下角的三个点。

2. 点击"数据分析"选项,如图 78 所示。

3. 可以在页面上方看到"作品不适合继续推荐"字样,如图 79 所示。

图 78

图 79

4. 点击"查看详情",同样可以看到具体审核意见。

5. 向下拖动页面,可以从"播放趋势"图表中看到,限流后的播放量呈现断崖式下跌,如图 80 所示,由此也能看出限流的时间节点。

6. 对于这类无法通过申诉解封的视频,可以按本书讲解的"播放诊断"分析方法进行分析。如果分析表明内容不错,如图 81 所示的,红色曲线在后半段超出了蓝色曲线,则表明选题没有太大问题,值得重新拍摄或剪辑。

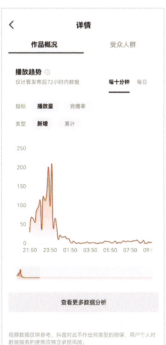

图 80

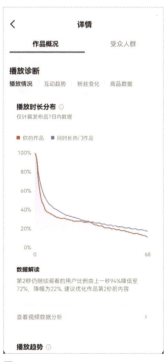

图 81

掌握抖音官方后台视频数据分析方法

对于自己账号的情况，通过抖音官方计算机端后台即可查看详细数据，从而对目前视频的内容、宣传效果及目标受众具有一定的了解。同时还可以对账号进行管理，并通过官方课程提高运营水平。下面首先介绍如何登录抖音官方后台的基本操作方法。

1. 在百度中搜索"抖音"，点击带有"官方"标识的链接即可进入抖音官网，如图82所示。

2. 点击抖音首页上方的"创作服务平台"选项，如图83所示。

3. 登录个人账号后，即可直接进入计算机端后台。默认打开的界面为后台"首页"，通过左侧的选项栏即可选择各个项目进行查看。

图 82

了解账号的昨日数据

在"首页"中的"数据总览"一栏，可以查看"昨日"的视频相关数据，包括播放总量、主页访问数、视频点赞数、新增粉丝数、视频评论数、视频分享数共六大数据。

通过这些数据，可以快速了解昨日所发布视频的质量。如果昨日没有新发布视频，则可以了解已发布视频带来的持续播放与粉丝转化等情况。

图 83

从账号诊断找问题

在左侧的功能栏中点击"数据总览",可以显示如图84所示的界面。

从这里可以看到抖音官方给出的,基于创作者最近7天上传视频所得数据的分析诊断报告及提升建议。

可以看出,针对笔者打开的这个账号而言,投稿数量虽然不算低,但互动与完播指数仍显不足。

所以,可根据抖音官方提出的建议"作品的开头和结尾的情节设计很关键,打造独特的'记忆点',并且让观众多点赞留言,另外记得多在评论区和观众互动哦"来优化视频。

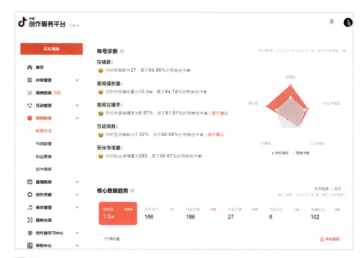

图 84

分析播放数据

在"核心数据趋势"模块,可以按7天、15天和30天为周期,查看账号的整体播放数据,如图85所示。

如果视频播放量曲线整体呈上升趋势,证明目前视频内容及形式符合部分观众的需求,保持这种状态即可。

如果视频播放量曲线整体呈下降趋势,则需要学习相似领域头部账号的内容制作方式,并在此基础上寻求自己的特点。

如果视频播放量平稳没有突破,表明创作者需要寻找另外的视频表现形式。

图 85

分析互动数据

在"核心数据趋势"模块，可以以 7 天、15 天和 30 天为周期，查看账号的"作品点赞""作品分享""作品评论"数据，如图 86～图 88 所示，从而客观地了解观众对近期视频的评价。

在这 3 个互动数据指标中，"作品分享"参考价值最高，"作品点赞"参考价值最低。

这是由于对粉丝来说，分享的参与度较高，能够被分享的视频通常是对粉丝有价值的。而点赞操作由于过于容易，所以从数值上来看，往往比其他两者高。从数据来看，粉丝净增量与分享量相近，而与点赞数量相去较远。

这也证明有价值的视频才更容易被分享，也更容易吸粉，所以本书中关于提升视频价值的内容值得每一位创作者深入研究。

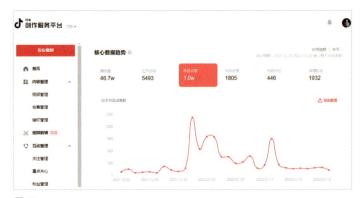

图 86

图 87

图 88

分析粉丝数据

通过粉丝数据可以以 7 天、15 天、30 天为周期，查看总粉丝数及新增粉丝数及掉粉数量，如图 89 所示。

总粉丝数与新增粉丝数都能反映出视频内容是否符合观众的喜好。

相对而言，如图 90 所示的新增粉丝数指标趋势更为关键。因为只要有新增粉丝，总粉丝数就处于增长趋势。

图 89

但如果新增粉丝数逐渐降低，总有一天总粉丝数会出现净损失的情况。所以，一旦新增粉丝数逐渐下降，就需要引起视频创作者的注意。

除此之外，还需要关注如图 91 所示的掉粉曲线，以了解掉粉量较高的时间段是由于哪一条或哪几条视频导致的。

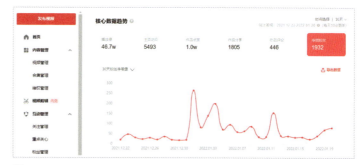

图 90

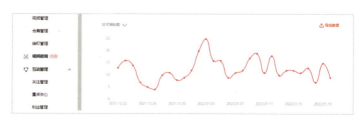

图 91

分析主页数据与粉丝数据的关系

图 92 所示为与图 90 中的曲线相同账号的主页数据，对比图 90 与图 92，可以看出曲线结构近乎一致。

由此不难看出，绝大部分粉丝是按"观看视频——进入主页——关注账号"的顺序获得的，因此，除了视频质量，主页搭建也非常重要。

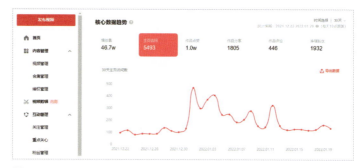

图 92

利用作品数据分析单一视频

如果说"数据总览"重在分析视频内容的整体趋势，那么"作品数据"就是用来对单一视频进行深度分析。

在页面左侧点击"作品数据"选项，显示如图 93 所示的数据分析页面。

近期作品总结

在"作品总结"模块中，分别列出了近 30 天内，点赞、评论、完播与吸粉最高的 4 个视频。这有助于创作者分别从 4 个选题中总结不同的经验。

例如，对于点赞最高的视频，是由于其画面唯美，因此获得较多点赞。

完播率最高的视频是由于视频时长较短。

播放最高的视频是由于选题与粉丝匹配度较高。

吸粉最高的视频是由于讲解的是非常有用的干货。

图 93

对作品进行排序

在"作品列表"模块中，可以对最近 30 天内发布的 100 个视频作品，按播放量、点赞量、吸粉量、完播率等数据进行排序，如图 94 所示。

以便于创作者从中选择出优质视频进行学习总结，或者作为抖音千川广告投放物料、DOU+ 广告投放吸粉视频。

因此，创作者应该每个月都对当月视频进行总结，因为相关数据仅能保留 30 天。

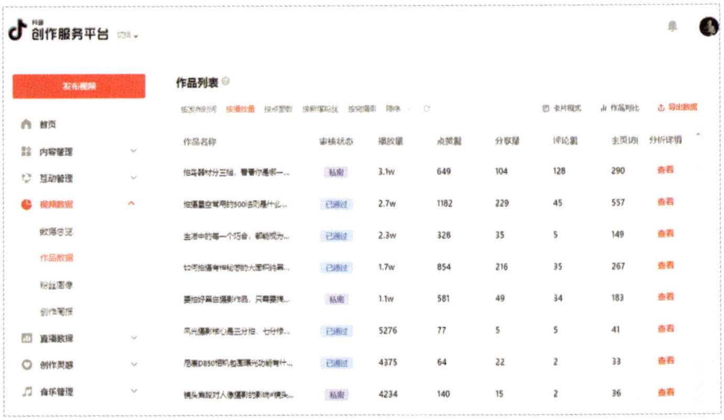

图 94

查看单一作品数据

在"作品列表"模块中，选择需要进一步分析的视频，然后点击右侧的红色"查看"按钮，显示如图95所示的界面。

在其中可以进一步分析播放量、完播率、均播时长、点赞量、评论量、分享量、新增粉丝量等数据。

图 95

在"播放量趋势"模块中，建议选择为"新增"或"每天"选项，如图96所示，以直观分析当前视频在最近一段时间的播放情况。多观察此类图表，有助于对视频的生命周期有更进一步的理解。

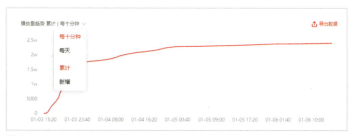

图 96

向下拖动页面，可看到如图97所示的"观看分析"图表，分析当前视频的观众跳出情况。

需要指出的是，虽然系统提示"第2秒的跳出用户比例为15.01%，占比较高。建议优化第2秒的作品内容，优化作品质量"，但实际上，这个跳出率并不算高。这里显示的系统提示，只是一个以红色"秒数"为变量而自动生成的提示语句，实际参考意义不大。

只有当第2秒的跳出用户比例超过50%，且曲线起伏幅度较大时，此曲线才有一定的参考意义。

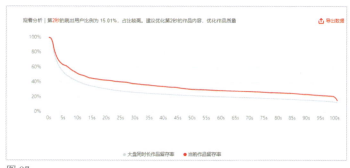

图 97

通过对比视频进行分析

在"作品列表"模块中，可以对最近 30 天内发布的或自由选择的 7 条视频进行数据对比。

点击"作品对比"按钮后，显示如图 98 所示的页面。

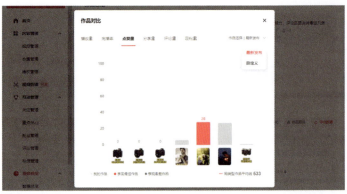

图 98

使用这一功能对比视频数据的优点在于，可以通过选择"自定义"选项，对比发布时间不相邻的同类视频，如图 99 所示。

通过对比可以发现，在点赞、分享、评论、吸粉量相近的情况下，完播率对播放量起到决定性影响，因此每一个创作者都需要深入思考，如何才能以内容取胜，提高完播率。

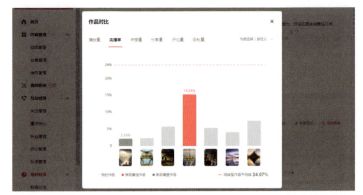

图 99

如果要对比相邻的视频数据，建议在"作品列表"模块中单击"卡片模式"按钮，显示如图 100 所示的页面，在这个页面中所有数据一目了然，更便于对比。

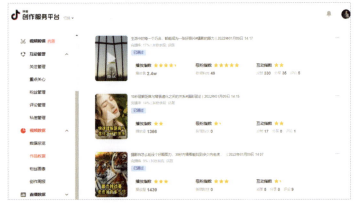

图 100

通过"粉丝画像"更有针对性地制作内容

作为视频制作者，除了需要了解内容是否吸引人，还需要了解吸引到了哪些人，从而根据主要目标受众，有针对性地优化视频。

通过"创作服务平台"中的"粉丝画像"模块，可以对粉丝的性别、年龄、所在地域及观看设备等数据进行统计，便于创作者了解手机那边的"粉丝"都是哪些人。

点击页面左侧的"粉丝画像"选项，显示如图 101 所示页面。

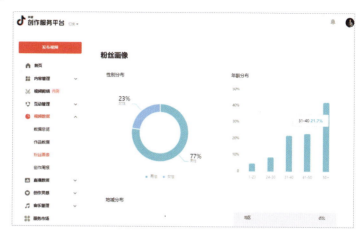

图 101

地域分布数据

通过"地域分布"数据，可以了解粉丝大多处于哪些省份，如图 102 所示，从而避免在视频中出现主要受众完全不了解或者没兴趣的事物。

以图 102 为例，此账号的主要粉丝在沿海发达地区，如广东、山东、江苏、浙江等。

因此，发布视频时，首先要考虑地理定位可以在上述地区。其次，视频中涉及的内容要考虑上述地区的天气、人文等特点，如果创作者与主要粉丝聚集地有时差也要考虑。

图 102

性别与年龄数据

从图 101 中可以看出，此账号的受众主要为中老年男性。因为在性别分布中，男性观众占据了 67%。在年龄分布中，31～40岁、41～50岁及50岁以上的观众加在一起，其数量接近 70%。

因此，在制作视频内容时，就要避免过于使用流行、新潮的元素，因为中老年人往往对这些事物不感兴趣，甚至有些排斥。

通过手机端后台对视频进行数据分析

每一个优秀的内容创作者都应该是一个优秀的数据分析师，通过分析整体账号及单个视频的数据为下一步创作找准方向。

本节讲解如何通过手机查找单个视频的相关数据及分析方法。

找到手机端的视频数据

在手机端查看视频数据的方法非常简单，只需要以下两步。

1. 浏览想要查看数据的视频，点击界面右下角的三个小点图标，如图103所示。

2. 在打开的界面中点击"数据分析"选项，即可查看数据，如图104所示。

图 103

图 104

查看视频概况

在此页面可以快速了解视频数据概况，如图105和图106所示，可以明显地看出两个视频的区别。

在这里需要特别关注两个数据。第一个是5秒完播率，这个数据表明，无论视频有多长，5秒完播率都是抖音重点考核的数据之一，创作者一定要想尽各种方法确保自己的视频在5秒之内不被划走。

第二个是粉丝播放占比，这个数值越高，代表该视频吸引新粉丝的能力越弱。

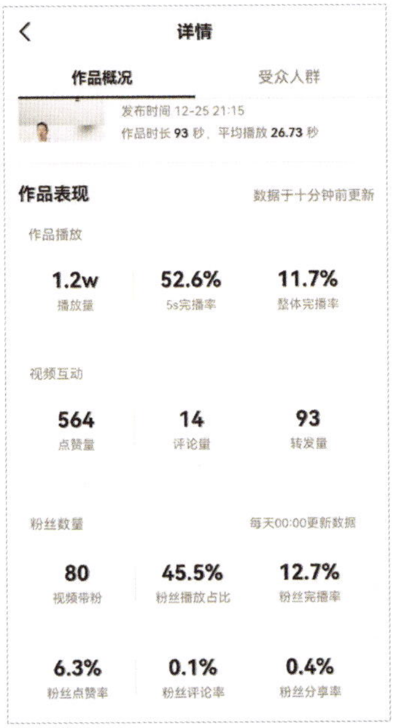

图 105

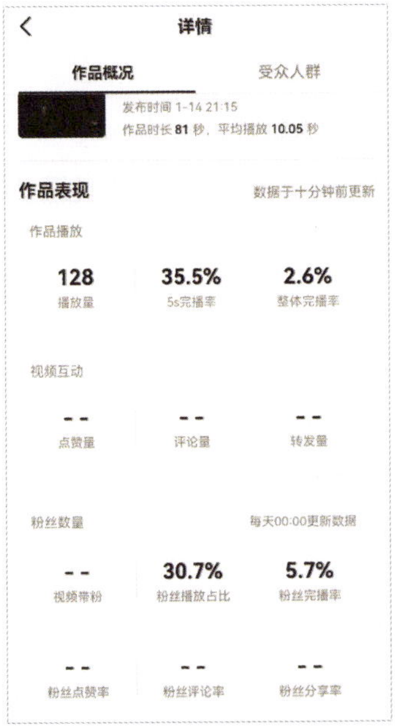

图 106

找到与同类热门视频的差距

在"数据分析"页面的下半部分是"播放诊断"。在此首先需要关注的是如图107所示的"播放时长分布"曲线。

这个曲线能够揭示当前视频与同领域相同时长的热门视频，在不同时间段的观众留存对比。

一般下有以下3种情况。

- 如果红色曲线整体在蓝色曲线之上，则证明当前视频比同类热门视频更受欢迎，那么只要总结出该视频的优势，在接下来的视频中继续发扬，账号成长速度就会非常快，如图107所示。
- 如果红色曲线与蓝色曲线基本重合，则证明该视频与同类热门视频质量相当，如图108所示。接下来要去做的就是继续精进作品，至于精进方法，可参考下面讲解的"点赞分析"方法。
- 如果红色曲线在蓝色曲线之下，则证明视频内容与热门视频有较大差距，同样需要对视频进行进一步打磨，如图109所示。

具体来说，根据曲线线型不同，产生差距的原因也有区别。如果像如图109所示，在视频开始的第2秒，观众留存率就已经低于热门视频，则证明视频开头没有足够的吸引力。可以通过快速抛出视频能够解决的问题，指出观众痛点，或优化视频开场画面来增加吸引力，进而提升观众留存率。

如果曲线在视频中段，或者中后段开始低于热门视频的观众留存，则证明观众虽然对视频选择的话题挺感兴趣，但因为干货不足，或者没有击中问题核心，导致观众流失，如图110所示。

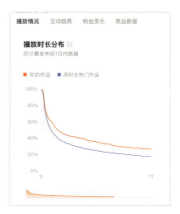

图 107

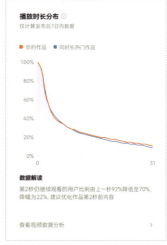

图 108

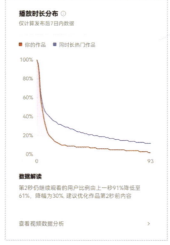

图 109

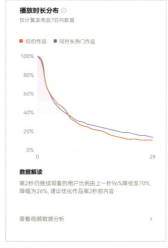

图 110

通过"视频数据分析"准确找到问题所在

分析前面所讲的曲线对比图，只能找到视频是在哪一方面出现了问题，导致其不如热门视频受欢迎，而要想明确视频中的具体问题，还要通过更多数据进行分析。

点击图109下方的"查看视频数据分析"，在打开的界面中，可以通过拖动下方的滑动条，将"观众留存"及"观众点赞"与视频内容直观地联系起来，从而准确到哪个画面、哪句话更受欢迎，以及哪些内容不受欢迎。

通过"观看分析"找到问题内容

所谓"观看分析"曲线，其实就是"观众留存"曲线。通过该曲线与视频内容的联系，可以准确地找到让观众大量流失的内容。

比如图111中的"观看分析"曲线显示，观众在视频开始阶段便迅速流失。而同长度的热门视频的曲线如图112所示，可以看到流失是比较平缓的。

所以接下来就需要重点分析一下，自己拍的视频为什么在开头就导致了观众如此迅速流失？根据曲线走向，就可以将问题内容定位到视频的前20秒，所以只需要反复观看前20秒的内容，并找到导致观众流失的原因即可。

笔者发现，该视频在前20秒的时间内只是向观众传达了"这是一个讲解对焦追踪灵敏度设置"的视频。除此之外，就再也没有有用的信息了。而对于短视频而言，开头5秒，甚至现在强调开头3秒一定要吸引住观众。那么对于一个开头20秒都没有能够触动观众的视频而言，为什么在开头便流失大量观众也就不言而喻了。

图111

图112

分析问题内容找到解决方法

找到问题内容后，就要寻求解决方法。如果想快速抓住观众，一定要第一时间抛出观众痛点，或者告诉观众这条视频能解决什么问题。

比如对于讲解"对焦追踪灵敏度设置"的视频而言，第一个画面直接放出一张遮挡物清晰而主体模糊的照片，并配上文案"你是不是也会拍出这种模糊的照片？学会设置'对焦追踪灵敏度'，解决你的问题"这样一句话，语速稍微快点，4秒就可以完成，或者通过在画面上叠加文字标题的方法快速传递相关信息。

这4秒钟内既通过画面直击那些拍过这种模糊照片观众的痛点，又通过语言告诉观众，"对焦追踪灵敏度设置"可以解决这个问题。让拍出过这种"废片"的观众对"对焦追踪灵敏度设置"产生兴趣，进而继续看下去，了解详细的设置方法。

通过"视频数据分析"找到内容的闪光点

通过"视频数据分析"不但能找到问题内容,还可以找到内容中的闪光点,进而发现观众喜欢什么内容。

同样以讲解"对焦追踪灵敏度设置"这个短视频为例,虽然在开头有大量观众流失,但依然有部分观众继续观看了之后的内容,并且该视频也获得了 155 个点赞。通过如图 113 所示的"点赞分析",即可定位获得观众点赞更多的视频内容,进而为今后的视频创作提供指导。

图 113

将时间轴移动到"点赞曲线"的第一个波峰位置,发现是在实景讲解的部分,如图 114 所示。从此处可以分析得到,相比相机功能讲解而言,观众更喜欢通过实拍进行讲解的形式。

可能会有读者觉得,如果只靠一个"点赞波峰"就做此推断有些过于草率,所以笔者又将时间轴移动到了第二个明显的"点赞波峰"上,发现同样为场景实拍部分,从而证明分析是可靠的。

图 114

通过"播放趋势"确定视频最佳发布时间

通过对不同领域头部大号的视频时间进行分析,已经可以得出视频发布相对合理的时间。但每位内容创作者录制的视频,哪怕是相同领域的内容,其受众也会有一定差异。所以最终相对较优的视频发布时间,仍然要由自己的视频数据进行确定。

进入"视频数据分析"界面后,向下滑动界面,即可看到"播放趋势"图表,如图 115 所示。

在分析该曲线图时,先不要看占画面比例较大的曲线,而是先看界面下方一长条的"小曲线"。因为在该曲线中,可以完整查看在发布视频后 72 小时内,哪个时间段播放量最高。

移动"小曲线"上的"滑动条"至波峰位置,即可通过大曲线图详细查看在细分时间内的具体播放量。而播放量最高的时间,就是相对更理想的视频发布时间。

当然,只通过一个视频的"播放趋势"曲线不足以找到真正理想的视频发布时间。尽量在多个相对合理的时间点发布视频,然后统计其播放量波峰出现的位置和波峰具体能达到的高度,进而最终确定一个更合理的视频发布时间。

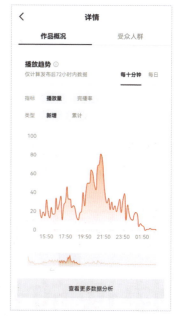

图 115

第 9 章
利用 Dou+ 付费广告
快速放量成长

什么是 DOU+

前面已经提到，抖音或者快手等平台都有一个"流量池"的概念。以抖音为例，最小的流量池为 300 次播放，当这 300 次播放的完播率、点赞数和评论数达到要求后，才会将该视频放入 3000 次播放的流量池。

于是就有可能出现这样的情况，自己认为做得还不错的视频，播放量却始终上不去，抖音也不会再给这个视频提供流量。此时就可以花钱买流量，让更多的人看到自己的视频，这项花钱买流量的服务就是 DOU+，当然除此之外，DOU+ 还有其他更多功能，下面——进行讲解。

DOU+ 的 10 大功能

内容测试

有时花费了大量人力、物力制作的视频，发布后却只有几百的播放量。这时创作者会充满疑问，不清楚是因为视频内容不被接受，还是因为播放量不够，导致评论、点赞太少，甚至会怀疑自己的账号被限流了。

此时可以通过投放 DOU+，花钱购买稳定的流量，并通过点赞、关注的转化率，来测试内容是否满足观众的口味。

如果转化率很低，也就是在播放量上去后，点赞、评论的人仍然很少，那么就需要考虑自己内容的问题了。反之，则可以确定内容方向没有问题，全心投入去制作更精彩的内容即可。

另外，使用 DOU+ 进行内容测试还有一个小技巧。当有一个新的想法，希望在市场上得到一些反馈时，就可以建立一个小号。先制作一个稍微粗糙一些的视频并发布到小号上，然后分批为其投 500 元左右的 DOU+。如果市场反馈还不错，再对视频进行精细化制作，并投放到大号上。

一旦这个视频有要火的迹象，再加上之前已经进行了测试，这时再投 DOU+ 就可以大胆投入，将视频做起来。

很多如图 1 所示的过百万点赞短视频，都是经过 DOU+ 付费流量进行"加热"后才火爆起来的。

图 1

解除限流

首先强调一下，并不是被限流的账号使用 DOU+ 后就一定能解除限流，而且官方也没有明确说明 DOU+ 有这项功能。但确实有一些账号，明明已经被限流了，可在投 DOU+ 后还能出爆款视频。所以虽然不能百分之百保证投 DOU+ 有解除限流的功能，但如果遇到被限流的情况，可以尝试投一投 DOU+。

选品测试

使用 DOU+ 进行选品测试的思路与进行内容测试的思路相似，都是通过稳定的播放量来获取目标观众的反馈。

内容测试与选品测试的区别则在于关注的"反馈"不同。内容测试关注的是点赞、评论、关注数量的"反馈"，而选品测试关注的则是收益的"反馈"。

比如为一条带货视频投了 100 元 DOU+，所得佣金是否能把这 100 元赚回来？一般来讲，投 100 元 DOU+，佣金收益如果能达到 120 元，那么这条带货视频就值得继续投下去，至于视频点赞和关注数量，则不是关键指标。

值得一提的是，在进行选品测试时还要注意测试一下热门评论。首先带货短视频的前几条热门评论基本上都是自己做的，因此在投 DOU+ 时，还要注意你的评论是否被很多人点赞和讨论，如图 2 所示。

毕竟在决定是否购买时，很多人会习惯性地点开评论看一下，对产品的正面评价对于提高转化率非常有帮助。

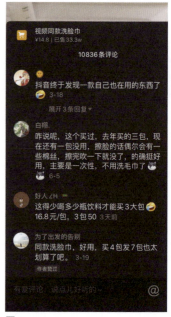

图 2

带货推广

带货广告功能是 DOU+ 的主要功能之一，使用此功能可以在短时间内使带货视频获得巨量传播，此类广告视频的下方通常有广告两字，如图 3 所示。

常用的方法是，批量制作出风格与内容不同的若干条视频，同时进行付费推广，选出效果较好的视频，再以较大金额对其进行付费推广。

被推广时可以采取挂小黄车的方式，直接引导观众下单，也可以引导观众留下联系方式，由客服一对一进行精准引导转化。前者适用于推广低值小额产品，后者适用于推广金额较大的产品，还可以通过引导观众玩游戏的方式推广产品，如图 4 所示。

图 3

图 4

助力直播带货

直播间有若干种流量来源，其中比较稳定的是付费流量，只要通过 DOU+ 为直播间投放广告，就可以将直播间推送给目标受众。

在做好直播间场景设计与互动转化的前提下，就能够以较少的奖金量，获得源源不断的免费自然流量，从而获得很好的收益，如图 5 和图 6 所示。

图 5

图 6

快速涨粉

粉丝量是一个抖音账号的硬性评价标准，也几乎是众多商家在寻找带货达人时的唯一选择标准。由于整个短视频领域内卷严重，竞争十分激烈，所以对新手来说，涨粉并不是一件很容易的事儿。想快速涨粉，除了尽快提高自己的短视频制作水准，还有一个更有效的方法，就是利用 DOU+ 买粉丝。

从如图 7 所示的订单上面可以看出来，100 元投放涨粉 72 个，平均每个粉丝的成本是 1.39 元，而如图 8 所示的订单 100 元涨粉 371 个。所以，只要投放得当，涨粉速度比较快。

图 7

图 8

为账号做冷启动

通过学习前面各个章节，相信各位读者都已经了解了账号标签的重要性。

对于新手账号来说，要通过不断发布优质视频，才能够使账号的标签不断精准，最终实现每次发布视频时，抖音就能够将其推送给创作者规划中的精准粉丝。

但这一过程比较漫长，所以，如果新账号需要快速打上精准标签，可以考虑使用 DOU+ 的投放相似达人功能，如图 9 所示。

图 9

利用付费流量撬动自然流量

通过为优质视频精准投放 DOU+，可以快速获得大量点赞与评论，而这些点赞与评论，可以提高视频互动数据，当这个数据达到推送至下一级流量池的标准时，则可以带来较大的自然流量。

为线下店面引流

如果投放 DOU+ 时，将目标选择为"按商圈"或"按附近区域"，如图 10 所示，则可以使指定区域的人看到视频，从而通过视频将目标客户精准引流到线下实体店。

图 10

获得潜在客户线索

对于蓝 V 账号，如果在投放 DOU+ 时将目标选择为"线索量"，如图 11 所示，则可以通过精心设计的页面，引导潜在客户留下联系方式，然后通过一对一电话或微信沟通，来做成交转化。

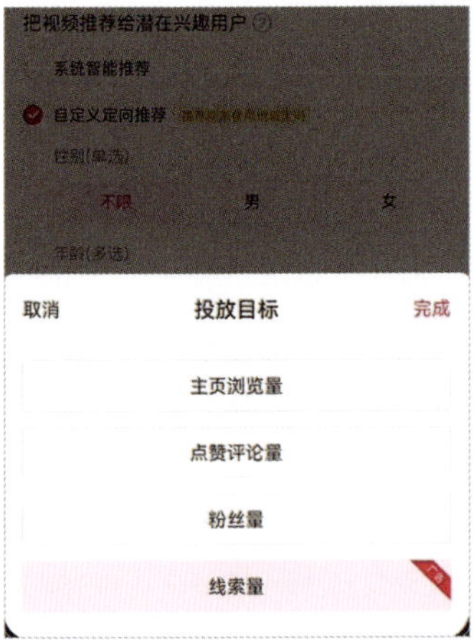

图 11

在抖音中找到 DOU+

在开始投放之前，首先要找到 DOU+，并了解其基本投放模式。

从视频投放 DOU+

在观看视频时，点击界面右侧的三个点图标，如图 12 所示。

在打开的菜单中点击"上热门"图标，即可进入 DOU+ 投放页面，如图 13 所示。

图 12

图 13

如果需要为其他账号的视频投放 DOU+，可以点击视频右下角的箭头分享按钮，如图 14 所示。

在打开的菜单中点击"帮上热门"图标，即可进入 DOU+ 投放页面，如图 15 所示。

图 14

图 15

从创作中心投放 DOU+

1. 点击抖音 App 右下角"我"，点击右上角的三条杠。

2. 选择"创作者服务中心"选项。如果是企业蓝 V 账号，此处显示的是"企业服务中心"。

3. 点击"上热门"按钮，如图 16 所示。如果要投放带有购物车的视频，点击"小店随心推"按钮。

4. 打开如图 17 所示的广告投放页面，在其中设置所需要的参数即可。

图 16

图 17

如何中止DOU+

要立即中止投放的情况

在投放抖加后，与新手创作者来说，应每小时观测一次投放数据，如果投放数据非常不理想，在金额还没有完全消耗之前，都可以通过终止投放来挽回损失。

例如，对于如图18所示的一个订单，金额消耗已经达到了45.73元，但是粉丝量只增长了16个，因此笔者立即终止了订单。

中止投放后如何退款

订单终止后，没有消耗的金额会在4~48小时内返回到创作者的DOU+账户，可以在以后的订单中使用。

如果是用微信进行支付，可在微信钱包账单中看到退款金额，如图19所示。

单视频投放终止方法

只需要将投放视频设置成为"私密"状态，DOU+投放将立即停止。DOU+停止后，可以再次将视频设置成为公开可见状态。

批量视频投放终止方法

要批量终止投放了DOU+的视频，可以直接联系DOU+客服并提供订单号，由客服来快速终止。

注意，这里联系的是DOU+客服，而不是抖音客服。

联系方式是在"上热门"的页面，点击右上角的小人图标进入"我的DOU+"页面，如图20所示，然后点击右上角的客服小图标。

图18

图19

图20

单视频投放和批量投放

当按前文所述"从视频投放 DOU+"的方法进入 DOU+ 投放页面时,可以看到有两种投放方式可供选择,即单视频投放及批量视频投放,下面分别讲解。

单视频投放 DOU+

单视频投放页面如图 21 所示,在此需要重点选择的是"投放目标""投放时长""把视频推荐给潜在兴趣用户"等选项。

这些选项的具体含义与选择思路,将会在后面的章节中一一讲解。

批量视频投放 DOU+

批量投放界面如图 22 所示,可以最多同时对 5 个视频进行 DOU+ 投放。此外,可以选择为其他账号投放 DOU+,其他选项几乎与单视频投放完全相同。

两种投放方式的异同

单视频 DOU+ 投放的针对性明显更强。

批量视频 DOU+ 投放的优势则在于,当不知道哪个视频更有潜力时,可以通过较低金额的 DOU+ 投放进行检验。

此外,如果经营着矩阵账号,可以非常方便地对其他账号内的视频进行广告投放。

另外,选择批量投放时,可以选择"直播加热"标签,通过投放提升直播间人气,如图 23 所示。

图 21

图 22

图 23

如何选择投放 DOU+ 的视频

选择哪一个视频

投放 DOU+ 的根本目的是撬动自然流量,所以正确的选择方式是择优投放。只有优质短视频才能通过 DOU+ 获得更高的播放量,从而使账号的粉丝量及带货数据得到提升。

这里有一个非常关键的问题,即短视频并不是创作者认为好,通过投放 DOU+ 就能够获得很好的播放量。同理,有些创作者可能并不看好的短视频通过投放 DOU+,反而有可能获得不错的播放量。这种"看走眼"挑错视频的情况,对于新手创作者来说尤其普遍。要解决这个问题,除了查看播放和互动数据,一个比较好的方法是使用批量投放工具,对 5 个视频进行测试,从而找到对平台来说是优质的短视频,然后进行单视频投放。如果对一次检测并不是很放心,还可以将第一次挑出来的优质视频与下一组 4 个视频,组成一个新的批量投放订单进行测试。

图 24 和图 25 所示为笔者分两次投放的订单,可以看出两次批量投放都是同一个视频取得最高播放量,这意味着这个视频在下一次投放时就应当成为重点。

选择什么时间内发布的视频

通常情况下,应该选择发布时间在一周内,最好是在 3 天内的视频,因为这样的视频有抖音推送的自然流量,广告投放应该在视频尚且有自然流量的情况下进行,从而使两种流量相互叠加。但这并不意味着旧的视频不值得投放 DOU+,只要视频质量好,没有自然流量的旧视频,也比有自然流量的劣质视频投放效果要好。

选择投放几次

如果 DOU+ 投放效果不错,预算允许的情况下,可以对短视频进行第二轮、第三轮 DOU+ 投放,直至投放效果降低至投入产出平衡线以下。

选择什么时间进行投放

选择投放时间的思路与选择发布视频的时间是一样的,都应该在自己的粉丝活跃时间里。以笔者运营的账号为例,发布的时间通常是周一到周五的晚上的八九点、中午午休时间,以及周末的白天。

图 24

图 25

深入了解"投放目标"选项

在确定 DOU+ 投放视频后,接下来需要进行各项参数的详细设置。首先要考虑的就是"投放目标"。

"投放目标"选项分类

对于不同的视频,在"投放目标"选项中提供的选择绝大部分是相同的,都有主页浏览量、点赞评论量、粉丝量等选项,但根据视频的内容也会有细微的区别。

例如,如果在发布视频的页面选择了位置选项,那么在"投放目标"选项中就会出现"位置点击"选项,如图 26 所示。

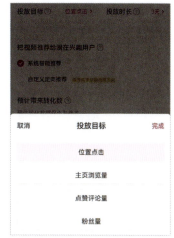

图 26

如果短视频中包含"购物车",那么在"投放目标"选项中就会出现"商品购买"选项,如图 27 所示。

图 27

如果在发布视频的页面选择了具体商家店址选项,那么在"投放目标"选项中就会出现"门店曝光"选项,如图 28 所示。

这些投放目标选项都非常容易理解,比如选择"位置点击"选项后,系统会将视频推送给链接位置附近的用户,以增加其点击位置链接,查看商户详细信息的概率。

当选择"主页浏览量"选项后,抖音会推送给喜欢在主页中选择不同视频浏览的人群。

当选择"点赞评论量"选项后,系统会将视频推送给那些喜欢浏览此类视频,并且会经常点赞或者评论的观众。

图 28

如何选择"投放目标"选项

根据账号当前的状态投放目的不同，选择的选项也并不相同，下面一一分析。

商品购买

当选择推广的视频中有购物车，且选择"小店随心推"后选择"商品购买"选项时，将打开相应的界面，由于该界面较为复杂，在后面的章节中将进行详细讲解。

粉丝量

对于新手账号建议选择"粉丝量"选项。

一是通过不断增长的粉丝提高自己的信心，并让账号"门面"好看一些。

二是只有粉丝量增长到一定程度，自己的视频才有基础播放量。

主页浏览量

如果账号主页已经积累了很多优质内容，并且运营初期优质内容还没有完全体现其应有的价值，可以选择提高"主页浏览量"，让观众有机会发现该账号以前发布的优质内容，进一步成为账号的粉丝，或者进入账号的店铺产生购买。

点赞评论量

如果想让自己的视频被更多人看到，比如制作的是带货视频，建议选择"点赞评论量"选项。这时有些朋友可能会有疑问，投 DOU+ 的播放量不是根据花钱多少决定的吗？为何还与选择哪一种"投放目标"有关呢？

不要忘记，在花钱买流量的同时，如果这条视频的点赞和评论数量够多，系统则会将该视频放入播放次数更多的流量池中。

比如投了 100 元 DOU+，增加 5000 次播放，在这 5000 次播放中如果获得了几百次点赞或者几十条评论，那么系统就很有可能将这条视频放入下一级流量池，从而让播放量进一步增长。

而且对于带货类短视频，关键在于让更多的人看到，从而提高成交单数。至于看过视频的人会不会成为你的粉丝，其实并不重要。

"投放目标"与视频内容的关系

在投放DOU+时,很多人会发现,不同的视频,其"投放目标"中的选项会有些区别。那么期望提升选项与视频内容有何关系?不同的"投放目标"选项又有何作用,下面将进行详细讲解。

常规的"投放目标"选项

在对任何视频投DOU+时,点击"投放目标",都会有"主页浏览量""点赞评论量""粉丝量"3个选项。所以,这3个选项也被称为"投放目标"中的常规选项。

提高播放量选"点赞评论量"

如果想提高视频的播放量,让更多的观众看到这条短视频,那么投"点赞评论量"是最有用的。因为当点赞和评论数量提高后,视频很有可能进入到一个更大的流量池,从而让播放量进一步提高。

提高关注选"粉丝量"

选择"粉丝量"后,系统会将视频推送给喜欢关注账号的观众,从而让视频创作者建立起粉丝群体,为将来的变现做好准备。

提高其他视频播放量选"主页浏览量"

如果已经发布了很多视频,并且绝大多数的浏览量都比较一般。此时就可以为爆款短视频投放"主页浏览量"DOU+,让更多的观众进入到主页中,从而有机会看到账号中的其他视频,全面带动视频播放量。

"挂车"短视频与"商品购买"

所谓"挂车"短视频,其实是指包含"购物车链接"的短视频。只有在对此类短视频投放DOU+时,点击"投放目标"才会出现"商品购买"选项,如图29所示。

"挂车"短视频的考核维度与常规短视频不同,常规短视频只看点赞和评论量来确定是否可以进入下一个流量池,而"挂车"短视频还要看购物车的点击次数。因此,提高"商品购买"也就意味着可以提高视频中购物车链接的点击次数,从而间接提升视频进入下一个流量池的概率。

需要强调的是,在为"挂车"短视频投DOU+时,会进入"小店随心推"页面。因此,即便没有开通"小店",只要开通橱窗,并且在视频中加上"购物车",也可以进行商品推广。

图29

POI 与"门店加热"

POI 是 Point Of Interest 的缩写，翻译成中文即"兴趣点"的意思。在几乎所有探店类短视频的左下角，都会看到门店名称，其实就是添加的 POI，如图 30 所示。点击之后，还能看到包括地址在内的该门店的详细信息，从而高效、快捷地为门店引流。

在为有 POI 组件的短视频投放 DOU+ 时，在"投放目标"中就会出现"门店加热"选项。当选择该选项进行投放时，系统会将该视频推送给距门店 6km 范围内的观众，从而增加成功引流的概率。

图 30

逐渐边缘化的"位置点击"

当短视频中加入了"位置信息"时，就可以在"投放目标"中选择"位置点击"选项。

由于"位置信息"只是一个位置，并没有表明一个具体的门店或者旅游景点等，与"门店加热"相比，几乎起不到变现作用，因此是一个被边缘化的选项，如图 31 所示。

图 31

带有小程序的短视频与"小程序互动"

一些短视频的主要目的是为了推广界面左下角添加的小程序，如游戏类短视频，通过介绍游戏让观众产生兴趣，然后直接点击左下角就可以游玩，如图 32 所示。而视频创作者将通过该视频中小程序被点击的人次进行变现。

因此，当对该类视频投 DOU+ 时，即可在"投放目标"中选择"小程序互动"选项，增加小程序点击量，提高推广效果，也可以在一定程度上增加游戏类内容创作者的收入，如图 33 所示。

图 32

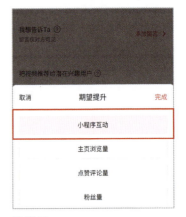

图 33

"投放时长"选项设置思路

了解起投金额

在"投放时长"选项中可选的投放时间最短为 2 小时,最长为 30 天,如图 34 和图 35 所示。

选择不同的时间,起投的金额也不相同。

如果投放时长选择的是 2 小时至 3 天,则最低投放金额为 100 元。但如果选择的是 4 天或 5 天,则起投金额为 300 元。

如果选择的是 6 天至 10 天,则每天起投金额上涨 60 元,即选择 10 天时,最低起投金额为 600 元。

从第 11 天开始,起投金额变化为 770 元,并每天上涨 70 元,直至 30 天时,最低起投金额上涨至 2100 元。

图 34

设置投放时间的思路

选择投放时间的主要思路与广告投放目的和视频类型有很大关系。

例如,一条新闻类的视频,那么自然要在短时间内大面积推送,这样才能获得最佳的推广效果,所以要选择较短的时间。

而如果所做的视频主要面向的是上班族,而他们刷抖音的时间集中在下午 5 ~ 7 点这段在公交或者地铁上的时间,或者是晚上 9 点以后这段睡前时间,那么就要考虑所设置的投放时长能否覆盖这些高流量时间段。

如果要投放的视频是带货视频,则要考虑大家的下单购买习惯。例如,对于宝妈来说,下午 2 点至 4 点、晚上 9 点后是宝宝睡觉的时间,也是宝妈集中采购时间,投放广告时则一定要覆盖这一时间段。

通常情况下,笔者建议至少将投放时间选择为 24 小时,以便于广告投放系统将广告视频精准推送给目标人群。

时间设置越短,流量越不精准,广告真实获益也越低。例如,图 36 所示为笔者投放的一个定时为 2 小时的订单,虽然播放量超出预期,但投放目标并没有达到。

图 35

图 36

如何确定潜在兴趣用户

"潜在兴趣用户"选项中包含两种模式,分别为系统智能推荐和自定义定向推荐。

系统智能推荐

若选择"系统智能推荐"选项,则系统会根据视频的画面、标题、字幕和账号标签等数据,查找并推送此视频给有可能对其感兴趣的用户,然后根据互动与观看数据反馈判断是否进行更大规模的推送。

这一选项适合于新手,以及使用其他方式粉丝增长缓慢的创作者。

选择此选项后,DOU+系统会根据"投放目标"和"投放时长",以及投放金额,推测出一个预估转化数字,如图37所示,但此数据仅具有参考意义。

另外,如果没有升级DOU+账号,则显示"预计播放量提升"数值,如图38所示。

如果视频质量较好,则最终获得的转化数据及播放数据会比预计的数量高。图39和图40所示为两个订单,可以看出最终获得的播放量均比预计数量高。

超出的这一部分可以简单理解为DOU+对于优质视频的奖励。

这也印证了前文曾经讲过的,要选择优质视频投放DOU+。

图37

图38

图39

图40

自定义定向推荐

如果创作者对于视频的目标观看人群有明确定义,可以选择"自定义定向推荐"选项,如图 41 所示,从而详细设置视频推送的目标人群类型。

其中包含对性别、年龄、地域和兴趣标签共 4 种细分设置,基本可以满足精确推送视频的需求。

以美妆类带货视频为例,如果希望通过 DOU+ 获得更高的收益,可以将"性别"设置为"女","年龄"设置在 18-30 岁(可多选),"地域"设置为"全国","兴趣标签"设置为"美妆""娱乐""服饰"等。

此外,如果视频所售产品价格较高,还可以将"地域"设置为一线大城市。

图 41

如果对自己的粉丝有更充分的了解,知道他们经常去的一些地方,可以选择"按附近区域"进行投放。

例如,在图 42 所示的示例中,由于笔者投放的是高价格产品广告,因此选择的是一些比较高端的消费场所,如北京的 SKP 商场附近、顺义别墅区的祥云小镇附近等。这里的区域既可以是当地的,也可以是全国范围的,而且可以添加的数量能够达到几十个,这样可以避免锁定区域过小、人群过少的问题。

通过限定性别、年龄和地域,则可以较为精准地锁定目标人群,但也需要注意,由于人群非常精准,意味着人数也会减少很多,此时会出现在规定的投放时间内,预算无法全部花完的情况。

如果希望为自己的线下店面引流,也可以选择"按商圈"进行设置,或将"按附近区域"设置为半径 10KM,就可以让附近的 5000 个潜在客户看到引流视频。

图 42

需要注意的是,增加限制条件后,流量的购买价格也会上升。

比如所有选项均为"不限",则 100 元可以获得 5000 次左右播放量,如图 43 所示。

而在限制"性别"和"年龄"后,100 元只能获得 4000 次左右播放量,如图 44 所示。

图 43

图 44

当对"兴趣标签"进行限制后,100 元就只能获得 2500 次播放量,如图 45 所示。

所以,为了获得最高性价比,如果只是为了涨粉,不建议做过多限制。

如果是为了销售产品,而且对产品的潜在客户有充分了解,可以做各项限制,以追求更加精准的投放。

另外,读者也可以选择不同模式分别投 100 元,然后计算一下不同方式的回报率,即可确定最优设置。

包括 DOU+ 在内的抖音广告投放是一个相对专业的技能,因此许多公司会招聘专业的投手来负责广告投放。

投手的投放经验与技巧,都是使用大量资金不断尝试、不断学习获得的,所以薪资待遇也通常不低。

图 45

深入理解达人相似粉丝推荐选项

实际上,"达人相似粉丝"只是"自定义定向推荐"中的一个选项,如图 46 所示,但由于功能强大,且新手按此选项投放时容易出现问题,因此单独进行重点讲解。

利用达人相似为新账号打标签

新手账号的一大成长障碍就是没有标签,但如果通过每天发视频,也可以使账号标签逐渐精准起来,但这个过程比较漫长。

所以,可以借助投达人相似的方式为新账号快速打上标签。

只需要找到若干个与自己的账号赛道相同、变现方式相近、粉丝群体类似的账号,分批、分时间段投放 500 元至 1000 元 DOU+,则可以快速使自己的账号标签精准起来。

同样,对于一个老账号,如果经营非常不理想,又由于种种原因不能放弃,也可以按此方法强行纠正账号的标签,但代价会比新账号打标签大很多。

图 46

利用达人相似查找头部账号

达人相似粉丝推荐这一选项还有一个妙用,即可以通过该功能得知各个垂直领域的头部大号。

选择其中一些与自己视频内容接近的大号并关注他们,可以学到很多内容创作的方式和方法。

点击"更多"按钮后,在如图 47 所示的界面中点击"添加"图标,即可在列表中选择各个垂直领域,并在右侧出现该领域的达人。

图 47

利用达人相似精准推送视频

将自己创作的视频推送给同类账号,从而快速获得精准粉丝,或提升视频互动数据,是达人相似最重要的作用。

在选择达人时,除了选择官方推荐的账号,更主要的方式是输入达人账号名称进行搜索,从而找到没有在页面中列出的达人,如图 48 所示。

但并不是所有抖音账号都可以作为相似达人账号被选择,如果搜索不到,则证明该账号的粉丝互动数据较差。

图 48

达人相似投放 4 大误区

依据粉丝数量判断误区

许多新手投达人相似都会走入一个误区，以为选择的达人粉丝越多越好，这绝对是一大误区。

这里有 3 个问题，首先不知道这个达人的粉丝是不是刷过来的，如果是刷过来的则投放效果就会大打折扣。其次，不知道这个达人的粉丝是否精准。最后，由于粉丝积累可能有一个长期的过程，那么以前的老粉丝没准兴趣已经发生了变化，虽然没有取关，但兴趣点已经转移了。

所以不能完全依据粉丝量来投达人，一定要找近期起号的相似达人。

在投之前，要查看达人账号最近有没有更新作品，如果更新了下面的评论是什么的，有些达人的评论是一堆互粉留言，这样的达人是肯定不可以对标投放的。

账号类型选择误区

新手在选择投放相似达人时，都会以为只能够找与自己相同赛道完全相同的达人进行投放，例如，做女装的找女装相似达人账号，做汽车的找汽车相似达人账号。

其实，这是一个误区。女装账号完全可以找美妆、亲子类达人账号做投放，因为关注女装、美妆、亲子类的账号的人群基本上相同。同样，做汽车账号完全可以寻找旅游、摄影、数码类达人账号进行投放，因为，关注这些账号的也基本是同一批人。

账号质量选择误区

新手投放达人相似时，通常会认为选择的相似达人账号越优质，投放效果越好。

但实际上恰恰相反，由于新手账号的质量通常低于优质同类账号，因此，除非新手账号特色十分鲜明且无可替代，否则，关注同类优质大号的粉丝，不太可能愿意再关注一个内容一般的新手账号。

所以，选择相似达人账号时，应该选择与自己的账号质量相差不多，或者还不如自己的账号，从而通过 DOU+ 投放产生虹吸效应，将相似达人账号的粉丝吸引到自己的账号上来。

时间选择误区

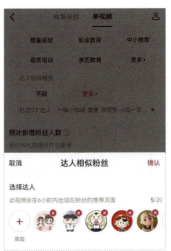

如果仔细观察如图 49 所示的达人相似粉丝的选择页面，会发现上方有一排容易被新手忽略的小字，即"此视频会在 6 小时内出现在粉丝的推荐页面"，这里的 6 小时至关重要。

因为，投放 DOU+ 的时间如果不能覆盖目标粉丝活跃时间，那么，投放的效果就会大打折扣。所以，在投放前一定要做好时间规划。

另外，可以将投放时间设置为 24 小时，前 6 小时过去后，如果投放的效果不令人满意，可以直接中止投放。

图 49

利用账号速推涨粉

账号速推操作方法

账号速推是一种更直接的付费涨粉功能，开启方式如下。

1. 选择任一视频，点击右下角的三个点，然后点击"上热门"按钮，如图50所示。

2. 打开如图51所示的页面，点击右上方的账户管理小图标，显示如图52所示的页面。

图50

图51

3. 点击页面下方的"投放管理"图标，然后选择"投放工具"中的"账号速推"功能。如图53所示。

图52

图53

4. 在"投放金额"处选择金额，此时就会显示预计涨粉量，如图54所示。

5. 点击"切换为高级版"链接，可以修改粉丝出价及粉丝筛选条件，如图55所示。出价的最低设置为0.8元。

图 54

图 55

不同粉丝出价的区别

在前面的操作中，有一个非常关键参数，即"单个粉丝出价"，很明显在总金额不变的情况下，出价越高获得的粉丝越少，所以创作者可以尝试填写最低出价。

例如，在如图56所示的推广订单中，笔者设置的是出价为1元/个，推广结束后获得100个粉丝。

在如图57所示的推广订单中出价为0.8元/个，推广结束后获得128个粉丝，充分证明了最低出价的可行性。

需要指出的是，在竞争激烈的领域，较低的出价会出现在指定推广时间内，费用无法完全消耗、涨粉低于预期的可能性。

图 56

图 57

查看推广成果

如果需要查看某一个账号速推订单的具体数据,可以通过进入前面曾经讲过的"投放管理"页面,再点击此订单。

例如,点击涨粉量旁边的三角,可以看到本次推广到底新增了哪些粉丝,如图58所示。

在页面下方的互动数据和持续收益中,可以看到具体的点赞量、播放量、分享量、评论量和主页浏览量,如图59所示,便于创作者对每一个订单进行数据化分析。

图 58

图 59

账号速推与视频付费涨粉的区别

使用账号速推与选择视频上热门,并将投放目标选择为"粉丝量",虽然都可以涨粉,但两者之间还是有区别的。

简单来说,前者的涨粉有确定性,而后者是不确定的。

同样都是 100 元的广告投放费用,使用账号速推所获得的粉丝最大值是确定的,如果没有调整最低出价,最多获得 100 个粉丝。

但通过将投放目标选择为"粉丝量",抖音给定的是播放量,在给定的播放量中,创作者有可能获得的粉丝高于 100,也可能低于 100。

通过如图 60 所示的 4 个广告投放案例可以看出,同样都是 100 元,其中最低的一单只获得了 65 个粉丝,最高的一单获得了 371 个粉丝,所以这种投放方式与视频质量、投放时间有很大关系,对于新手来说是一个挑战。

图 60

DOU+ 小店随心推广告投放

"DOU+ 小店随心推"与"DOU+ 上热门"都属于 DOU+ 广告投放体系,两者的区别是,当选择投放 DOU+ 的视频有购物车,则显示"DOU+ 小店随心推",如图 61 所示,否则显示 DOU+ 上热门。

图 61

DOU+ 小店的优化目标

"DOU+ 小店随心推"页面与前面介绍的"DOU+ 上热门"投放界面区别在于"投放目标"选项改为"优化目标"选项,并且在该选项中增加了"商品购买"选项,如图 62 所示。

选择该选项后,系统会将该视频向更可能产生购买的观众推送。并且选择"商品购买"优化目标后,界面下方会相应地变更为预计产生购买的数量,如图 63 所示。

需要注意的是,虽然优化目标选择"商品购买"选项可以增加成交量,实打实地增加收益。但如果视频的播放量较低,证明宣传效果较差,所以建议"商品购买"和"粉丝提升""点赞评论"混合投放,从而在促进成交的同时,进一步增加宣传效果。

图 62

图 63

达人相似粉丝推荐

"达人相似粉丝推荐"是"DOU+ 小店随心推"与"DOU+ 上热门"的第二个重要区别。

在"DOU+ 上热门"页面中"达人相似粉丝推荐"选项是被包含在"自定义定向推荐"内的。而在"DOU+ 小店随心推"界面中,"达人相似粉丝推荐"是一个单独选项,如图 64 所示,因此达人相似粉丝无法与性别、年龄、地域、爱好等选项相互配合使用。

图 64

推广效果

选择"DOU+ 小店随心推"时,页面会显示预计下单量,但这个数值没有太大的参考价值,笔者投放过数次,没有任何一次数值与预付数值相近。

另外,由于这是一条带货视频,因此,即便考核播放量也与没有带货的视频有一定差距,因此,不能指望通过投放"DOU+ 小店随心推"带来大量粉丝。

DOU+ 投放历史订单管理

无论投放的是"DOU+ 小店随心推"还是"DOU+ 上热门"都可以按下面的方法进入管理中心，从而对既往投放的订单及当前投放的订单进行管理，包括中止当前订单、查看既往订单的数据、投放新广告等。

点击抖音 App 右下角的"我"，点击右上角的三条杠，点击"创作者服务中心"（企业用户点击"企业服务中心"）选项，进入如图 65 所示的页面。

图 65

点击"上热门"图标进入"DOU+ 上热门"页面，点击下方中间的"投放管理"图标即可进入管理中心。

在"投放工具"区域中，可以选择"批量投放""直播托管""账号速推""素材管理""数据授权"等功能，如图 66 所示。

在"我的订单"区域中，可以找到既往已经投放过的订单及正在进行中的订单，如图 67 所示。

图 66

图 67

点击"小店随心推"图标，进入"DOU+ 小店随心推"管理中心，在这个页面中可以直接点击红色的"去推广"按钮，针对某一个视频进行推广，如图 68 所示。或者在页面下方通过点击"发票中心"开推方发票；点击"运营学院"学习关于广告投放的课程；如果是订单问题，可以点击"帮助与客服"进行咨询。

也可以在"我的视频订单"区域查看到所有订单，如图 69 所示。

图 68

图 69

用 DOU+ 推广直播

直播间的流量来源有若干种，其中最稳定的流量来源就是通过 DOU+ 推广获得的付费流量。下面讲解两种操作方法。

用"DOU+ 上热门"推广直播间

点击抖音 App 右下角的"我"，点击右上角的三条杠，点击"创作者服务中心"（企业用户点击"企业服务中心"）选项，点击"上热门"图标进入"DOU+ 上热门"页面。

在此页面的"我想要"区域点击"直播间推广"图标，如图 70 所示。

在"更想获得什么"区域，可以从"直播间人气""直播间涨粉""观众打赏""观众互动"4 个选项中选择一个。在此，建议新手主播选择"观众互动"，因为只有直播间的互动率提高了，才有可能利用付费的 DOU+ 流量来带动免费的自然流量。如果选择"直播间人气"，有可能出现人气比较高，但由于新手主播控场能力较弱，无法承接较高人气，导致出现付费流量快速进入直播间，然后快速撤出直播间的情况。

在"选择推广直播间的方式"区域可以选择两个选项。

如果选择"直播加热直播间"，则 DOU+ 会将直播间加入推广流，这意味着目标粉丝在刷直播间时，有可能会直接刷到创作者正在推广的直播间。此时，如果直播间的场景美观程度高，则粉丝有可能在直播间停留，否则就会划向下一个直播间。

如果选择"选择视频加热直播间"，则 DOU+ 会推广在下方选中的一条视频，这种推广与前面曾经讲解过的 DOU+ 推广视频没有区别。当这条视频被粉丝刷到时，会看到头像上的"直播"字样，如图 71 所示。如果视频足够吸引人，粉丝就会通过点击头像，进入直播间。

在"我想选择的套餐是"区域，可以点击"切换至自定义推广"选项，从而获得更多设置关于推广的参数，如图 72 所示，这些参数与前面讲解过的参数意义相同，在此不再赘述。

图 70

图 71

图 72

用"DOU+ 小店随心推"推广直播间

点击抖音 App 右下角的"我",点击右上角的三条杠,点击"创作者服务中心"(企业用户点击"企业服务中心")选项,点击"小店随心推"图标进入"DOU+ 小店随心推"管理中心。

点击"直播推广"按钮,在"更多推广"页面中单击要推广的直播间右侧的"去推广"按钮,进入如图 73 所示的直播推广详细设置页面。

可以看出,虽然同样是推广直播间,但用"DOU+ 小店随心推"推广直播间与用"DOU+ 上热门"推广直播间选项不太相同,这可能是由于这两项功能是由两个部门分别设计的原因。

在此页面的"直播间优化目标"选项与用"DOU+ 上热门"页面中的"更想获得什么"区域中的"直播间人气""直播间涨粉""观众打赏""观众互动"4 个选项基本相似,其中:

进入直播间 = 直播间人气

粉丝提升 = 直播间涨粉

评论 = 观众互动

但如果直播间更追求售卖商品,则"DOU+ 小店随心推"推广直播间中的"商品点击""下单""成交"无疑更直接有效。因此,如果是秀场类直播间,建议用"DOU+ 上热门"推广;如果是卖场类直播间,则建议用"DOU+ 小店随心推"推广。

在"你想吸引的观众类型"区域可以选择一个选项,以精准推广直播间,这 3 个选项与使用"DOU+ 上热门"推广直播间时在"我想选择的套餐是"区域点击"切换至自定义推广",获得的更多参数设置基本相同。

如果对自己的直播间内容比较有信心,建议选择"达人相似观众"选项,在如图 74 所示的界面中选择对标达人,并在"选择互动行为"区域选择"观看过直播"和"种草过商品"选项,以获得更好的推广效果。

在"选择加热方式"区域,可以选择的选项虽然与用"DOU+ 上热门"推广直播页面的选项相同,但不同之处在于,在此仅可以选择一种加热方式,而如果使用"DOU+ 上热门"推广直播可以同时选择两个选项,这一点值得主播注意,并区别使用。

在"期望曝光时长"区域,可以选择 0.5 小时至 24 小时。一般来说,投放的时长应该比直播时间长半小时,并提前半小时投放,以获得提前审核。

另外,即使提前推广直播,投放的金额也只会在开播后消耗,所以,不必担心金额花费到了不当的地方。

图 73

图 74

新账号 DOU+ 起号法

对于抖音来说,由于新账号没有历史数据可参考,账号没有什么标签,所以创作者发布的视频被推送的人群肯定不精准,坚持发布 20 ~ 40 条作品后,推送人群才会慢慢变得精准,但这个过程比较浪费时间,所以新账号如果要快速起号,减少试错时间成本,可使用下面的起号方法。

1. 按前面章节讲述的思路做主页装修,这是基础工作,主页装修效果不好,会直接影响转粉率。

2. 通过寻找对标账号,用前面讲述过的 STP 理论做精细定位,确定账号定位与作品创作方向。

3. 通过分析对标账号的成品作品,进行模仿式创作,发布 25 条以上优质作品,以丰富主页内容。

4. 选择 5 条相对优质的视频,按批量投放的形式,投 100 元系统智能推荐,目标选择涨粉。

注意:这一步的目的是要在投放结束后,通过粉丝数据来验证获得的粉丝是不是目标粉。如果是,可以重复以上步骤;如果不是,要按下面的步骤操作。

5. 选择 5 条相对优质的视频,按批量投放的形式,投 100 元达人相似,目标选择涨粉。

注意:不要投大 V,要投新起号的达人,因为观众对某一类的账号感兴趣的时间可能是有限的,3 个月之前对短视频运营感兴趣的,现在不一定感兴趣,而新起号的达人的粉丝相对更精准,投放的效果更好。另外,不要投放内容质量比自己的视频内容优质太多的相似达人,因为关注这样达人的粉丝不太可能关注一个质量比较低的账号,除非你的账号有明显差异化定位。

6. 分析批量投放的效果,此时 DOU+ 已经从这一批视频中找到了最优质的视频,如图 75 所示。

7. 针对优质视频再次投放 100 元 DOU+,仍然按达人相似进行投放。

8. 投放结束后,上传 5 个新作品。5 天后进行数据分析。首先,查看播放数据,如果播放数据超出 1000,则初步证明推送的人群已经精准了。其次,要分析投放 DOU+ 的视频受众人群画像与这些新视频的受众人群画像是否重叠,如图 76 所示,方法可参考前面有关视频数据分析的章节,如果两者重合度很高,则证明新账号已经有标签了,暂时不用再投放 DOU+。

9. 如果上传的新视频的播放量不高,分析数据后发现当前粉丝与目标粉丝重合度低,可以重复第 5 ~ 8 步。

建议用这种方法同时对两个甚至多个账号进行操作,最终哪一个账号的数据表现最好,就在这个账号上进行持续投入。

图 75

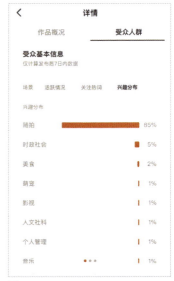

图 76

利用 DOU+ 涨粉的辩证思考

通过前面的学习，大多数新手都掌握了利用 DOU+ 涨粉的正常思路与操作方法，但同时也有部分新手发现，虽然粉丝量大了，但似乎发布新视频后基础播放量没有太大改观，这就涉及利用 DOU+ 买来的粉丝质量的问题了。

如何验证 DOU+ 买到的粉丝的质量

如果使用的是"账号速推"功能，验证粉丝质量的方法如下。

1. 按前面学习过的方法进入 DOU+ 管理中心，找到相应的"账号速推"订单，如图 77 所示。

2. 点进订单后，点击"涨粉量"右侧的数字，显示此订单买到的粉丝，如图 78 所示。

3. 分别点击各个头像查看其主页，例如，图 79 ~ 图 82 所示为笔者分别点击 N 个头像后的粉丝主页，可以看出来这些粉丝关注量均高达数千，这证明此粉丝的兴趣非常分散，之所以成为你的粉丝，是由于视频被推送给他（她）后，他（她）会习惯性关注，这样的粉丝均属于低质量粉丝。

如何采用的是其他投 DOU+ 的方法涨粉，验证粉丝的质量较为复杂，需要先记录投放前的粉丝状态，再进入粉丝列表中查看新粉丝的主页头像。但根据笔者的经验，除了使用对标达人及自定义推荐获得精准粉丝，利用智能推荐获得的粉丝质量均不会太高。

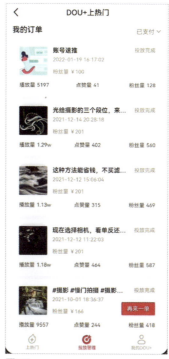

图 77

图 78

图 79

图 80

图 81

图 82

如何辩证思考涨粉利弊

通过前面的学习已经知道，利用买粉丝的方法获得的粉丝质量不会太高。那么，是不是就不应该涨粉了呢？

答案是否定的，其中的道理也比较简单。

买来的粉丝，虽然可能无法大幅度帮助创作者提高视频基础播放量，但能够起到"装点门面"的作用。因为通过自然流量吸引的粉丝，通常在关注一个账号之前，都会进入创作者主页进行查看，如果一个创作者的主页显示的粉丝数量比较少，大概率会再思考一下是否要关注此创作者，但如果创作者主页显示的粉丝数量较多，则由于从众的心理会马上关注创作者。

因此，对于新手来说，涨粉很重要，但更重要的是涨精准粉丝，前者可以通过投 DOU+ 快速获得，后者需要源源不断地产出优质视频，两者相辅相成，才可以更快成为一个大号。

同一视频是否可以多次投 DOU+

对于优质视频，虽然可以多次反复投放 DOU+，但为了获得更好的投放质量，仍然有必要控制投放次数，下面笔者利用自己投放的实际案例来说明这一问题。

图 83 所示为笔者投放的一个 24 小时订单，可以看出截至笔者截图时，此订单已经投放了 29.4 小时，而且金额并没有达到额定投放的 100 元。

点击下方的"不符合预期？"蓝色文字，则会显示如图 84 所示的提示文字，考虑到此视频已经做过多次投放，且使用的不是自定义选项而是系统智能推荐，因此没有按时按量完成投放的原因就只有一个，即投放次数过多。

从这样的订单可以总结出来的投放经验是，即便是优质视频也不能多次频繁投放，否则可能导致投产比明显下降，甚至无法顺利完成投放。

图 83　　　　　　图 84

解决的方法是改变投放的方式，例如，笔者针对此视频采取选择对标达人的形式进行了再次投放，获得了较高的投产比。但投放时选择的对标达人均非与视频内容摄影相关的达人，而是与数码科技、旅游、金融相关的达人，因为喜欢摄影的人群大部分也关心数码科技、旅游和金融。

这个投放经验有助于新手打开自己的流量池，使自己的粉丝来源更加多元化，有效拓展粉丝来源。

第 10 章
学好带货短视频创作方法快速变现

准确选品带货才能事半功倍

即便是超级带货主播,在刚开始直播及视频带货时,也有明确的商品定位。当积累到很高的粉丝量时,才会开始进行全品类商品推广。所以,对于新手短视频创作者来说,了解抖音对于"货"的定义,了解哪类货在抖音中更容易销售,选择自己感兴趣并了解的商品作为主推类目,更容易变现。

女性用品更容易热销

在所有的网络消费群体中,女性消费能力是非常强的,如果翻看抖音的好物榜、带货的排行榜,就会发现美妆类、洗护类、女装产品往往排在前面。

这些产品不仅是女性的刚需产品,而且通常单价不贵,因此在抖音带货这类平台上面,销售量非常高。

价格低廉的商品更热销

从本质上讲,抖音并不是一个销售平台,与淘宝、京东等电商平台的天然销售属性有非常大的区别。进电商平台的用户目的很明确,就是为了购买商品,而用户刷抖音大部分是为了娱乐、打发时间,因此购买行为通常都是属于冲动型、计划外购物。

冲动型购买行为的一个比较大的特点就是对价格比较敏感,当产品比较便宜时,观众会觉得即使产品有问题,损失也不会太大。这也是为什么在抖音及其他短视频平台卖的产品,通常以49与99为一个分割线,超过99元的商品销售量就会急剧下降。

所以,即便创作者对珠宝在行,视频也非常优质,变现也会相对困难,究其原因就是珠宝类产品的价格超出了冲动型消费的价格界限。

当然不能否认,还是有一些凭借短视频将自己的珠宝销售到全国各地的成功案例。但是从比例上来看,投入相同的精力做美妆类、小数码类、女性消费产品或时尚数码消费产品,投入产出比可能更高。

刚需商品更热销

要想通过短视频带货获得可观收益,就一定要走量,也就是通过大范围传播,转化几百单、几千单甚至上万单。对于走量的商品而言,首先是绝大多数观众或者某一年龄段、某个地域的人们普遍需要的,这是商品能否成为爆款的基础。

而一些小众商品,即便视频再精彩,传播再广泛,由于用户基数小,成为爆款的可能性也会非常低。

所以如果将短视频作为一个创业方向、一门生意,在创作时就一定要围绕着价格比较低廉,购买频次比较高,属于刚需消费的一些产品。图 1 所示的销售量达到 103 万的水槽过滤网,则属于此类。

图 1

虚拟商品也是带货的一种选择

对于内容创作者而言,绝大多数都会选择实物商品作为带货目标。毕竟实物商品看得见、摸得着,可以通过视频真实、客观地向观众反映商品,更容易引起冲动消费,所以很多人会忽视虚拟商品的创业机会。但事实上,虚拟商品也有实物商品所不具备的优势。

常见的虚拟商品

一提到"虚拟商品",大家可能一时间想不出在抖音有哪些虚拟商品的售卖,下面先介绍几种,也许能打开新手抖音带货的新思路。

虚拟商品中最重要的分类就是"知识付费"。在抖音上通常以视频、直播课程或线下课程售卖为主。比如"好机友摄影"作为摄影教学账号,其售卖的产品就是摄影视频课程,如图2所示。另外,一些健身、绘画、音乐等领域,还有付费直播课。无论是教学视频还是教学直播,其实售卖的都是"知识"。

另外一类则是"服务付费",也就是通过短视频来宣传可以为观众提供哪些服务,进而吸引观众对这项服务进行付费,比如图3所示的视频中,所带货品即为"婚纱摄影"服务。除此之外,如家政服务、金融服务、美容美发服务等,在抖音上都有账号深挖此类虚拟商品带货。

图2

虚拟商品的内容选择范围更宽泛

在制作实物商品的带货视频时,每个视频的内容都要根据商品进行量身定做。而对于虚拟商品而言,由于其不是特定的物品,所以在内容上只要在垂直领域内,就可以起到带货作用。

比如带货商品为摄影课程,那么视频内容只要是与摄影教学相关,无论讲解的是人像摄影还是风光摄影,都会引起观众寻求更多摄影教学内容的兴趣,进而促进其购买课程。

但对于实物商品而言,比如带货电饭锅,那么视频的相关内容就必须用到电饭锅,或者通过剧情引入电饭锅,则多少会对视频内容有所局限。

虚拟商品成本更低、利润更高

实物商品除了固定的生产成本,还需要物流成本、售后成本和仓储成本。而虚拟商品除了前期的开发成本,并没有物流和仓储成本。

因此,如果投入一定的时间开发虚拟商品,所获得的利润往往是比较高的。

图3

概念更宽泛的带货视频

从更宽泛的程度上来讲，视频带的"货"既可以是实物，也可以是虚拟产品或品牌，还可以是一个地理位置，所以，实际上任何能够促进成交的视频都可以被视为带货视频，而创作这样视频的思路、手法和技巧也都可以借鉴本章内容。

新手触不可及的品牌植入式带货

如果创作者的账号能够达到 10 万以上的粉丝量级，可以开通巨量星图，从而接到商家的品牌植入推广任务。这类视频不以销售商品为主要目的，而是以展示商家的品牌为主要目的。

所以在创作灵活度和自由度上更高，从收益上来看，这类视频往往要比单纯卖货的视频收益高很多，当然这样的收益也并不是完全依赖于单一视频，主要还是要靠创作者本身的影响力及人设。

图 4 所示为抖音账号"仙人"为得物 App 创作的一个品牌植入式带货视频。

图 4

线下店家常用的位置植入式带货

如果要推广线下的实体店面，一个非常好的方式就是在发布视频时，同时带上精确的地理位置，如图 5 所示，时下非常火爆的探店视频就属于这一类。

以一个探店号平均每个月能够接 15 条探店任务为例，平均下来 50 万粉丝报价在 6000～8000 元是正常区间，按此核算下来，探店号的收益也是比较高的。

图 5

小程序推广式带货

通过在视频上挂小程序，也可以实现变现，这时的"货"实际上就是小程序，如图 6 所示。

抖音会根据小程序的曝光量、下载量、小程序内部成交量等数据核算创作者的收益。

所以，只要视频优质，通过推广小程序也能获得不错的收益。

图 6

根据自身情况确定带货视频类型

带货视频主要有三大类型，分别为剧情类、种草类和才艺展示类。深挖某一类型的带货视频，才能让自己的特点更突出，也更有利于抖音将其准确地推送给目标人群。

团队适合剧情类

剧情类内容创作是一种门槛较高的创作类型，所以此类内容创作者少，竞争压力与下面将要介绍的另外两种类型的视频相比要小一些。

而导致其门槛较高的主要原因之一，则是需要多人协作才能完成剧情类内容的创作。其中演员最少有两人，还需要一人进行录制，所以至少需要 3 人。

解决了"人手"问题后，剧本和视频录制、剪辑都比较容易解决。

剧本可以在网上搜索，有很多相关的优质资源和平台，比如"抖几句"就是一个不错的剧本交易平台，如图 7 所示。也可以借鉴同类视频并对剧情进行翻改，从而跳过脚本的障碍。

而录制与剪辑视频，只要通过简单学习就可以达到抖音短视频的平均水平。

优秀的剧情类短视频账号涨粉速度非常快，图 8～图 11 所示的 4 个账号都是数千万级别，直播带货及广告植入收益也非常高。

图 7

图 8

图 9

图 10

图 11

KOC 适合口播种草类

KOC 的英文全称为 Key Opinion Consumer，中文解释为"关键意见消费者"。这类人群往往在某一领域的消费比较频繁，并且对该领域的产品有较全面的体验，所以更了解产品之间的差异与适用人群。

由于 KOC 自己就是消费者，分享的内容多为亲身体验，所以他们的短视频更受粉丝信任，非常适合创作口播种草类内容。

例如，号称有一仓库化妆品的"深夜徐老师""广式老吴"等抖音号，都是成功的口播种草类带货视频创作者，如图 12 所示。

如果创作者在某一方面有很丰富的使用经验，不妨考虑参考此类账号进行创作。

图 12

有特长适合才艺展示类

才艺展示类内容绝不仅仅局限于唱歌、跳舞、绘画等"常规才艺"，类似健身达人、美食达人和美妆达人等都可以算作"才艺展示类"，因为他们都在某方面具有"特长"，并且可以向观众进行展示。

需要注意的是，在才艺展示类内容创作中，绝对不是越专业、技术越高超，流量就越高。

视频内容的呈现方式是否适合大多数普通观众学习，能否展现内容价值，要比专业性和技术性重要得多。

事实上，越专业的内容受众就会越少，流量上限就会越低，反而不利于爆款的出现。

所以从另一个方面考虑，不要因为自己在专业性上没有做到顶尖，就认为不能在抖音平台获得成功。

事实上，只要自己比绝大多数业余人员更专业，就不存在技术上的门槛。

主要精力应该放在制作符合观众需求的内容上，很多美食教学类视频内容的优质创作者，他们绝大多数都只是普通的厨师，由于菜品适合普通观众去尝试制作，往往能够获得很高的流量，如图 13 所示。

图 13

剧情类带货视频的创作思路

剧情类视频的创作重点在于剧本的撰写,而因为需要"带货",所以要在剧情中巧妙地植入产品,尽量不让观众产生反感,同时获得广泛传播。

寻找目标群体常见的"话题"

在进行内容创作之前,首先要确定"话题",也就是写一个什么样的故事。而这个话题必须是产品目标群体间经常会讨论且有很高热度的。

比如所带商品为一款年轻人使用的护肤品,那么话题就可以从"闺蜜""劈腿""渣男""绿茶"等内容中进行选择。因为此类话题在年轻人中很容易引起关注和讨论,这对于短视频的快速大范围传播非常有好处。

比如"魔女月野"抖音号在对"控油去屑洗发水"进行带货时,就选择了"男女朋友间吵架"这一几乎每对年轻情侣都发生过的情况作为话题,大大增加了内容的受众范围,如图14所示。

在故事中加入反转

可以说,几乎所有的爆款剧情类短视频中都存在"反转"。因为只有让观众意想不到,打破他们的固有认知,才会让其在短短的几十秒内对视频产生强烈的认可,进而点赞、转发或者评论,这一点可以参考抖音号"陈翔六点半"中的短视频。

反转要符合逻辑

通常营造反转的方式是,不具体描述本身就具有不确定性的事件的真正结果,而是通过一些描述,让观众的认知与真实情况产生偏差,最后再通过一些或隐喻或直接的方式,表达出真实的结果。

比如,在抖音平台的剧情类头部账号"城七日记"中就曾发布过这样一个视频。视频前半段一直通过语言及人物表情引导观众认为二人是已经分手很久的情侣,但在视频最后才表现出真相,他们只是喜欢表演,其实早已结为夫妻,如图15所示。

这个反转虽然不是特别精妙,但却基本符合逻辑。因为这二人本身就已经录了一系列短视频,自然有一定的表演功力。另外,前半段的对话要是仔细分析,对于已经结婚的二位而言也没有逻辑错误,所以最后的反转是可以被观众接受的。

图 14

图 15

反转的出现要突然

如果观众已经看出来剧情要在某个环节出现反转了,那么自然不会感到意外。所以,反转的加入一定要隐蔽,只有在意想不到的情况下出现才会让观众足够吃惊。

注重情绪的渲染

对于短视频而言,情绪的完整性比故事的完整性更为重要。如果一个短视频的故事能够让观众产生想哭、想笑或者感到爽快这3种情绪的任意一种,就是成功的;如果有其中两种,必然是爆款;如果有3种,那么就可以一夜爆红。

如何写出让观众想哭的故事

由于短视频的时长较短,缺乏铺垫,所以让观众"想哭"并不容易。但如果选择一些容易产生共鸣的悲伤情感,如冷战、欺骗、七年之痒等,就可以让观众迅速进入到已有的"预设"中,从而可能在较短的时间内激发观众内心的情绪,并得以释放。

如何写出让观众想笑的故事

由于"笑"这种情感不需要铺垫,只要设置的"笑点"击中了观众,瞬间就能让其感觉到开心。

在笑点的设置上,建议"五秒一小梗,十秒一大梗",从而持续引导观众看下去。对于搞笑类的视频,其实观众往往在看到一半时就知道故事的大概,但依然会坚持看到最后,就是为了将整个情绪完整地爆发出来,所以此时故事的完整性还是比较重要的。

如何写出让观众感觉爽快的故事

与"哭"和"笑"相比,让观众感觉爽快的故事其实最好写。只要是惩奸除恶、打抱不平、充满正能量,符合社会主义核心价值观的事都可以写,而且要尽量夸张一些,因为越夸张,观众就会看得越"爽",越觉得"大快人心"。这一点同看电影时,在正派人物狠狠教训反派人物时,教训得越狠越觉得痛快是一个道理。

比如抖音头部账号"七舅脑爷"的一个视频中,其主旨就是要让"绿茶婊"难堪,从而让观众感觉大快人心。因此,虽然在视频逻辑上有很多地方都不太合理,但其实观众并不在意这些,他们只注重如何让这种自己在现实中不喜欢的人能够在视频中碰一次壁。

所以,当男主角给这位"绿茶婊"买了一张别的影厅的票,而和女朋友一起看电影时,观众并不会去思考在现实中会不会有这么不给人面子、这么与同事相处的男人,而只会觉得心情舒畅,并且由衷地喜欢男主角这种直爽的性格,如图16所示。

图16

让商品自然地出现在剧情中

在进行剧情创作时,务必要为产品的出场做好铺垫,使其在剧情中出现得理所应当。虽然观众依旧一眼就知道这是在植入广告,但因为合情合理,并且不是很突兀,所以并不会太过反感。只要剧情出色,依然愿意去点赞、分享或者评论这条带货视频。

比如在抖音号"城七日记"为一款面膜做广告的视频中,商品就是在男主抱怨自从跟小七谈恋爱后,妈妈什么好事都想着小七,"饭也是自己做,碗也是自己洗,购物也要自己在后面拎包,连面膜也是妈妈给小七买的"时出现的,如图17所示。这种将商品融入剧情的方法,被很多剧情类短视频所采用。

让商品对剧情起到推动作用

如果希望让商品与剧情更好地融合在一起,需要让其成为推动剧情发展的关键。这对于剧情设计提出了更高的要求,但如果能够实现,则不但可以让产品多次出现在剧情中,减少观众的反感,甚至可以让观众对产品产生浓厚的兴趣与好感。

这里同样以抖音号"魔女月野"的一条带货去屑控油洗发水的视频为例,在该视频中,因为女主经常熬夜,所以头皮屑较多,男友送了一瓶洗发水给她,解决了这个问题。

到这里,很多观众肯定认为故事已经讲完了,但之后,这对恋人吵架了,因为心里彼此依然惦记着对方,所以女主发了个朋友圈,说洗发水用完了,这时男友赶紧又为其买了几瓶,并回到了吵架前的状态。

在这个短视频中,商品贯穿剧情始终,并作为解决问题、推动二人感情复原的关键因素,使其得到了非常好的宣传效果。

图 17

通过剧情为商品赋能

所谓"为商品赋能",其实就是让商品解决问题,并在解决问题后对人生产生积极的影响。

虽然"为商品赋能"往往会让观众感觉多少有一些夸大的成分,但对于品牌而言,却可以在人们心中树立一种"正面印象"。这种留存于观众心中的正面印象,可以让一些当时没有下单购买的观众,在今后的生活中产生选择该品牌商品的念头。

比如在抖音号"魔女月野"为眼霜做广告的视频中,在结尾为其赋予了可以保卫你的眼睛,从而更出色地完成工作的"社会意义"。

虽然看上去有些夸大产品的作用,但却多少让该产品在观众心中留下了"职场必备"的印象,如图18所示。

图 18

口播种草类带货视频的创作思路

口播种草类带货视频的创作主要在于产品介绍文案的撰写。既不能让产品介绍太过生硬，又要通过简洁、诙谐的语言将产品的特点充分表达出来，并在短短一两分钟的时间内，让观众对产品效果产生认同。

以观众痛点作为视频开场

因为口播种草类内容的表现形式比较单一——就是一个人在镜头前说话，所以为了能够让观众在看到第一眼时就被吸引住，往往需要直接击中观众的痛点。而该痛点就是接下来所介绍的产品能够解决的。

比如抖音号"爱新觉罗男孩"在带货一款"鼻贴"的视频中，上来第一句话就是"但凡你鼻子干净一点"，快速吸引被"黑头"困扰的观众继续将视频看下去，如图 19 所示。

随着短视频质量越来越高，从一开始的 5 秒到后来的 3 秒，再到如今必须在 2 秒内吸引观众，所以口播种草类视频的第一句话能否击中观众痛点就显得越来越重要。

图 19

句句干货突出重点

有以下两个原因要求口播种草类带货视频的文案务必句句都是干货。

第一个原因，一旦观众听不到干货，就很可能立刻划走。任何一个优质短视频，在短时间内的信息量都一定要大。也就是在观众还在消化上一句的内容时，就应该有新的干货内容进行输出。这样才能"拽着"观众一直将整个视频看完，并且可能还会观看第二遍、第三遍。而当一些不痛不痒、可有可无的话出现时，观众的思维就会停滞，产生"浪费时间""无聊"的念头，然后直接划走。

第二个原因，尽量缩短视频时长。为了让观众认可产品，在口播过程中，往往需要较全面地介绍其功效，以及与同类产品相比的优势。所以一旦有"废话"出现，就会导致视频过于冗长，不利于提高完播率。而且，即便内容创作者再有个人魅力，连着听几分钟也多少会让观众感到厌倦。为了压缩时间，大部分优质种草带货创作者都会精简文案，只说最重要的话，从而将时长控制在 2 分钟以内。

利用表情、语速、语调等确立个人风格

为了将口播种草类视频做出差异化、做出特点,建议内容创作者根据自身性格,适当地将自己的表情、语速或者语调进行夸张。这样可以让观众一眼就记住你,并且一旦观众喜欢上这种风格,就会很容易成为铁粉。

比如"广式老吴"就是将个人风格演绎到极致的口播种草类抖音账号。由于其性格本来就直爽,有话敢说,所以她通过自己较为夸张的表情,以及粤语、普通话交替出现的方式,突出了这一特点,如图20所示。

图 20

商品介绍逻辑要清晰

上文已经提到,由于口播种草类视频要在较短的时间内输出大量与产品相关的信息,那么自然语速要比较快。在语速较快,句句又是干货的情况下,一旦逻辑出现问题,观众的思绪很容易出现混乱,进而影响视频效果。

因此,在录制前务必逐句确定文案前后的关联是否妥当,捋清每句话之间的关联,保证商品介绍的逻辑是连贯、清晰的。

值得一提的是,如果总是写不好视频文案,可以多观看垂直分类下的头部账号,比如图21所示的抖音号"大花总爱买",并记录他们的文案,学习介绍商品的结果、逻辑和语言,然后将其套用在自己的视频中,同样可以起到不错的效果。

图 21

加入真实使用经验提高认同感

口播种草类视频的最终目的是让观众相信这个产品真的很好用。而要达成这一目的,在其中加入自己使用后的体会和经验尤为重要,因为这会让观众认为你是在"推荐"而不是"卖货"。

但正所谓"口说无凭",观众不会仅凭一句"我在使用后把这个商品推荐给各位"就相信你真的认为它很好用。而是需要内容创作者在介绍该产品的同时进行使用,并实际展示出其效果确实不错,如图22所示。

为了在展示过程中突出对这款商品的了解,可以穿插一些个人使用经验,这会让观众认为创作者不仅使用过这个产品,而且还使用了很长时间,否则创作者不会对该产品如此了解。

图 22

过程展示类带货视频的创作思路

这类视频与前面讲述的才艺展示类视频的创作思路类似，区别在于过程展示类带货视频创作的时候，更注重过程的趣味和新奇视觉。

例如图 23 所示的修台球杆的视频，用到的各种工具与技术都在日常生活中非常少见，自然能够获得较高的播放量。

图 24 所示的视频展示了手工酥饼制作过程，视频充分体现了手工酥饼的酥、脆，以及金黄的色泽，非常能够引起食欲，这个视频虽然不是一个直接带货销售视频，但增加了商家的地址，所以附近的人群自然就很容易按照地址找到卖家，从而产生成交和购买。

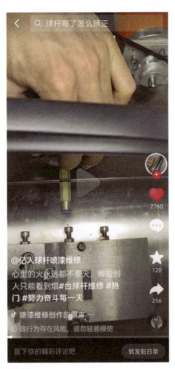

图 23

图 24

结果说明类带货视频的创作思路

这类视频特别适合于表现健身、舞蹈培训辅导，以及美容、手术治疗等领域的产品。

图 25 所示的视频是华西四院眼科部门创作的，虽然视频的内容比较简单，但是由于标题非常吸引人，所以获得了非常好的传播效果。

图 26 所示为这个视频下方的评论区，可以看到有大量留言咨询手术费用等相关问题。

所以，可以推断出来，这个视频为华西眼科收集到了大量潜在客户群体，因此是一个非常成功的带货宣传视频。

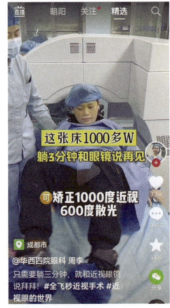

图 25

图 26

快速找到可供借鉴的带货视频

对于新手来说，做带货视频之前建议先看一下同类商品视频。

例如，要创作的视频内容是推销拖把，则应该按下面的方法，先找到销售量较高的拖把关联的视频。

1. 在抖音 App 中点击"首页"，再点击右上角的放大镜搜索图标，如图 27 所示。

2. 在搜索栏中输入"拖把"，点击搜索。

3. 在页面上方点击"商品"标签，如图 28 所示。

图 27

图 28

4. 点击页面上方的"销量"标签，则可以按销量对商品进行排序，如果商品图片的左上角有一个圆形播放小按钮，则表示有相应的带货视频，如图 29 所示。

5. 点击播放视频后，点开评论区，可以看到与拖把相关的评论，如图 30 所示。在创作视频时，将这些评论区的讨论要点加入进去，就可以更好地解决潜在客户的顾虑。

只要按此方法，多查看几个相关视频的拍摄方法与评论区，就不难创作出更好的视频。

图 29

图 30

了解货源

通过前面的学习,已经了解了视频带货时,"货"可以是实物,也可以是虚拟产品,还可以是一个地理位置。下面讲解初学者最关心的货源问题。

销售自有商品

如果创作者本身已经有加工厂或代工车间,可以在抖音上开设自己的店铺,上传自己的商品。

由于抖音巨大的流量红利,目前已经有很多曾经在淘宝、京东及天猫上开设有自营店的商家入驻了抖音,这些商用家本身自有商品,所以对于他们来说抖音是又一个销售渠道。利用这个渠道,不仅仅自己可以通过拍摄短视频、直播进行带货,还可以将自己的商品上架到精选联盟,邀请其他创作者来带货分销。

这样的抖音账号通常都是蓝V账号,当进入主页后点击"进入店铺"图标,可以查看到商家的保证金交纳情况以及资质情况,如图31所示。

图 31

分销他人商品

由于绝大多数抖音创作者不具备整合供应链、设计生产商品的能力,因此,分销他人商品是唯一带货变现方式。

简单来说,就是在精选联盟或第三方平台中选择与自己的粉丝定位及消费水准相当的商品,将其上架到自己的商品橱窗中,然后通过在短视频中加入商品链接进行变现,在后面的内容中将详细讲解操作步骤。

这样的抖音账号通常都是个人账号,如图32所示,当进入主页后点击"进入橱窗"图标,可以查看到分销的数量,如图33所示。

图 32

图 33

了解精选联盟供货平台

精选联盟是抖音撮合商品和视频创作者的平台,商家可以将自己的商品上架到精选联盟,创作者可选择分销商品,并通过视频和直播等方式推广。产生订单后,平台按期与商家和达人结算。

目前在精选联盟中已经上架了大量商品,随意点开几个在抖音中已经获得较高收益的创作者分销橱窗,可以看到他们的商品基本上来源于不同的店家,如图34和图35所示。

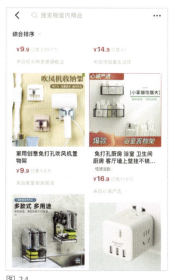

图34

图35

虽然多数商品的分销佣金只有15%~20%,但如果销售量高,收益也非常可观。图36和图37展示了两个抖音号的月销数据,图38和图39展示了两个总销量超过10万的分销橱窗,可以看到销售量都非常高。

按每件货净利润3元来计算,月销售量达到6万件的店铺,月利润能够达到18万,而月销售量超10万件的店铺,每个月的纯利润至少30万。

相比于在线下实体店铺要承担店面房租、人员工资等大量成本,而且还可能出现疫情等不可控的风险因素,线上进行视频带货可以说是普通人低成本创业的绝佳机会。

图36

图37

图38

图39

但不可否认,由于越来越多的创业者进入这个领域,短视频带货竞争也日益激烈。

创建有带货资格的账号

能够带货的账号并不是默认，在前面章节中笔者已经详细讲解过如何创建、装修普通账号，本节详细讲解如何将普通账号升级成为能够带货的账号。

带货功能开通条件

一个账号要具有带货功能，必须开通"商品橱窗"权限，才可以在视频页面和该视频的评论区页面添加商品链接。

要申请开通"商品橱窗"权限需满足以下几个条件。

- 实名认证。
- 商品分享保证金 500 元。
- 个人主页视频数≥ 10 条。
- 抖音账号粉丝量≥ 1000。

需要注意的是，1000 粉丝对于很多成熟视频创作者来说，看起来并不多，但其实对于许多新手创作者来说，1000 粉丝需要较长时间的积累，因此，在抖音直播间及热门评论下经常出现互粉的留言，如图 40 所示，其目的就是为了尽快凑够 1000 粉丝。

虽然笔者在前面的章节中曾经讲过，互粉对于账号并没有太大意义，但如果仅仅是为了达到开通橱窗的目的，也无不可。

但正确的方法还是应该按笔者在前面讲解 DOU+ 的相关章节中，曾经讲过的新手起号方法来进行操作。

除此之外，如果创作者本身有企业或是个体工商户，也可以直接将新账号认证成为蓝 V 账号，因为蓝 V 账号可以 0 粉丝直接开通橱窗，而且，账号功能也比个人认证的账号更强大。

但需要注意的是，普通账号可以升级成为蓝 V 账号，但蓝 V 账号不可以降级成为普通账号。

另外，升级成为蓝 V 账号后，由于多了营销属性，对于打造接地气的人设会有一定障碍，这也是为什么有部分蓝 V 抖音号抱怨升级后流量少了。其真实原因并不是因为抖音限制了蓝 V 账号的流量，而是账号的属性发生变化后，粉丝的心理发生了微妙变化，从而导致视频的互动数据变差，进一步影响了流量。

图 40

带货功能开通方法

1. 打开抖音 App 后，点击界面右下角的"我"图标，再点击右上角的图标，打开如图 41 所示的菜单，选择"创作者服务中心"选项。

2. 点击"商品橱窗"按钮，如图 42 所示。

图 41

图 42

3. 选择"商品分享权限"选项，如图 43 所示。

4. 在满足上文介绍的 4 个申请条件的前提下，点击界面下方的"立即申请"按钮即可。

图 43

缴纳带货保证金

申请开通"商品橱窗"时，需要缴纳作者保证金，以便抖音在收到消费者投诉时先行赔付，具体操作方法如下。

1. 点击"我"图标，点击"商品橱窗"选项，如图44所示。

2. 打开如图45所示的页面，点击"常用服务"模块中的"作者保证金"图标，按页面提示缴纳500元。

图 44

图 45

3. 缴纳成功后页面显示如图46所示，可以看到保证金的缴纳记录与具体金额。

4. 如果要开收据，可以点击"保证金记录"右侧的"查看全部记录"选项。

5. 在"保证金记录"页面，点击右上角的"开收据"按钮，如图47所示。

图 46

图 47

开设佣金收款账户

开通收款账户是为了方便付款结算，消费者付款后货款金额将会结算到创作者对应的收款账户中，所以开通收款账户是必不可少的流程。

1. 点击"我"图标，点击"商品橱窗"选项。

2. 打开如图 48 所示的页面，点击"账户升级"图标。

3. 在如图 49 所示的页面中选择账户的类型，对于绝大多数个人创作者来说，均应该选择"个人"选项。如果已经开通了抖音小店，要选择"我是小店商家"，账号收款账户也会跟小店店铺共用同一个账户。

4. 点击"下一步"按钮后确认结算账户信息，在此处需要选择抖音认证的实名账号，如图 50 所示。

5. 点击"下一步"按钮后，在如图 51 所示的页面中上传身份证等信息，平台审核验证后，按提示操作即可完成开户。

图 48

图 49

图 50

图 51

验证开通是否成功的方法

完成以上操作后，在抖音中点击"我"图标，点击"商品橱窗"选项，如果页面提示"恭喜您-已经成功完成电商达人带货权限申请可以前去选品广场添加商品推广了"，说明已经开通成功，如图52所示。

如提示"推广商品需开通带货权限申请，申请成功即可成为带货达人"，如图53所示，则说明未完成电商权限开通，可根据提示去完善收款账户信息。

图 52

图 53

佣金提现

如果已经获得了分销佣金，可以按下面的方法提现。

1. 点击"我"图标，点击"商品橱窗"按钮。

2. 打开如图54所示的页面，点击"佣金统计"或"收入提现"图标，均可以进入提现页面，在此以点击"佣金统计"图标为例进行讲解。

3. 点击"佣金统计"图标后，在如图55所示的页面中点击红色的"提现"按钮，然后按提示操作即可完成提现。

图 54

图 55

在橱窗中上架精选联盟商品

当账号具备带货资格后,则可以在橱窗中上架各类产品,并在以后发布视频时带货。下面讲解如何在橱窗中上架抖音官方精选联盟产品。

1. 进入抖音后,点击右下角的"我"图标,并继续点击"商品橱窗"按钮,在如图56所示的页面中点击"选品广场"图标。

2. 在如图56所示的精选联盟商品选择页面中,选择与自己的账号粉丝匹配的商品,在此笔者选择的是"图书音像"品牌,如图57所示。

图56

图57

3. 在"选品广场"中选择希望上架到橱窗的商品,并点击"加橱窗"按钮即可,如图57所示。

4. 点击"筛选"按钮,在如图58所示的页面中,对佣金率、月销量、商家体验分等数据进行筛选,从中找到适合自己的商品。

5. 点击商品右下角的"加橱窗"红色按钮,将其加入橱窗,如图59所示。

图58

图59

6. 返回"商品橱窗"页面，点击"橱窗管理"图标，如图 60 所示。

7. 在"橱窗管理"页面中点击如图 61 所示的商品右下角的编辑小图标 。

图 60

图 61

8. 打开如图 62 所示的页面，可以对商品显示在视频右下角的购物车标题及直播间卖点标题进行编辑。

9. 完成编辑后，点击"橱窗管理"页面右上角的"预览"按钮，以消费者视角查看自己的橱窗，如图 63 所示。

10. 如果需要下架某一个分销商品，可以点击"橱窗管理"页面右上角的"管理"按钮。将要下架的商品选中，然后点击页面下方的"删除"按钮即可。

图 62

图 63

精选联盟选品必看 5 大指标

按上面讲述的方法在精选联盟的选品广场中选择商品时，除了要看商品的类型是否与自己的粉丝匹配，还要点击商品图片，跳转到决策页，查看商品详细信息，包括销量、平台认证、商家售后服务保障、售卖效果、粉丝契合度、短视频随心推资质、推荐理由等，下面讲解几个重要的判断指标。

粉丝契合度指标

新手创作者在选品时可能会遇到把握不准的情况，不清晰自己的粉丝是否会对所选择的商品感兴趣，此时不妨参考抖音官方给出的粉丝契合度指标，如图 64 所示。此商品的粉丝契合度为 76，明显不如图 65 所示的商品，其粉丝契合度为 92。

但如果没有粉丝契合度数值，也并不完全意味着此商品根本不值得考虑。图 66 所示的商品就没有显示粉丝契合度，但其摄影器材的性质很明显与笔者经营的一个摄影账号的粉丝是契合的。

因此，显示粉丝契合度数值的产品保险系数更高，但没有此数值时就需要创作者自行判断一下。

图 64

图 65

图 66

商家体验分指标

商家体验分是反映店铺综合服务能力的重要指标，由商家近 90 天内的"商品体验""物流体验""服务体验"3 个评分维度加权计算得出，体验分越高，流量加权越大。

因此，创作者应优先选择体验分高的商家产品，图 67 所示为高分商品，图 68 所示为低分商品。

图 67

图 68

安心购认证

如果货品是实物,推荐创作者优先选择有安心购认证的商家,如图69所示。

安心购是抖音为消费者推出的多重服务保障品牌。

要求商家为店铺内的商品同时提供7天无理由退货、正品保障、坏损包退、运费险、上门取件、未发货极速退款6项服务。如果经营的是美妆类目,还要为商品提供"过敏包退"服务。

所以,有了安心购的保障,带货达人就可以在售后服务方面少很多麻烦,如图70所示。

图 69

图 70

广告投流资质

短视频随心推资质是指当创作者为带购物车的短视频投广告时,商品和视频内容需同时审核通过才可投放。如果商品已通过广告审核,则具有短视频随心推资质,此时只需视频内容通过审核,即可投放广告。而没有推广资质商品的挂车短视频,可能无法通过广告审核。

如果创作者为自己的带货视频投放DOU+,则一定要关注商家产品是否有短视频随心推资质。图71所示为有该资质的产品,图72所示为没有该资质的产品。

图 71

图 72

其他指标

除了以上各个指标,创作者还应该查看此商品是否支持免费申样、最近30天的推广数据、真实商品评价等细节。尤其是推广达人数曲线,数据上升说明此产品处于放量期,值得密切关注,如图73所示。

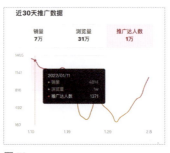

图 73

节省成本学会申请免费拍摄样品

了解免费申样

对于带货达人来说，要创作带货视频，一大成本支出就是样品采买费用，所以，对于小成本创业的视频创作者，一定要使用免费申样的功能。

免费申样是指商家为符合条件的创作者免费寄送拍摄样品。

进入商品界面后，显示有如图 74 所示的"免费申样"按钮的商品即可以申请免费样品。

图 74

但需要注意，只有创作者满足以下条件，才会显示"免费申样"入口。

- 商家需设置商品可申样。
- 达人具备带货权限。
- 粉丝数 > 5000，满足商家设置的申样门槛。
- 达人当前无此商品进行中（待审核至待交付状态为进行中）的申样订单。
- 达人无此商品 30 天内被拒绝的订单。

没有免费申样的商品，显示的页面如图 75 所示，创作者可以点击"去买样"按钮购买样品。

申请样品后，可点击"选品广场"右下角的"我的"图标，在"样品申请"栏中查看商家审核进度、发货进度等。

如商家拒绝了申样请求，可在 720 小时（30 天）后再次提交申请，也可以继续申请其他样品。

图 75

申样履约

创作者申请样品后，需要在如图 76 所示的申请样品时填写的预计推广时间，就样品商品进行视频推广或直播推广，其中：

- 短视频推广：8 天内将样品商品推广视频（购物车需添加相关商品）发布成功并成功出单 3 单或者保存推广状态 7 天。
- 直播推广：15 天内完成直播，直播间购物车需添加相关商品并成功出单 3 单或者讲解 1 分钟以上。样品商品售罄的，也需讲解 1 分钟以上。

推广完成后，可在"样品申请"页面中的"待交付"功能栏中进行交付，商家可以在后台查看交付详情。

如果创作者未履约将降低"履约率"，影响后续的申样通过率。

图 76

抖音小店的开通方法

什么是抖音小店

抖音小店又称抖店，是一个类似于淘宝店铺的电商商家经营平台。进入抖店后，可以看到已售数据及相关资质，如图 77 所示，抖店具有以下几个特点。

一站式经营

开通抖店后，商家可以通过从内容、数据到服务全方位的抖店产品，实现商品交易、店铺管理、售前 & 售后履约、第三方服务市场合作等全链路的生意经营。

多渠道拓展

商家可以在抖音、今日头条、西瓜、抖音火山版等渠道进行商品分享，实现一家小店多个渠道销卖。

双路径带货

开通抖店后，商家不仅可以自行销货，更重要的是可以通过海量抖音达人自播进行带货，从而在短时间内打造一个爆品。

开放式服务

类似于淘宝与天猫，目前商家也可以在第三方服务市场中选择，可提高商品管理、订单管理、营销管理等经营项目效率的服务。

图 77

抖音小店的开通方法

抖音小店的开通门槛较高，只有个体工商户或者企业、公司才允许开通。

开通抖音小店可以分为 5 步骤，分别如下。

1. 提交申请，电脑端申请需要进入 https://fxg.jinritemai.com/ 网站，手机端提交申请可以点击创作者主页的"商品橱窗"，再点击"开通小店"图标，如图 78 所示。

2. 提交营业执照、法人/经营者身份证明、店铺 Logo、其他相关资质证明等。

3. 平台审核上述资料。

4. 账户验证，即使用银行预留手机号实名验证或者通过对公账户打款金额进行验证。

图 78

5. 缴纳保证金，按不同的类目需要交纳不同的保证金。根据抖店的主体与类目，保证金的数额也不同，例如，同样是经营笔记本电脑类目，如果是个体户保证金是 10000 元，如果是企业则保证金为 20000 元。如果经营的是多个类目，按最高金额收取，不进行叠加。

完成上述 5 个步骤后，则可以成功开店。

管理抖店

开通抖店仅仅是万里长征第一步，后面还有大量工作，包括上架产品、装修微店店面、将产品加入精选联盟、设置物流模版、设置客服等，这些工作都需要在如图 79 所示的抖店后台进行。

由于抖店的功能非常丰富、复杂，在此仅讲解比较重要的装修抖店与将商品加入精选联盟的操作。

图 79

装修抖店

要装修抖店，可以按下面的步骤操作。

1. 电脑端进入 https://fxg.jinritemai.com/ 网站，使用抖音账号登录。

2. 点击左侧功能区的"店铺装修"按钮，进入如图 80 所示的页面。

3. 点击"编辑"按钮进入如图 81 所示的装修页面，从左侧的组件区域将需要的组件一一拖动添加至主页上。

4. 在页面的右侧组件参数设置区域，对每一个组件的参数进行设置。

图 80

图 81

精选联盟商品入选标准

无论店家是自己经营矩阵号,还是希望其他的达人帮自己带货,前提条件都是在开通小店后将自己的商品加入精选联盟。

加入精选联盟的操作并不复杂,但并不是所有商家均可以加入。为了优化整个抖音电商的生态,抖音为精选联盟设置了以下几个准入条件。

商家条件

- 商家店铺体验分高于(含)4分,新商家(入驻成功60天内的商家)且无体验分时,暂不做考核。要查看店铺体验分,可以点击抖音主页的"进入店铺"按钮,查看如图82所示的红色数字。
- 商家店铺不存在小店《商家违规行为管理规则》中"出售假冒/盗版商品""发布违禁商品/信息""虚假交易""不当获利""扰乱平台秩序"等严重违规行为而被处罚的记录。
- 商家店铺账户实际控制人的其他电商平台账户,未被电商平台处以特定严重违规行为的处罚,未发生过严重危及交易安全的情形。
- 商家店铺需要根据不同店铺类型上传品牌资质,并保障品牌资质的真实性、合规性及链路完整性。

图 82

商品标准

- 商家在精选联盟平台添加推广的商品(创建推广计划的商品),品质退货率和投诉率需要满足一定标准。一般来说,退货率要≤4%、投诉率≤2%,对于较贵重的商品,退货率与投诉率要更低,才可以满足进入精选联盟的要求。
- 加入精选联盟的商品,其商品类目、标题、主图、详情、价格等应符合平台要求,不得出现"滥发信息"行为。
- 商品详情页需要对商品形状、质量、参数等进行准确描述,不得仅以秒杀链接、专拍链接、邮费链接、价格链接、福袋等形式进行售卖。
- 特殊功效商品,须上传相关资质,通过精选联盟平台审核后才可在联盟中推广。

需要注意的是,进入精选联盟后并不等于进入了"保险箱",如果商家店铺体验分低于3.5分,则会被系统从精选联盟中清退,而且平台会每日校验商品指标,对没有达到加入标准的商品进行清退,当商品再次符合准入标准后可再次开启推广。

将商品加入精选联盟的操作方法

1. 进入抖店后,点击上方的"精选联盟功能"菜单,进入如图83所示的页面。

图83

2. 点击页面上方的"计划管理"菜单,进入计划管理页面,如图84所示。

图84

3. 点击页面右侧的"添加商品"按钮,并选择要加入精选联盟的商品,如图85所示,点击"确定"按钮。

图85

4. 在"商品设置"对话框中设置"佣金率"及申样规则,默认情况下虚拟货品要关闭免费申样,点击"确定"按钮,如图86所示。

图86

5. 此时在商品列表页面中,即可看到已经添加到精选联盟里面的商品了,如图87所示。

图87

在视频上挂载商品的方法

在抖音视频上挂载商品的操作方法比较简单,下面分别讲解手机端及电脑端操作方法。

手机端操作方法

1. 在手机端发布视频时,在发布页面点击"添加标签",如图88所示,然后在如图89所示的页面中选择"商品"选项。

2. 在"我的橱窗"页面中选择要添加的商品后,点击"添加"按钮,如图90所示,在此最多可以在一个视频中添加6件商品。

3. 添加完成后,点击"下一步"按钮,如图91所示。

4. 在各个商品的"推广标题"文本框中输入商品标题,如图92所示,然后点击"确定"按钮。

5. 此时,可以在发布视频的页面看到商品已挂载成功,如图93所示。

6. 点击"发布"按钮,即可成功发布带货视频。

图88

图89

图90

图91

图92

图93

电脑端操作方法

由于在电脑端发布视频时需要添加商品链接，因此更便于有小店的商家进行操作，方法如下。

1. 在电脑端发布视频时，在发布页面点击"添加标签"，在如图94所示的页面选择"购物车"选项。

图 94

2. 进入自己的小店后台，点击左侧功能列表中的"商品管理"，找到要添加的商品后，点击页面右侧的"复制链接"按钮，如图95所示。

图 95

3. 返回电脑发布页面，将链接复制到"购物车"右侧的输入框中，再点击红色的"添加链接"按钮，如图96所示。

图 96

4. 在弹出的"编辑商品"对话框中，编辑会显示在视频左下角购物车上的"商品短标题"，如图97所示。

图 97

5. 多次重复以上操作，即可挂载多个商品，图98所示。

带货视频发布频次限制

抖音对不同粉丝量级的账号，有不同的带货视频发布频次限制。

粉丝数<1000的账号每周只能发1条带购物车视频；粉丝数在1000~3000之间的账号每天2条；粉丝数在3000~10000之间的账号每天5条；粉丝数在10000及以上的账号每天可发布10条。

图 98

找到爆品利用商品助推视频

要在抖音平台上通过带货获得较高收益,除了要创作优质视频,还需要找到爆品,有的好产品自带流量,能够弥补新手创作者的内容短板,而且选品效率更高,试错成本更低。

下面讲解如何在手机上查找爆品。

1. 进入抖音后,点击右下角的"我"图标,点击"商品橱窗"按钮,再点击"选品广场"图标。

2. 在精选联盟商品选择页面点击"热销榜单"图标,如图 99 所示。

3. 选择适合自己账号的品类,即可看到商品的销售量,例如图 100 所示的页面上显示,排名第一的手机支架仅一天的销量就达到了 4741,点击"添加"按钮。

4. 向下滑动页面,可以查看更多商品,找到合适的商品后,点击"加橱窗"按钮即可。

5. 除了"热销榜单",还可以在选品广场页面点击"爆款推荐"图标,在如图 101 所示的页面中查看前一日成交金额、销售件数、动销达人数最多的爆品等。

6. 在选品广场页面,点击"新品专区"图标,可以在如图 102 所示的页面中查看抖音通过数据分析推荐的潜力新品,也非常值得创作者关注,说不定下一个全网爆品就可能在这里诞生。

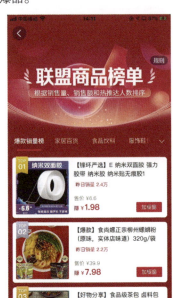

图 99

图 100

图 101

图 102

发布小程序类带货视频的操作方法

正如前面所提到的,"货"可以是实物,也可以是虚拟货品的,如小程序、游戏、购票服务等。只要发布的小程序、游戏有下载和曝光,就会有收益,同样只要有粉丝通过购票服务链接下单购买了电影票,创作者也会获得收益。下面讲解相关知识与具体操作方法。

虚拟货品的类型

在抖音视频上可以挂载的虚拟货品有小程序、游戏、购票、影视综艺 4 个类型。

小程序

如果挂载的小程序是属于小游戏的类型,则视频左下角链接如图 103 所示,点击链接后,跳转至类似图 104 所示的游戏界面。

图 103

图 104

如果挂载的小程序不属于游戏类型,则视频左下角链接如图 105 所示,点击链接后,跳转至类似图 106 所示的小程序界面。

图 105

图 106

游戏

如果视频挂载的是游戏,则视频左下角链接如图 107 所示,点击链接后,跳转至类似图 108 所示的游戏界面。

图 107

图 108

购票

如果视频挂载的是电影票购票服务,则视频左下角链接如图 109 所示,点击链接后,跳转至类似图 110 所示的购票界面。

图 109

图 110

影视综艺

如果视频挂载的是影视综艺，则视频左下角链接如图 111 所示，点击链接后，跳转至类似图 112 所示的节目介绍界面。

图 111

图 112

发布虚拟货品的操作方法

在抖音视频上挂载不同类型虚拟货品的操作方法基本类似，下面分别讲解电脑端及手机端发布视频的方法。

在手机端发布视频时，点击添加标签，如图 113 所示，然后在如图 114 所示的页面中选择虚拟货品类型。

图 113

图 114

图 115 所示为选择"购票"服务后的选择页面，图 116 所示为选择"游戏"后的游戏名称选择页面。

在电脑端发布视频时，同样要在"添加标签"下拉列表框中选择虚拟货品的类型，与手机端不同，在此选择"游戏"或"影视"后，需要直接输入要添加的游戏与影视综艺的名称，然后在下拉列表框中选择对应的内容，如图 117 所示。

因此，从操作便利程度来说，用手机发布视频时选择虚拟货品更直观、方便，推荐大家使用。

图 115

图 117

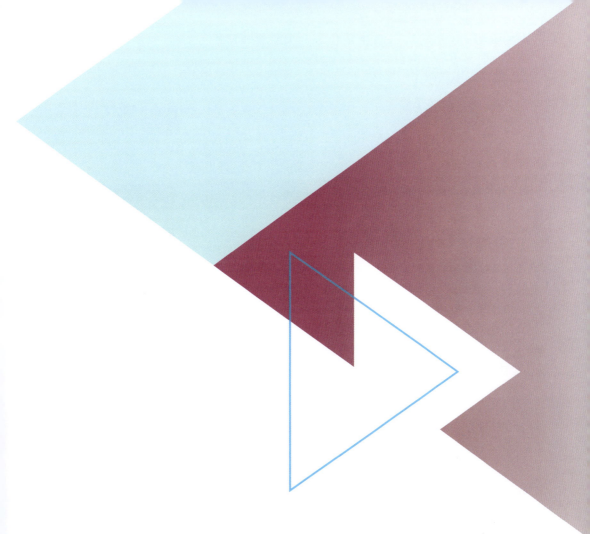

第 11 章
直播间的软硬件准备

搭建直播间的硬件准备

一个直播间主要由 6 部分组成，分别为直播设备、采集卡、收声设备、灯光设备、网络设备和房间布置。

直播设备

目前主流的直播方式有两种，一种是使用手机进行直播，另一种是使用相机进行直播。

使用手机直播

为了保证直播质量，建议使用后置摄像头进行直播。但这样操作就会导致主播无法在使用一台手机的情况下，既能进行直播，又能同时看到直播效果和观众的评论。

这里有一个小技巧，就是在桌面摆一面镜子，并将手机用支架固定后，将后置摄像头对准镜子，如图 1 所示，即可实现用后置摄像头直播，又可以通过该手机看到直播效果的目的。

使用相机直播

如果想获得更好的直播画质，可以用单反或微单进行直播。但与此同时，还需要以下两个设备。

（1）一台电脑。相机拍摄的画面需要实时传输到电脑中，然后通过电脑再传输到直播平台。

（2）采集卡。相机拍摄到的画面需要通过"采集卡"才能实时传输到电脑中。

所以，使用相机直播虽然画质更优，但与此同时，搭建直播间的成本也会更高。

图 1

采集卡

正如上文所述，采集卡的作用是为了在使用相机直播时，将相机拍摄的画面实时传输到电脑上。但当对不同画质的内容进行采集时，需要的采集卡性能也有所区别。

在采集卡参数中，最为重要的一项即为"输出画质"，也就是采集卡对视频信息进行采集后，可以输出的最高画质。

一般体积较小、价格较低的采集卡，比如图 2 所示，绿联价值 99 元的产品，虽然可以输入 4K/60Hz 内容，但却只能输出 1080P/30Hz 内容。

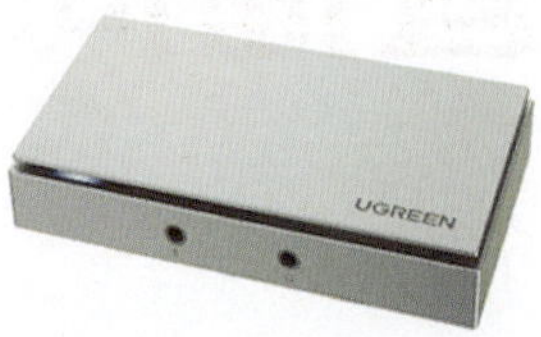

而如图 3 所示的，绿联另一款价值 599 元的采集卡，其可以输出 4K/60Hz 的内容。同时，其具备的更多接口也让视频和音频采集有更多选择。另外，更高价格的采集卡也往往具备更低的延时，防止直接通过电脑进行采音时出现音画不同步的现象。

图 2

图 3

5 种常见的收声设备

根据直播环境及对声音质量的要求不同,有不同的收声设备可供选择。

高性价比的带麦耳机

如果直接用手机自带的话筒进行收声,会出现大量的杂音。而获得相对较优的声音最简单的方法就是插上带麦耳机后进行收声,如图 4 所示,可以在一定程度上提高音质并防止出现杂音。

图 4

室内常用的电容麦克风

如果在室内直播,并且希望获得更高的音质,那么电容麦克风是比带麦耳机更优的选择,如图 5 所示。需要注意的是,有些麦克风只能连接声卡使用,如果不打算购买声卡,则要在购买时注意区分。

室外常用的动圈麦克风

动圈麦克风的特点是浑厚、饱满、抗噪性强,因此适合高噪音的场所,如室外直播、室外演讲等。

图 5

便携的"小蜜蜂"

"小蜜蜂"麦克风又被称为无线领夹麦克风。其特点在于麦克风本身的体积非常小,可以隐藏在领子下,或者直接放在桌面上,用其他道具简单遮盖即可。

"小蜜蜂"麦克风分为接收端和发射端两部分,如图 6 所示。其中发射端与麦克风相连接,通常会别在主播的腰间,而接收端则与手机或者电脑连接。

图 6

提供更高音质的声卡

如果想获得更有质感的声音,配备一块声卡是必不可少的。根据直播设备的不同,选择购买与手机相连的还是与电脑相连的声卡。而声卡的另一端,则与麦克风连接,如图 7 所示。

图 7

3 种常见的灯光设备

灯光设备与直播画质息息相关。如果一个直播间内的光线充足，那么即便是用手机拍摄，也可以实现高清晰度的直播。所以在预算不足，无法既购买灯光又购买相机直播的相关设备，那么建议优先购买灯光设备。

环境灯

即便是使用专业单反或微单进行直播，在仅仅使用室内常规灯光的情况下，也很难实现优质的直播画面。而当借用自然光进行直播时，又会引起画面色彩及明暗的变化。所以，负责打亮整体环境的灯光就显得尤为重要，而此类灯光就被称为"环境灯"。

"环境灯"通常以影室内亮灯来实现，如图 8 所示。通过柔和的光线让整个场景明亮起来，不会产生浓重的阴影。同时为了让光线尽可能柔和，柔光箱必不可少，还可以让光线打在屋顶或者墙壁上，利用反光来增加室内亮度。

图 8

主灯

如果整个环境足够明亮，并且主播面部光线均匀，那么其实只要有环境灯就足够了。

但对于一些对面部有较高要求的直播，如美妆类直播，则建议增加主灯，让主播的面部表现更细腻。

主灯建议选择如图 9 所示的球形灯。因为球形灯可以让主播的受光更均匀，起到美颜的效果。另外，球形灯的显色度也不错，可以让产品的色彩在直播中真实表现出来。

另外，环形灯也是主灯不错的选择之一。其光线质量虽然不及球形灯，但性价比较高。如果觉得一支环形灯放在正前方很晃眼，可以购买两支，放在左右两侧，同样可以打造出非常均匀的光线。

图 9

辅助灯

辅助灯在直播间主要起到点缀作用。比如在背景中营造一些色彩对比，让直播间更有科幻感，或者通过小灯串为直播间营造温暖、浪漫的氛围等。

辅助灯通常使用 RGB 补光灯来实现，可以手动调节多种不同的色彩，营造不同的氛围，如图 10 所示。

图 10

直播间的网络设备

在直播过程中,如果有观众说卡顿,那么大概率是由于网络不稳定或者上传带宽不足造成的。因此,为了提供良好的观看体验,高速、稳定的网络必不可少。

保证上传带宽不低于 30Mbps

日常使用网络,大多只关注下载带宽,但如果想要流畅地进行直播,则需要保证上传带宽不低于 30Mbps。

图 11

因此,在购买宽带时,要先跟运营商确定好上传带宽。待宽带安装完成后,再实际检测下,看能否满足要求。检测方法如下。

(1)百度搜索"测速网",点击如图 11 所示的链接。

(2)点击页面中的"测速"按钮,稍等片刻即可得到如图 12 所示的测速结果。只要上传带宽不低于 30Mbps,即可满足直播需求。

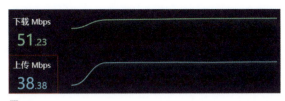

图 12

路由器

在运营商保证上传带宽足够直播使用的情况下,如果依然出现卡顿,那么问题大多出在路由器,以及直播设备与路由器的连接方式上。

如果采用将画面传输到电脑上进行直播的方式,则建议通过网线连接电脑和路由器。因为再稳定的 Wi-Fi,也没有直接用网线传输稳定。

如果采用手机直播,那么建议购买支持千兆且具有 5G 频段的路由器,如图 13 所示。这样可以确保带宽被充分利用,并且 5G 频段比常用的 2.4G 频段更稳定。同时,路由器与手机要放在同一房间,中间不要有墙隔挡。

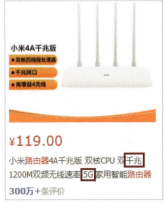

图 13

网卡

近两三年购买的电脑基本都是千兆网卡,所以在使用网线连接电脑后,几乎都可以充分利用带宽。但如果通过 Wi-Fi 进行直播,并且电脑没有无线网卡的情况下,就需要额外购买。购买时同样要注意选择支持千兆及 5G 频段的无线网卡,如图 14 所示。

图 14

3 种直播间布置方法

房间布置并没有什么硬性要求，只要整体看上去简洁、干净即可。当然，也可以布置一个充满个性的直播间，比如放很多手办、毛绒玩具等。下面介绍 3 种常见的直播间搭建方式。

通用型直播间布置

相信很多人都是在家中进行直播，这就会导致有多余的景物出现在画面中。其实只需要购买一块儿灰色的背景布挂在身后，如图 15 所示，就可以解决所有问题。

为什么不是白色背景布而是灰色的呢？主要是因为白色背景布反光太强。再加上很多朋友不懂如何布置灯光，就会导致背景很亮、人脸很暗的情况发生。用灰色背景布就不会有这个问题，即便是只使用室内的灯光，也可以让人物从背景中凸显出来。而且灰色的背景也不容易让观众产生视觉疲劳，是一种简单又通用的直播间布置方法。

图 15

主题直播间布置

为了让观众更有代入感，可以让直播间的布置与内容更匹配。比如图 16 所示的茶艺直播，就是通过古色古香的展架和其上的摆件，以及一颗绿植来营造古朴氛围，继而与"茶艺"的悠久历史相匹配，让观众更容易投入到该直播中。

虚拟直播间布置

虚拟直播间是目前最火爆的布置方式，其关键就是一块绿幕，如图 17 所示。

将绿幕作为画面背景通过直播软件对绿幕进行抠图，并将指定的图片或者视频合成到画面中，从而实现动态的、可快速更换不同背景的虚拟直播间。图 18 所示的直播间背景就是通过绿幕和直播软件共同实现的。

图 16

另外，如果想在直播过程中更方便地更换背景视频或者图片，还可以配置一个如图 19 所示的蓝牙键盘，并设置更换画面的热键，即可一键切换背景。

图 17

图 18

图 19

不同价位直播间设备推荐

1 万元直播间设备推荐

预算	方案	类目	设备	用途/优势	总体优势评估
1万元	手机直播方案（7500元）	摄像设备	Iphone X以上		优点：手机直播便捷、随时随地都能开播 缺点：手机直播续航能力差，容易发烫卡顿，追焦能力差，网络要求高，景别受限，无法实现抠像换背景
		摄像配件	倍思手机直播支架补光灯三脚架		
		灯光设备	神牛SL60W双灯套装【单球款】		
		收音设备	RODE罗德VideoMicro麦克风【VideoMicro+苹果连接线+Type-C线】		
	直播一体机方案（8500元）	摄像设备	天创恒达TC810	配件齐全，自带美颜	优点：直播一体机自带美白美颜、磨皮瘦身功能，可实现多机位画中画，具备12倍变焦 缺点：直播一体机画面没有质感，容易出现频繁跑焦，需要搭配电脑开播
		灯光设备	神牛SL60W双灯套装【单球款】		

2 万元直播间设备推荐

预算	方案	类目	设备	用途/优势	总体评估
2万元	相机套餐 25000元	摄像相机	松下gh5、索尼a6400、佳能90D		相对于1万预算的优势：相机宽容度视觉效果更好，画面更锐更清晰 缺点：相机画幅小，画面裁切大，成像景别小，25mm的镜头最终成像为50mm镜头的效果
		相机镜头	24-70mm F2.8镜头	能够拍摄多景别	
			百微微距镜头	适用于对产品进行近拍	
		摄像配件	圆刚（AVerMedia）GC553高清USBhdmi4K视频采集卡		
			相机电源适配器加电池	相机自身电池供电不足以支撑长时间直播，这个可以满足相机实时供电	
			百诺BV6专业摄像脚架套装动平衡阻尼可调双管液压云台（升级款）	结构紧实坚固，平衡性好，不易碰倒	
			溯途摄像机竖拍L板		
		灯光设备	神牛SL150WII（八角柔光箱+灯架）*3	100%光照度大，能保证直播间亮度	
		收音设备	无线领夹小蜜蜂（一拖一）	声音清晰，待机时间长，信号稳定	

6 类直播间特点剖析

装饰风格的优劣,对直播数据的影响是毋庸置疑的,许多主播很奇怪自己的直播间为什么总是留不住人,一个很重要的原因就是直播间观感欠佳,正如一个怀揣万金的客户是不可能在草屋里购物的。下面分析 6 种抖音中常见的直播间。

绿幕/投影影棚直播场景

绿幕/投影影棚场景广泛应用于多个行业,通过绿幕抠图投影播放图片或视频的方式,在主播后方展现商品详情、价格等信息,罗永浩的直播间就是非常典型的绿幕类直播间。

绿幕抠像整体成本低,装修风格更加自如,但如果要灵活运用需要一定的技术水准。

在直播讲解时,商品的详情、价格及数量,通过背景可以简单直观地呈现出来,直播间画面干净整洁,如图 20 所示。

可以根据不同的商品,通过调整背景大屏的主色调来进行匹配。

可以在直播间差异化显示各类装饰元素,如 618、双 11 等为促销图像。

其不足之处在于,直播间的空间感、立体感不足。

图 20

工厂、仓库直播场景

直播间安排在工厂、仓库中,主播身边或身后为生产流水线/仓库,或者展现生产过程,主播在画外进行商品的相关讲解,可参考"好奇旗舰店""好用哥""三味斋蛋黄肉粽""佩兰诗精选护肤""名膜壹号眼膜专场直播"等直播间。

在工厂仓库里直播的最大优点在于,可以让粉丝直观感受到价格低廉的原因是"没有中间商赚差价",而不是价低质量次。

如果在直播时,工厂整体观感干净整洁,后方工作人员忙碌不停,就更容易使粉丝感受到品牌的实力,再配上主播的情绪渲染,强调限时的话术,则可以直接调动粉丝的购买需求,如图 21 所示。

直播时的画面建议采用双机位,一个机位用广角展示工厂、仓库,另一个机位采用特写表现商品细节。

店铺直播场景

即主播在商家自有店铺或他人的店铺中进行直播,或通过逛店等形式进行移动直播,商品在画面中直观展现,随逛随拿,给人客观真实的感觉,可以参考"C 总严选""C 姐豪横""三只松鼠官方旗舰店"等直播间。

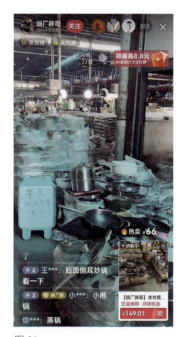

图 21

在直播时，可以利用店铺内排列整齐的货架，强化商品的视觉冲击力。

如果销售的是某些品牌商品，可以通过直播间展示的商品专柜或店面来强调商品的实力。

无论真假，直播时一定要确保店铺中有川流不息的顾客，有店员与顾客正常沟通交流，才可以提高商品的可信度。

注意直播时，要确定镜头展现的店铺部分是比较整洁、高档、灯光明亮的部分，从而提升直播间观感。

室内生活场景直播场景

这是最常见的一类直播间，特别适合于新手起号。直播时根据产品选择厨房、卧室、客厅、衣帽间、书房等生活气浓厚的室内，可参考"小小 101""海天云海海鲜""萱 Ciarlsy"等直播间，如图 22 所示。

这些直播场景由于非常生活化，因此更容易拉近主播与观众的距离，观众更容易被主播打动。另外，对于销售生活类用品的直播间，可以通过真实展示商品实际使用方法，增加商品的可信度。

户外场景直播场景

在直播竞争日益白热化的当下，户外直播也变得越来越丰富多样，湖边、田间、街边、店面、养殖场、种植园、网红打卡景观、雪山上等，几乎是任何有网的地方，都有各型各色的直播间，如图 23 所示。

户外直播的优点在于能够让粉丝产生耳目一新的感觉，另外，由于户外直播有偶发性因素，因此也给了直播带来了意想不动的乐趣。

户外直播的缺点在于有不可控的因素，如手机没电、天气骤变、路人干扰等，都有可能成为直播中断的原因。

小型舞台直播场景

较大的服装品牌或颜值才艺主播通常会采用小型舞台直播间，通过直播间中搭建的舞台或 T 台秀，展示大件商品、服装的上身效果，或全方位展示主播的舞蹈、唱歌才艺，可参考"张皮皮玖黛衣官方旗舰店""大狼狗郑建鹏&言真夫妇"等直播间。

这类直播间投入较高，有时甚至配备由多人组成的氛围组，从而将直播间打造成一个小型嘉年华现场，以调动观众情绪。

图 22

图 23

使用手机直播的操作方法

如果对直播画质及画面设计要求不是非常高,以上配件准备好后即可开始直播。开播的基本操作如下。

1. 进入个人主页,点击界面右上角 图标,如图 24 所示。
2. 点击"创作者服务中心",如图 25 所示。
3. 点击"全部分类"选项,如图 26 所示。

图 24

图 25

图 26

4. 点击界面下方"开始直播"选项,如图 27 所示。
5. 点击"开启位置"选项,设置为"显示位置",可在一定程度上增加流量,如图 28 所示。
6. 点击"选择直播内容"选项,此处以"民族舞"为例,如图 29 所示。

图 27

图 28

图 29

7. 设置"选择直播内容"后,"话题"选项则会自动与直播内容保持一致。但也可以点击如图 29 所示的"民族舞"话题后(根据所选内容不同,此选项会有变化),选择其他话题,如图 30 所示。

8. 选择直播页面下方的各个选项,还可以进一步对直播效果进行控制。比如图 31 所示为点击"活动"选项后,弹出的与直播相关的活动。而图 32 所示为点击"美化"选项后,可以进行与"美颜"相关的操作。

9. 点击界面下方"开始视频直播"按钮,然后点击"我已阅读并同意协议",即可开始直播,如图 33 所示。

图 30

图 31

图 32

图 33

使用电脑"直播伴侣"软件直播的操作方法

使用一部手机虽然也能直播,但由于功能有限,而且直播稳定性时常会出现问题,所以在有条件的情况下,笔者建议使用电脑进行直播。

让拍摄的画面在电脑上显示

使用电脑进行直播首先要做的是将直播画面投屏到电脑上。而当使用相机或者手机进行直播时,其采集画面到电脑中的方法有一定区别。

让相机拍摄的画面在电脑上显示

如果使用单反或者微单进行直播,需要购买如图 34 所示的采集器。并将单反、微单通过采集器与电脑连接,即可在后续使用直播软件时,识别出相机拍摄到的画面。

图 34

将手机拍摄的画面投屏到电脑

当使用手机进行直播时,需要将手机画面投屏到电脑上,再通过直播软件识别投屏窗口即可。

如果希望获得高质量的投屏效果,用图34所示的采集器同样可以实现。如果对投屏效果要求不是很高,则可以适当节省些预算,通过手机自带的投屏功能,或者是第三方投屏软件进行投屏即可,比如ApowerMirror,如图35所示。

需要强调的是,虽然无论使用手机自带软件还是第三方软件均可实现手机无线投屏至电脑,但在笔者的实际操作中发现,无线投屏会

图35

偶尔出现卡顿的情况,所以这里建议各位采用有线投屏的方式。

使用抖音"直播伴侣"进行直播

将相机或者手机拍摄到的画面传输到电脑后,就可以利用抖音官方直播软件"直播伴侣"进行直播了。虽然也有一些好用的第三方直播软件,如OBS,但其与抖音配套的相关功能,如福袋玩法及实时观众显示等都是有所欠缺的。所以此处以"直播伴侣"为例,介绍使用电脑直播的设置方法。

1. 当粉丝数量≥1000时才有使用电脑直播的权限。

2. 确定自己达到电脑直播要求后,打开浏览器,在地址栏中输入"https://t.zijieimg.com/Ej32kB/"后,按【Enter】键(回车键)即可开始下载"直播伴侣"。

3. 下载并安装成功后,即可看到如图36所示的直播界面。如果使用相机进行直播,则选择"摄像头",并点击"添加直播画面";如果使用安卓手机进行直播,则选择"窗口";如果使用苹果手机进行直播,则选择"投屏(iOS)",然后点击"添加直播画面"。

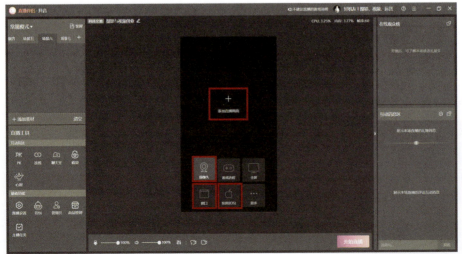

图36

4. 此处以通过相机进行直播为例讲解具体操作方法，在打开的窗口中选择使用的"摄像头"，即"ACASIS"（不同的采集器，此处名称不同）。这时，相机拍摄到的画面即会实时显示在电脑上，如图37所示。

5. 对直播画质、色彩空间和色彩范围进行设置。此处将直播分辨率设置为1920×1080，将帧率设置为30fps，足以呈现清晰、连贯的画面。将色彩空间设置为709，即高清电视标准色域，将色彩范围设置为"全部"，让画面色彩更鲜艳，如图38所示。

6. 如果需要将指定图片作为直播间的背景，并且希望可以快速更换不同的背景，则需要在使用绿幕背景进行直播的基础上，点击如图39所示的"绿幕抠图"，并将"颜色"设

△ 图37

置为"绿色"（蓝幕则设置为蓝色）。

至于其余选项，如相似度、平滑度、对比度、亮度、溢出比、透明度等，则可以通过实时显示的抠图效果进行调节，最终实现图39所示的画面中只剩下人物的抠图效果。

图38

图39

7. 选中画面（出现红框），在红框范围内单击鼠标右键，选择"旋转"命令，调整人物在画面中的方向，如图40所示。

8. 调整红框大小，使其与画面边缘刚好重合，充分利用直播显示区域，如图41所示。

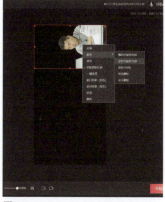

图40

图41

9. 用鼠标右键单击图像区域，选择"设置"命令，如图 42 所示，即可对画面效果进行多种调整。

10. 比如选择"美颜设置"选项，即可进行磨皮、大眼、下巴等美化操作，如图 43 ~ 图 45 所示。

图 42

图 43

图 44

图 45

11. 选择"滤镜设置"选项，即可选择不同的滤镜效果，快速得到与众不同的色调、影调。图 46 所示为"正常"滤镜，即不添加滤镜的原始效果。图 47 和图 48 所示分别为奶白和慕斯效果，与"正常"滤镜对比，可以看出明显的变化。

图 46

图 47

图 48

12. 点击界面左侧的"添加素材"选项，还可以为现有画面添加视频、图片或者其他摄像头、投屏等，如图 49 所示。

13. 若在图 49 中选择"图片"选项，即可添加背景图，如图 50 所示。但此时的图片遮盖住了人物，所以还需进一步处理。

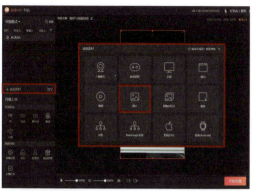

图 49　　　　　　　　　　　　　　图 50

14. 调整界面左侧的视频源与图片的位置，让需要显示在"上层"的视频源位于图片的上方，此时即可将图片作为背景使用，如图 51 所示。

15. 继续点击左侧的"添加素材"选项，可以添加其他图片，用以美化直播间。比如图 52 所示即为通过图片遮挡住界面下方的桌子。添加图片后，选中该图片进行拖动，即可确定位置。拖动红色边框四周的"锚点"，即可调整图片大小。

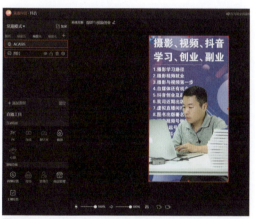

图 51　　　　　　　　　　　　　　图 52

16. 当然，想让直播间画面看起来更有纵深感且更真实，也可以在精心布置后，直接以实景进行直播。但需要注意的是，无论如何布置，都要确保画面整体是简洁的，如图 53 所示。

17. 若在图 49 中选择"视频"选项，还可以营造动态背景，让直播间看起来更酷炫，如图 54 所示。

但需要注意的是，动态背景会分散观众的注意力，不建议在重点介绍产品，需要让观众集中注意力时使用。

图 53　　　　　　图 54

18. 除此之外，若在图49中选择"投屏（iOS）"选项，则可在如图55所示的界面中选择"无线投屏"。

19. 打开iPhone，确保手机和电脑连接在同一Wi-Fi下，并从屏幕上边缘向下滑动，调出快捷操作栏，选择"屏幕镜像"，然后点击"抖音直播伴侣"，如图56所示，即可实现将手机投屏作为直播背景，如图57所示。

▲ 图55

▲ 图56

▲ 图57

20. 如果在试音时发现有较多杂音，建议点击如图49所示界面中，左下角的"直播设置"选项，并在打开的界面中选择"音频"选项，将"增益"调节至"-30"，如图58所示。如果依旧有杂音，则适当降低"输入音量"选项。若仍然无法解决问题，则建议更换麦克风，或检查麦克风插头是否有接触不良的问题。

21. 依然在"直播设置"界面中选择"视频"选项，选择"智能推荐"，该软件即自动检测上传带宽和电脑配置，并给出能流畅直播的最优画质设置，如图59所示。

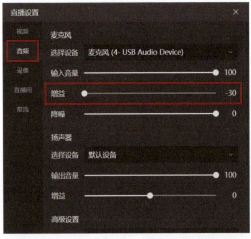

图58

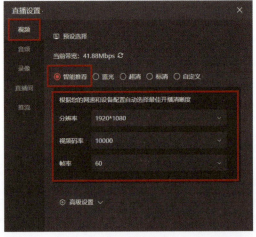

图59

22. 若希望自行设置画质,则可以选择"自定义"选项,并手动设置分辨率、视频码率和帧率参数。一般而言,分辨率达到 1280×720,视频码率达到 2000,帧率设置为 30,即可获得较优的观看效果。

在该案例中,虽然软件"智能推荐"的设置可以实现更高的画质,但对于教学类的直播内容而言,画质其实并不重要。所以笔者适当降低了其设置,以求直播过程中的稳定,如图 60 所示。

23. 在软件起始界面左上角,标有当前直播间的名称,该案例为"摄影与视频创业"。点击其右侧的 ✎ 图标,如图 61 所示,即可进入"开播设置"界面。

图 60

图 61

24. 在"开播设置"界面中可对直播间封面、直播间名称、直播内容及直播间介绍、定位等进行设置,如图 62 所示。

25. 在设置直播内容时,需要点击右侧的 ⌄ 图标,即可选择不同分类下的细分内容,如图 63 所示。需要注意的是,准确的直播内容选择可以让对此内容感兴趣的观众更容易发现该直播间,从而有效提升流量。

图 62

图 63

26. 至此，即可点击主界面右下角的"开始直播"按钮。在直播过程中，可以通过直播助手右上角的"观众信息"一栏，直观看到当前直播间的观众。观众的互动则会在其下方的"互动消息区"进行实时显示，方便主播与观众进行交流，如图 64 所示。

27. 为了吸引更多观众停留在直播间，并增加粉丝转化，可以进行福袋发放。所谓福袋，其实就是抖音直播的一种抽奖玩法。中奖的观众会获得一定的抖币奖励。而观众参与的方式则大多为"口令参与"，只要发布某条要求的留言，就有机会获得福袋。以图 65 所示为例，只要观众发送"HAOJIYOU"即可参与福袋抽奖。

28. 若将福袋设置为"粉丝团福袋"，还可以促进直播间的观众转化为粉丝，毕竟只需花 1 抖币加入粉丝团即可抽奖，如图 66 所示。另外，以口令参与的方式，还能让直播间瞬间出现大量评论，进而增加互动热度，更有机会获得更多的流量扶持。

图 64

图 65

图 66

29. 结束直播后，该软件还会显示基本的数据统计，包括直播时长、收获音浪、送礼人数、观众总数和新增粉丝等，从而让主播第一时间对直播效果有一个大概的了解，如图 67 所示。

但如果想获得更详细的数据，则需要前往抖音直播官方后台进行查看。

图 67

开始一场直播前的准备工作

选品与进货渠道

在进行直播带货之前，要先选择合适的产品。如果是一名电商主播，则可以省去这一步骤，因为商家会准备好直播时推荐的货品。

在擅长的领域寻找合适的商品

要想成为达人主播，除了个人魅力，还需要所推荐的产品确实符合大众需求。同时建议各位推荐自己擅长或者感兴趣领域的商品。

如果厨艺还不错，则可以做一些厨具产品的直播带货。如果喜欢种花，则可以做绿植类产品的带货主播。总之，选择自己所擅长的或者感兴趣的领域中的商品，不但可以让自己在直播时给观众提供更多"附加信息"，如做饭技巧、种植技巧等，还能够了解该产品的质量如何，是否值得推荐给观众。

比如，擅长厨艺的你准备直播售卖锅类产品，那么自然知道什么样的锅好用，如是否粘锅，重量是否合适，炒出的菜会不会更香，会不会更有"烟火气"；喜欢珠宝玉石的你，自然也会了解一些鉴定珠宝的技巧，更容易让观众相信你推荐的一定是"A货"，如图68所示。

当所推荐的产品让观感到满意时，直播间的人气肯定会越来越高。而只要人气高到一定程度，就可以像头部主播那样，无须局限于产品类别，只要好用、价格实惠，就可以进行推荐。

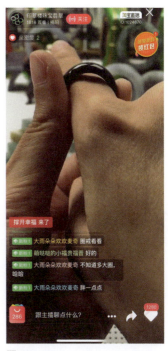

图 68

找一些廉价但实用的产品做活动

刚开始直播时，人气不高很正常，但可以通过一些活动来吸引更多观众。比如在选品时可以挑选一些廉价而又实用的产品，自掏腰包，以低于成本的价格进行出售，相当于给观众一些"福利"，从而达到引流的目的。

自己购买或选择靠谱的进货渠道

在确定所选货品的基本种类后，就可以着手准备进货了。如果本身就有很靠谱的货源，那么直接进行采购即可；如果没有找到可靠货源，则可以通过"精选联盟"找货品。

关于"精选联盟"的详细介绍，在本书第10章 "了解精选联盟供货平台"这一节中已经进行了详细讲解。

确定直播的 4 个基本信息

商品准备好之后,就要确定直播的基本信息,如直播的时间、预计的直播时长、直播平台的选择等。只有确定了这些基本情况,才能有针对性地准备接下来的内容。

直播时间

对于新手而言,不建议在黄金时段(如晚 8 点左右)进行直播。因为该时间段的竞争压力太大了,带货大 V 都是在此时间段直播,作为新手带货主播很难吸引到观众观看。

因此,建议在上午或者中午进行直播,此时主播较少,竞争压力较小,更容易被观众发现。并且一些上班族在中午休息时也有可能会刷一刷直播,逐步积累起人气和粉丝。

直播时长

直播时长要根据准备的货品数量或个人的工作状态来确定。在保持良好状态的情况下,一般直播 4 ~ 5 个小时是没有问题的。直播时间越长,货品的曝光率也就越高。

需要强调的是,直播带货与大多数内容类直播不同。即便只卖一件商品,也可以直播几个小时,并不是说一定要不断地更换商品。

因为进入直播间的观众是为了了解产品,而不是看表演,所以流动性非常强,他们咨询完心仪的产品后可能就退出直播间了。有观众提问题就回答问题,没有问题就介绍一下产品,与观众进行互动,如图 69 所示,所以带货主播不用太担心直播内容匮乏的问题。

图 69

确定产品优势

在直播前总结一下产品有哪几个优势非常有必要。因为在直播时大部分时间都是在反复强调产品的这些优势,从而激发观众的购买欲。

准备销售语言

产品的优势只有通过销售语言表现出来才会让观众更愿意买单。比如在介绍某种烤鱼食品时,某头部带货达人曾经营造出一个场景:当你想吃烤鱼,但楼下餐馆已经关门时,撕开一包,加点水就能吃到像餐馆中那样香的烤鱼。

通过这个场景既表达出烤鱼食品很方便且很美味,又让观众产生很强的画面感,从而提高观众完成购买的可能性。

熟悉直播活动的6大环节

如果是直播带货,那么在进行具体的直播脚本撰写前,要先安排好不同时间段的内容。比如不同的产品什么时候介绍;粉丝活动在哪个环节加入;是否要加入经验分享或者是某种技能的教学等。只有提前策划好这些内容,才能对各个内容进行更细致的准备。

当然,直播带货的流程并不是固定的。优秀的、应变能力强的主播可以根据观众的反应及直播间的热度灵活调整内容。但对于刚刚开始直播的新人而言,按照流程走,最起码可以保证一场直播完整、顺利地进行下来。

热场互动

热场互动就好像表演的"开场",只有让观众的情绪高昂起来,才有利于后面进行活动的开展及产品的转化。

具体来说,在热场互动环节,为了吸引观众的注意力,会快速介绍直播间的特点,比如"咱们家是做品牌折扣的衣服,商场几百米(元)的衣服,在咱这里只有几十米(元),那今晚来到直播间的各位宝宝,福利更大。"那么对直播间内容感兴趣的观众就大概率会留下。

接下来,就要将福利直接抛出来。而福利也是让观众更有热情的最有效的方法和手段。在介绍福利的同时,也不要忘记强调"大家下手要快""买到就是赚到""抢完就再也没有了"之类让大家有紧迫感,感觉不抢就亏了的话术。

第一组主打商品

在观众被福利调动起积极性后,千万不要立刻就送福利。因为如果在开场就把福利送出去了,很多观众今晚就不会再进入你的直播间了。

正确的做法是,介绍完福利后,开始上第一组商品,如图70所示。并且要强调,"上完这组商品就给大家发福利",即使部分观众会在这时离开直播间,但其中肯定会有心里惦记着福利,从而过一会儿就进直播间看一眼的观众存在。这部分观众因为多次进入直播间,万一对主播介绍的商品感兴趣,就有可能停留,大大提高转化为粉丝或者促成订单转化的概率,所以也是一部分重要流量。

福利发放

第一波主打商品介绍完之后,就要开始福利发放了,否则会让观众反感,对于直播间口碑及粉丝、订单转化都没有帮助。

福利发放的方式有很多种,如秒杀、抽奖、红包,或者通过一些让观众更有参与感的活动来实现福利发放。图71所示即为"美的官方直播间"进行的"秒杀"活动。观众点击右下角弹出的图片,即可快速参与到活动中。既给了观众实惠,又可以有效提升直播间热度。

图70

图71

第二组主打商品或干货分享

福利发放环节会让直播间的互动大幅提高，随之而来的，还有涌入直播间的更多观众。所以，在内容安排上，要把最看好的、最有机会卖成爆款的商品放在第二组，从而让好产品获得更多的曝光。

需要强调的是，对于新直播间而言，积累粉丝可能会比订单转化更重要。所以此时也可以不上商品，而是做干货分享。比如美妆主播，就可以介绍下美妆技巧，以此赢得观众的好感，大大提高粉丝转化。

接下来就可以进行带货—福利或活动的循环。当然，一共多少组商品，多少组活动或福利，分别安排在哪一时间段进行是需要提前安排好的。

结束直播并进行下一场直播预告

当所有商品和准备的福利、活动按计划完成后，即可结束当天的直播。同时，要对下一场直播的时间、活动以及主推产品进行简单介绍。

值得一提的是，下一场直播的时间务必多重复几遍，从而充分利用该场直播的流量，为下一场直播做宣传。

当以上流程均确定后，即可制作出类似图72所示的表格。按照该表格，进行接下来详细的直播脚本设计。

直播复盘及数据分析

"直播"虽已结束，但主播及团队依然不能休息。要趁着刚刚直播完，对过程中的细节、直播效果还有清晰记忆时进行复盘，发现、总结当场直播中出现的问题，并从观众的角度找到话术上及福利或活动流程上的欠缺。

通过数据分析可以直观地了解直播效果，并通过较差的数据分析出亟待提高的流程和环节。

4小时直播安排							
××直播间（首次关注主播领取10元无门槛优惠券）每5分钟飘屏一次							
直播时间 15:00-18:00；19:00-21:00（6个小时）							
主题（护肤小常识让你回归自然皮肤）							
时间段	主讲人	内容	目的	商品介绍	时段销售指标	时段在线人数	备注
15:50-15:55	××	预告今天内容及优惠活动	热场子	全部	0	0	
15:55-16:05	××	无门槛当天使用券抽取2名	活跃气氛	无	0	100	
16:05-16:20	××	补水小窍门讲解	引入产品	XX套盒	0	200	
16:20-16:50	××	代入补水产品进行讲解	讲解产品	XX套盒	500	400	
16:50-17:00	××	直播奖品抽取并引导转发	裂变	无	0	600	
17:00-17:15	××	控油小窍门讲解	引入产品	YY套盒	0	600	
17:15-17:45	××	代入控油产品进行讲解	讲解产品	Y套盒	500	800	
17:45-18:00	××	预告晚上直播内容	铺垫	全部产品	1000	1000	利用晚上活动促销
19:00-19:05	××	预告今晚主要讲解内容及优惠活动	热场子	剩余产品	0	200	
19:05-19:15	××	无门槛当天使用优惠券抽取2名	活跃气氛	无	0	400	下单购买的朋友可以参加
19:15-19:30	××	敏感肌小知识讲解敏感肌产品讲解	引入产品	XXX套盒	0	600	
19:30-20:00	××	直播奖品抽取并引导转发	讲解产品	XXX套盒	500	800	
20:00-20:10	××	祛痘小知识讲解	裂变	无	0	1000	
20:10-20:25	××	祛痘小知识讲解	引入产品	YY套盒	0	1200	
20:25-20:55	××	祛痘产品讲解	讲解产品	YY套盒	800	1400	
20:55-21:05	××	免单抽奖或明日预告	促单	无	1000	1400	

图72

直播脚本要包括的 4 大部分与结构

直播脚本是做一些大品牌直播或者对自己有更高要求的带货主播的必做功课，也是对直播内容进行精细安排的一种方法，可以将其理解为"直播的剧本"。

直播脚本分为单品脚本和整场脚本。顾名思义，单品脚本是指对单一商品的直播内容进行梳理，而整场脚本则是对整个直播时间内的各个环节进行细节设计。下面将分别介绍单品脚本和整场脚本中应该包含的内容。

单品脚本中应包含的 4 部分内容

（1）产品的卖点和利益点。

明确产品的核心竞争力在哪里，并且在直播过程中多次强调，突出商品的实用性。图 73 所示即为美的官方直播间在介绍一款双开门冰箱的产品，并在介绍过程中多次强调其空间大、性价比高的特点。

（2）视觉化的表达。

直白地去介绍一件产品多么好、多么实用是非常苍白的。营造一个使用场景，就可以让观众产生画面感，更有利于宣传商品。那么具体营造一个什么样的场景，则是在单品脚本中需要写明的。

（3）品牌介绍。

品牌是一件商品质量的保证。如果可以的话，向厂家了解一些有利于销售的数据，比如一个月卖出了多少件，使用了什么先进的技术去制作，获得过哪些认证或者大奖等，让观众对这件商品产生信赖感。

（4）引导传化。

这部分内容主要用来打破观众的最后一道心理防线，所采取的形式也比较多样。可以采用饥饿营销的方式，比如限量 100 件，每件 99 元，之后恢复 135 元一件，然后在直播间倒数"5、4、3、2、1，抢！"让观众来不及理性思考需不需要买，只需感觉合适可能就真的抢购了。而具体采用什么形式完成最后的引导转化，则应该在单品脚本中有所体现。

△ 图 73

整场脚本的基本结构

一场直播不仅仅有对产品的介绍，还需要进行热场、不同环节的衔接，以及活动或者福利的玩法介绍等，这些内容都应该提前在脚本中提前准备好。

对于刚开始直播的主播而言，最好是将语言完整地撰写在脚本上；对于经验丰富，可以熟练掌握直播话术的主播而言，则可以在脚本中只简单撰写大致内容，然后在直播过程中自由发挥即可。比如下文就是刚入行的主播在一场抖音创业直播中，提前撰写好的开场话术：

"亲爱的宝贝们，走过路过不要擦肩错过，我是 ** ！

这是在抖音直播间创业的第 × 天时间，刚刚开播两分钟的时间，如果大家也希望通过直播创富，不妨听听×××的介绍，时间不长，作用不小，我用一根烟的工夫，一首歌的时间，给您介绍一下我们项目，也许就能改变你的财富观，帮助你在抖音上获得收入。"

而对于有着丰富直播经验的主播而言，还需要准备好类似下文的脚本结构。

（1）打招呼、热场。

（2）第 1 ~ 5 分钟，近景直播。

（3）第 5 ~ 10 分钟，剧透今日新款和主推款。

（4）第 10 ~ 20 分钟，将今天的所有商品全部快速过一遍。

（5）半个小时后正式进入产品逐个推荐。

（6）离结束还有 2 小时，做呼声较高产品的返场推荐。

（7）离结束还有 30 分钟，完整演绎爆款购买路径，教粉丝领取优惠券并完成购买。

（8）离结束还有 10 分钟，预告明天的新款。

（9）最后 1 分钟，强调关注主播、明天的开播时间及相关福利。

直播效果调试

直播前需要做的最后一项准备工作，即为效果调试。如果是首播，那么调试工作必不可少，因为很大概率在调试时会发生之前没有考虑到的问题。

建议在每次直播前都进行一次试播，这样才能尽可能地确保正式直播时万无一失。

直播调试的主要目的是检查是否存在以下几个问题。

（1）直播画面是否流畅、清晰，网络是否稳定。

（2）画面亮度、色彩是否正常，能否正确还原产品本身的色彩。

（3）直播声音是否清晰，是否有噪音。

（4）取景范围内是否有杂物，或者一些不该在直播画面中出现的景物。

（5）直播过程中能否清晰地看到观众的留言。

（6）推荐的产品能否在画面中被清晰、完整地展现。

第 12 章
主播必会话术及直播流程

电商直播话术

电商主播为什么要懂话术

为什么有些直播间的商品交易总额（GMV）非常高，除了产品性价比高、主播表现力强及流量采买到位，还有一个很重要的原因就是主播或助播的话术运用得当。

在一项调查中，有数据表明，在所有成交要素中，话术占比能够达到40%。因此，话术是所有直播工作者都必须学习与掌握的。

但许多主播有一个常见的误区，即有些主播认为自己话能说明白，语调与语速控制不错，所以，感觉自己没有必要学习话术，但其实这些并不是话术。

电商主播话术不等于口才，也不等于语速，更应该理解为推销表达艺术。因为，在直播过程中主播要通过分析用户心理的活动，来判断什么时候、什么节奏应该如何说话。

这有点像郭德纲的相声，什么时候让观众笑，什么情况下丢什么样的包袱，这些都是经过排练与研究的。

直播间必学的9大通用话术

欢迎话术

这类话术对于小主播或刚起号的直播间来说尤其重要，因为当粉丝来直播间后，主播不理他，没有一个招呼话术，可能这个粉丝刚进直播间就退出了。

另外，如果刚开通直播间，人数比较少，如图1所示，也一定要使用上欢迎话术。

例如，下面是许多主播的常用话术。

欢迎××的到来，我直播间第一次见到这么厉害的账号，前排合影留念啊！

欢迎各位宝宝，准点进入咱们的直播间，既然大家那么有诚意，那么就先给大家来波福利……

欢迎来到直播间，没点心点点心，家人们猜一下今天给大家准备多少福利？

点心点到1000，先把超劲爆的产品推给大家炸场，好不好？

介绍话术

即介绍自己、宣传直播间及自己产品时，所要用的话术。

例如，我是××，青春靓丽，吹拉弹唱样样强，还有一身正能量！感谢大家前来捧场！

图1

互动话术

即主播与粉丝进行互动、暖场时,要有话术。其实,就是指主播要主动引发话题,而且这样的话题最好是大家都可以参与的。

例如,下面的话术,大家可以借鉴使用。

"你们有没有玩王者荣耀?哇,你们也在玩啊,我在××区……"

"背景音乐是不是听腻了,没事,想听《×××》的扣1,想听《×××》的扣2。"

"关于那个 ××× 的那个事,你们怎么看?大家在评论区聊一下呗!"

喊榜话术

即以上榜粉丝为对象,隔一段时间,通过话术引导直播间潜水粉丝关注上榜粉丝,这样榜上的粉丝有被重视的感觉,其他人也会有上榜冲动。在直播过程中感觉没话题讲时,也可以喊榜,这样也不会冷场。

带货话术

包括产品应该怎么介绍,如产品的卖点、价格区间,与同类产品的区别等,都要在话术中体现出来。

例如,粉丝提问,产品价格好贵啊,能便宜点吗?学生党买不起啊!

主播话术:(说出用户ID名称),这款商品咱家是有满300减60元的优惠券的,你领取优惠券再去买,到手就是240元,这个价位买到这种质量、这种版型的产品,非常合适,你在别的平台是不可能买到的。

活动话术

即利用活动来吸引粉丝买单,比如说发优惠券、福袋等,这个时候其实也要用到话术。

下面展示一段服装类直播间常用的话术。

主播话术:这款衣服大家喜不喜欢,喜欢的评论区扣1,扣的越多,降价越多。现在的价格是1500元,现在是晚上8点半,截止到8:35,大家在评认区扣一个1,我们少1块钱,现在开始。

另外,咱们直播间人数达到1000人,我们的价格也直接降500元,大家赶紧邀请好闺蜜一齐来直播间啊。

催单话术

常见的就是倒计数限量上架方法,或粉丝特供等相关话术。

目的就是给粉丝营造紧迫感、稀缺感,从而促进转化成交。

感谢话术

对于那些完成购买的粉丝,借用话术使他们在评论区中刷屏,一来进行感谢,二来通过这些完成购买的粉丝形成羊群效应,促进正在犹豫中的粉丝进行下单。

下播话术

如果到了下播的时间点,也需要使用一些话术,例如下面的示例。

"感谢今天的榜首 ×××,榜二 ×××,榜三 ×××,谢谢你们的礼物,今天特别开心。虽然,有部分粉丝因为各种原因,没有陪到下播,但百忙之中抽时间过来也实属难得,虽然他们不在直播间,我也要说一声谢谢。最后,再次感谢所有送礼物、购物的哥哥、姐姐们。"

"又到了该下播的时间了,和大家一起谈心、聊天总感觉时间过得好快,感谢哥哥、姐姐们从开播一直陪我到下播,感谢榜首 ×××,榜二 ×××,榜三 ×××,感谢 ×××、×××(点名几个待得比较久的粉丝)。陪伴是最长情的告白,你们的爱意我收到了,希望明天还能和大家一起聊天哦。大家都要做个好梦哟!"

大牌主播常用的 5 种产品介绍话术

下面介绍的 5 种话术,是笔者在淘宝头部主播直播间学习总结所得,使用这些话术介绍产品时,能给人以真实、自然的感觉。

自用推荐法

这种方法的关键点是要营造出使用场景及自用的感受。

例如,我喝这款蜂蜜茶一个多月了,每天早上一大杯,最近嗓子疼缓解了。如果你要经常讲课或长时间直播,我建议试一下,真的好。

也可以一边亲身示范,一边介绍,如图 2 所示。

连环反问法

这种方法的关键点是连环反向,营造步步紧逼、直击痛点的感觉。

例如,宝宝们,秋天到了,你们最近有没有觉得嗓子干干的感觉?尤其是刚起床时,简直像有一把沙子在摩擦,感觉喝多少水都不够,有吧?!是不是想一天到晚都含上一颗薄荷润喉糖。

图 2

过往爆品晒单法

这种方法的关键点是好评与销量的数量一定要大,最好是大到惊人的程度。

例如,前几天刷屏与私信的宝宝们,你们疯狂催的这款眼膏又到货了,还是一样的福利,这次别再犹豫了哦,你们看看,已经卖出去了几万份,好评一堆一堆的,我马上就要上架了,准备好手速。

可以配合少量放单,小黄车秒空等烘托气氛,如图 3 所示。

图 3

产品类比介绍法

这种方法的关键点是将产品使用感受与日常生活联系起来，便于没有使用过产品的粉丝想象与理解，组织语言时可以考虑使用下面的结构。

产品使用感 = 状态形容词 + 生活中常见物 + 心情感受

例如，这款面霜为什么好用？我跟你们讲，它有点像奶油丝滑到不行，就是冰淇淋在手心融化掉的那种感觉，而且有淡淡的茉莉花香，超级推荐，如图4所示。

使用感受形容法

这种方法的关键点是通过描述使用后别人的感受来肯定产品的价值，组织语言时可以考虑使用下面的结构。

产品使用感 = 他人感受 = 理想场景

例如，这款风衣版型是经过特别设计的，很适合亚洲女性的纤细身形。穿上以后别人怎么看都有那种T台模特秀的感觉，秋天里微风一刮，飘逸的感觉简直像是从画里走出来的。

又例如，这支口红色泽粉嫩，涂上以后你的嘴唇看起来就有点像初夏沾着露珠水的水蜜桃，晶莹剔透，你的男票立刻能找到那种甜蜜青春的感受。

图 4

拒绝冷场从学会寻找话题开始

许多新手主播，不知道如何在直播间调动气氛，明明在线下是个很会聊天的人，但开播后总感觉无从说起。出现这种情况的原因，基本上是由于主播没有直播间聊天话题库，下面展示一些主播聊天话题库中的部分话题，以启发大家寻找话题思路。

1. 我的颜值和才艺，你选哪一个。选颜值的扣1，选才艺的扣2，两个都选的刷礼物。
2. 用一种花来形容我，你选什么花？
3. 疫情结束，我想到远方去看一看，你们有没有想去的地方，我可以在那里直播。
4. 十年后的你们会送给现在的你与我一句什么样的忠告呢？
5. 最近情绪有点不好，你们情绪不好的时候听什么音乐？
6. 最近×××与×××的瓜，大家都吃了吗，感觉怎么样？
7. 大家看一下榜一大哥的头像，你们感觉他是个怎样的人？
8. 有人说我像一个明星，像谁呢？
9. 我感觉最近高音有点上不去，你们知道什么样的保护嗓子妙招？
10. 你们经常打哪个游戏？

不同直播间的话题内容肯定完全不同，但经过一段时间的积累与练习，新手主播也有在直播间口若悬河的一天，直播间的互动数据也会不断创出新高。此外，也可以提前列出来一些话题并展示在直播间中，粉丝可以自由选择话题，这种方法常见于知识类直播间中。

利用"锚定"理论使直播推销更有效

什么是"锚定"理论

锚定效应最初是由诺贝尔经济奖得主丹尼尔·卡尼曼提出的。

所谓锚定效应,是指人们在做出判断时易受第一印象或第一信息即初始锚的支配,以初始锚为参照点进行调整,但由于调整不充分而使得最后判断偏向该锚的一种判断偏差现象。

这样的经济学概念比较抽象,如果以其在现实生活中应用来举例,就比较容易理解了。

例如,衣服吊牌上通常都会有两个价格,建议零售价和实际零售价,建议零售价就是锚,让人感觉实际价格没那么高。

长相不是很出众的女生相亲,一般愿意带上一个相貌不如自己的女性朋友,这个朋友就是锚。

"锚定"理论在直播中的应用

如果能够在直播中灵活运用"锚定"理论,则可以大幅度提高粉丝对于商品的接受度及成交率,下面是一些常用技巧。

最贵的产品放在最上面

即在排品列表里将贵的产品放在前面,这个价格就成为一个起始"锚"。当粉丝从上往下浏览商品列表时,随着同类产品价格变得便宜,会产生一种划算的感受。在下单购买时,为了平衡价格和品质,大多都选择第二或第三贵的商品,而这些产品其实就是利润品,如图 5 所示。

"锚"定低性价比产品

即主播在介绍产品时,同时推出某产品的不同套装,借用低性价比的商品来推利润品。

例如,某品牌 45ml 的小棕瓶精华售价 1100 元,65ml 的小棕瓶精华售价 1360 元,大多数人都会选择购买更贵但性价比更高的 65ml 小棕瓶。

同理,在推广课程时,也可以借用这个原理,推出 3 种套餐供选择,低客单价高课时费(99 元/小时、230 学时),中客单价中课时费(138 元/小时、150 学时),高客单价低课时费(258 元/小时、100 学时)。这样其实中间的产品更容易成单。

"锚"定大品牌产品

即介绍自己的产品时"锚"定某大品牌产品,通过话术让粉比感觉到,虽然产品比大品牌差一点,但价格也实惠很多。

再加上主播的"一分钱一分货,三分钱两分货,十分钱三分货"的话术,则可以让粉丝感觉到产品的高性价比。

图 5

用好 FAEB 法则直播带货事半功倍

什么是 FAEB 法则

FABE 法则是美国奥克拉荷大学企业管理博士、中国台湾中兴大学商学院郭昆漠院长总结的商品推销法则，是一种高效的利益推销法，即便新手在学习后也能够轻松灵活运用。

FABE 法则通过 4 个关键环节，极为巧妙地解决了顾客关心的问题，从而顺利地达成交易。

这个法则的每一个字母实际上有一个特别的含义，为了简化记忆组合成了 FABE 这个单词。

F 代表特征

F 代表特征 Features，指产品的特质、特性等最基本功能，可以从产品名称、产地、材料、工艺定位、特性等方面挖掘，以及产品是如何用来满足消费者需要的。

A 代表优点

A 代表由产品特征产生的优点 Advantages，换而言之，介绍产品的优秀功能，给顾客证明购买理由。

B 代表利益

B 代表产品优点能带给顾客的利益 Benefits，激发顾客的购买欲望。

E 代表证据

E 是指证据 Evidence，包括明星代言、专利证书、技术报告、客户好评、现场示范等，用于增强产品的可信性，打消消费者的顾虑。

如何在直播中运用 FABE 法则

在了解了 FABE 的核心点后，可以将其转化为一个定式语言，如"因为（特点）……，从而有（功能）……，对您而言（好处）……，不信你看（证据）……"。

只要主播在介绍产品时，不断重复这样的句式，就不难打动粉丝，从而促进成交。

需要注意的是，在具体表述时，不一定非要按 FABE 的顺序组织语言，也可以是 QBFAE 的顺序，这其中的 Q 就是提出问题的意义。

另外，由于消费者不会为所有的卖点（即 FABE 中的 B）买单，因此线上的互动答疑非常重要。

例如，无论哪个直播间都会有粉丝说"太贵了"，这其实是一种常见的讨价还价方式，粉丝不一定是嫌价格高，而是认为物低所值，或者是价格超出了购买预期。

此时，主播们要从细节及口碑（FABE 中的 A 与 E）上打消粉丝高价低货的顾虑。

又比如，以微波炉直播为例，当粉丝问："42L 的微波炉大不大？"主播不能简单回复大或不大。而要问："你家有几口人？平常用微波炉做什么食物？以前用的是哪个品牌？你家住在哪个城市？"

并根据这些问题，梳理出针对此消费者的功能利益点（FABE 中的 B），从而解决粉丝的问题。

FABE 法则实战案例

下面以一个花茶产品为例,讲解如何组织话术,通过 FABE 的模式打动粉丝。

Q:提出问题

这一部分主要是提出问题,引发有相关问题粉丝的关注,话术如下。

"我最近皮肤因为湿热长了很多湿疹,痒得不得了,擦了很多种药也没有好。我问了老中医说是南方天气比较潮湿,经常吃油腻食品、熬夜,导致体内湿气堆积,从而引发痘痘爆发、皮肤和头发越来越油,皮肤长湿疹。家人们,你们有没有什么好方法解决这个问题?"

B:性能利益引导

这一部分主要是指明产品利益点,话术如下。

"后来我想起以前在家,妈妈经常炖红豆薏米粥给我吃,吃一段时间皮肤就有了明显改善。"

"不过,现在工作忙每天晚上下班都晚,只想洗澡睡觉,没有什么时间做。"

"好在,我妈听说后,给我寄来了这款红豆薏米茶,既有祛湿功效,又方便快捷,有个杯子,有壶热水,就可以轻松搞定。"

F+A:阐述产品的特征与优点

这一部分的目的主要在于向粉丝普及产品基本情况,话术如下。

"这款产品的原材料是由精心挑选的栀子、无硫陈皮、低温烘焙的赤小豆、红豆、薏米、芡实多次试验配比而成。低温烘焙技术可以最大程度保留营养,又可以中和薏米的寒气。"

"而且,这款红豆薏米茶呢,是不添加任何防腐剂,也没有冰糖白糖的,我们保留的是最纯真、最天然的味道。所以,对于希望低糖生活的宝宝们,是非常合适的。"

"大家可以看到我们一包花茶是 10g,料非常足;而其他家店产品只有 4 ~ 6g。我们家的用料足足翻了一倍。"

E:给出证据

这一部分可以结合现场示范、产品证明书与粉丝口碑、亲身经历,话术如下。

"(动作演示:用一个漂亮的玻璃茶壶冲泡,并开盖,闻香。)大家可以看到,这款茶包入水汤色金黄,非常好看。小豆和薏米的香气扑鼻而来,让各位宝宝们在享受醇香口感的同时,把体内的湿气一扫而光。"

"而且,这款花茶可不是小作坊随随便便包的,我们有自己的花茶工厂,有生产许可证和 SC 证号。生产过程是严格按照国家食药监局的规定完成的。这里是我们的各种检验检测报告,所有指标都是能达到国家标准的。"

B:价格利益引导

这一部分主要起到发优惠促成交的作用,话术如下。

"我们家这款花茶现在的活动价格是 29.8 元 10 包,而且还是包邮的,平均一包才不到 3 块钱,根本是亏本的,我只想让各位亲尝一下我们的花茶,保证尝过一次之后,不会后悔还会种草回购的。现在上单,还可以找客服小姐姐要一个 5 元的优惠券,限量 100 张,送完即止!"

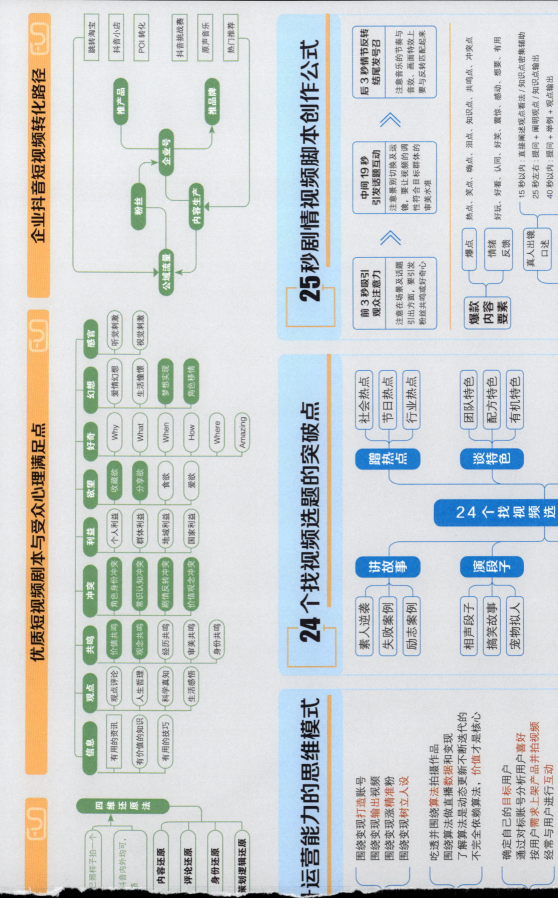

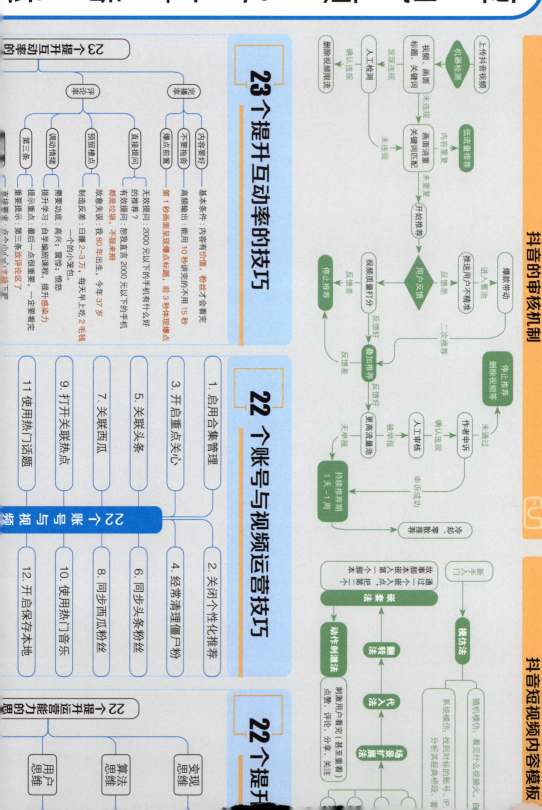

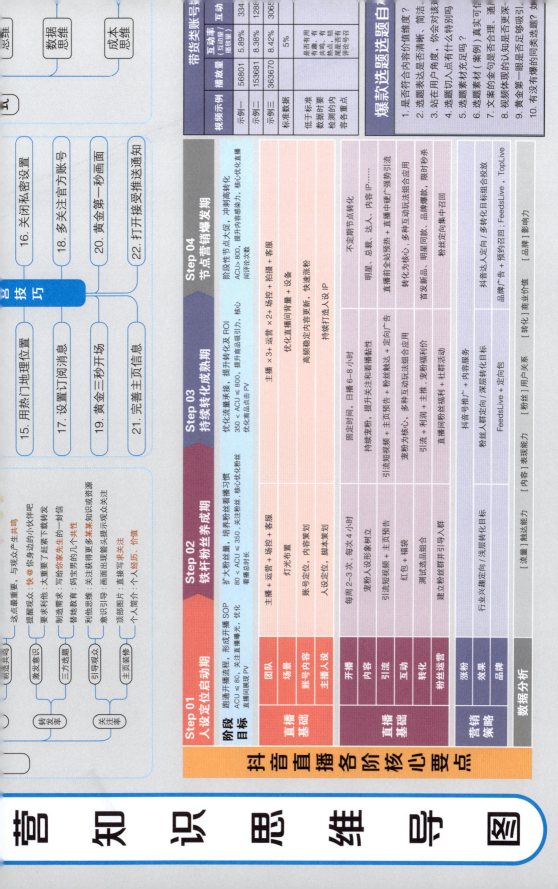

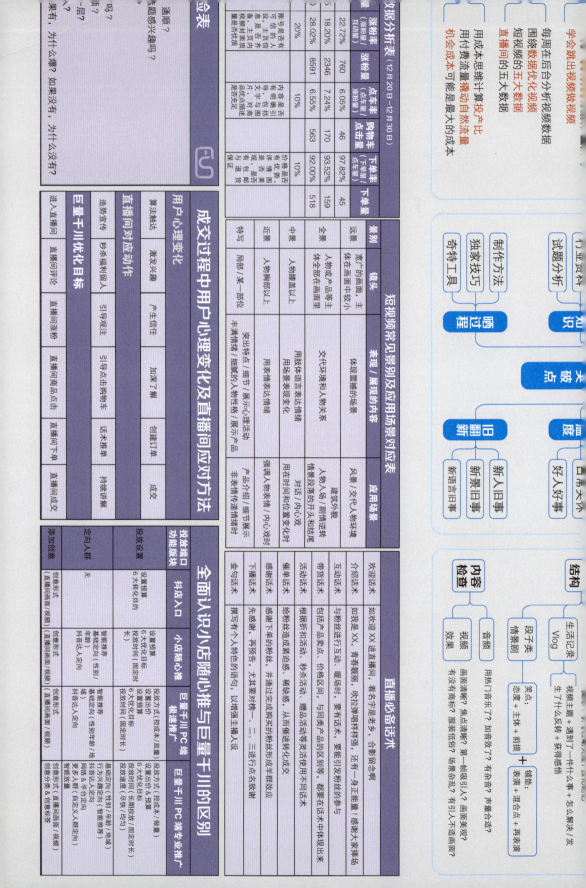

用 SCQA 结构理论让话术更有逻辑性

什么是"结构化表达"

麦肯锡咨询顾问芭芭拉·明托在《金字塔原理》一书中,提出了一个"结构化表达"理论——SCQA 架构。利用这个架构,可以轻松地以清晰的逻辑结构把一件事说得更明白,如图 6 所示。

图 6

SCQA 其实是 4 个英文单词的缩写。
- S 即情境(Situation)。
- C 即冲突(Complication)。
- Q 即问题(Question)。
- A 即答案(Answer)。

利用这种结构说明一件事的时候,语言表现顺序通常是下面这样的。
S 情景陈述,代入大家都熟悉的事,让对方产生共鸣。
引出目前没有解决的(冲突)C。
抛出问题 Q,而且是根据前面的冲突,从对方的角度提出关切问题。
最后用 A 解答,给出解决文案,从而达到说服对方的目的。

如何使用 SCQA 结构理论组织语言

这个结构既可以用于撰写脚本文字,也可以用于主播在直播间介绍某一款产品,应用场景可谓非常广泛。

在具体使用时,既可以按 SCQA 的结构表达,也可以是 CSA,或者 QSCA 的结构,但无论是哪一种结构,都应该以 A 为结尾,从而达到宣传的目的。

下面列举几个使用这种结构撰写的文案。

案例一:配音课程

S 情境:经济下行,是不是突然发现,身边朋友都开始着手通过副业挣钱了。

C 冲突:不过,大多数人可能都一样,没什么启动资金、没有整块的时间,也没有副业项目。

A 答案:不妨来学习一下配音吧,可以接到不少有声书录制、短视频配音小活。

Q 问题：你可能担心自己的音色不够好，又没啥基础。

A 答案：其实不用担心，我的学员之前都是普通人，配音与你一样是零基础。现在也有不少一个月副业收入过万了。我有 15 年配音教学经验，能够确保你通过练习掌握配音技巧，赶紧点击头像来找我吧。

这个文案既可用于视频广告，如图 7 所示，也可以在修改后应用在直播间。

图 7

案例二：脱发治疗药品

C 冲突：哎哟，你脱发挺严重啊，再不注意一点，估计 35 岁就要成秃头！

Q 问题：你是打算要面子，还是存票子啊？

S 情境：其实，治一下并不需要花多少钱。以后出门不用再这么麻烦戴假发了。

A 答案：我们这里有刚刚发布的最新研究成果，通过了国家认证，对治疗脱发有很好的疗效。

这个文案既可用于视频广告，也可以在修改后应用在直播间，如图 8 所示。

图 8

用 AIDA 理论撰写直播话术

什么是 AIDA 理论

AIDA 法则也称"爱达"理论,是国际推销专家海英兹·姆·戈得曼总结出来的一个行之有效的推销语言组织结构,如图 9 所示。

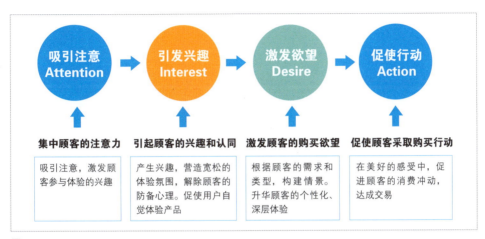

图 9

AIDA 分别是不同单词的缩写,具体如下。

- A 即注意(Attention),如何引起客户注意到你及你的产品。
- I 即兴趣(Interest),怎样让产品令顾客产生兴趣。
- D 即欲望(Desire),怎样让客户产生购买欲望。
- A 即行动(Action),采取什么行动令顾客成交。

利用这个理论,组织起来的一段文案结构如下。

1. 向客户提出问题或是提出某个想法,让客户听你讲述,让其将注意力集中到你身上。

2. 将介绍和演示与客户的需求联系起来,引发客户的兴趣。

3. 向客户承诺在使用了产品或采用服务之后,客户所能得到的收益,以调动购买欲望。

4. 利用限时优惠等营销手段,给出购买行动指令。

下面的这个日常场景,能更方便地帮助大家理解此理论。

一个阳光明媚的周末,家长与孩子在公园玩,孩子看到了一个玩具,想要购买。但家长并不想购买,这时,家长指着远处的假山说,看山上有一只猴子,好可爱,我们赶紧过去看看,一会儿它们回洞,就看不见了。

这个过程,如果使用 AIDA 来拆解,则如下所述。

- A 注意:看山上有一只猴子。(吸引孩子注意)
- I 兴趣:好可爱!(引起兴趣)
- D 欲望:一会儿它们回洞,就看不见了。(通过限时使孩子产生紧迫感)
- A 行动:赶紧过去看看!(促使行动)

AIDA 理论实战应用

下面通过两个案例,来展示如何在脚本撰写及直播语言组织领域运用 AIDA 理论。

案例一:视频带货练习字贴

注意:你看,这是一个五岁小朋友的字,是不是有点不可思议。

兴趣:没有哪个孩子喜欢写字,你的孩子是不是也不太愿意写字,怎么办?

欲望:你不妨试试我这个方法,将枯燥乏味的练字过程与有趣好玩的绘画相结合,激发孩子的想象力和主动学习的兴趣,再加上您温馨的陪伴和营造的氛围,孩子练好字指日可待。

行动:现在下单有限时 100 套优惠,不要再犹豫了哦,如图 10 所示。

图 10

案例二:直播间销售小白鞋

注意:你们也发现了吧,小白鞋好看不耐脏,这双鞋子,我才买了 2 个月。

兴趣:不过我们家的小白鞋可不一样,它采用了特殊面料,不粘油不粘污,湿纸巾一擦就干净,来我擦一下给宝宝们看一下。

欲望:现在这款小白鞋缺码断号、换季清库,只有 120 双,听好了,只有 120 双,抢到就是赚到。现货直发,今天买,明天穿。保证能为你的照片增加亮点。

行动:现在,直播间已经有 100 多人下单了,下单的宝宝们在评论区抠"下单了",这个链接还有 20 份,售完下架,还没下单的宝宝们,要抓紧了,如图 11 所示。

图 11

增加观众停留时长的意义和方法

增加观众停留时长的意义

增加观众停留时长主要有 3 个意义，分别是确定内容是否对观众有用、增加直播间热度和增加直播间互动率。

确定内容是否有用

如果观众停留时长很短，证明观众对主播所说内容并不感兴趣，所以听一两句话就去看其他直播间了。如果是带货直播，那么主播就要考虑尽快开始介绍下一件商品。

增加直播间热度

在抖音直播间热度的算法中，停留时间是一项重要参数。高热度的直播间会得到抖音官方更多的流量倾斜。

增加直播间互动率

观众停留时间越长的直播间，其互动概率相对更高，因为如果观众提出来问题，大多数情况下，只要主播对这个问题的回答让观众满意，那么转化概率会非常高。如图 12 所示的直播间，观众问"一米七八二百一，能穿吗？"，当主播回答他"能穿"后，则很大概率会形成订单转化。

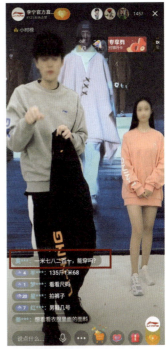

图 12

增加观众停留时长的 4 个方法

其实增加观众停留时长的方法归根结底就是两个字"内容"，只不过在一场直播中，有多种不同的"内容"。当将这些内容都打磨到相对较优的状态时，观众的停留时长势必会有所提高。

提供有价值的内容

当直播间观众停留时长上不去时，首先思考下自己的内容是否有价值。如果做带货直播，是否推荐给观众的是真正好用的产品？是否能为观众带来实惠？如果做才艺直播，自己的表演是否足够精彩，是否能让观众感受到美？

只有能够产生价值的内容，观众才愿意驻足观看。以鸿星尔克为例，其因郑州水灾的捐款额度而在短时间内导致其直播间流量暴增。当很多人认为其只是昙花一现，热度过去后还会重归相对惨淡的经营状态时，其直播间热度时至今日却仍能保持与李宁相当，如图 13 所示。这靠的就是内容的价值，也就是观众确实能在该直播间买到物美价廉的商品。

图 13

打造有特点的直播场景吸引观众

吸引观众停留的另一个重点就在于直播间的布置。因为观众进入直播间,第一印象就是直播间的布置。如果布置平平无奇,大多数情况下观众根本不会在意你说什么,就会直接刷到别的直播间。

而对于一些很有特点的直播间布置,观众只要进来了,就会勾起其好奇心——这个直播间是做什么的?为什么布置成这样?带着这份好奇,就会继续听主播讲内容,实现让观众"停留"的目的,从而让直播间人气不断增加。如果观众都是来了就立刻走了,那么即便进入直播间的人数再多,也和没有观众进入直播间是同样的效果。

需要强调的是,直播间的"特点"还要与产品相呼应,这样才能让观众有代入感,才能在实现让观众"停留"的目的后,增加粉丝或者成交转化。

比如图14所示的直播间,其仿古的布置及主播的服装,包括后面站着的店小二,都让观众眼前一亮,有一种穿越感。而"茶叶"这种有一定文化古韵的传统饮品,在这种环境下进行售卖就显得十分和谐,并且有一种形式感。这种"形式感"会促进观众在直播间进行消费。

但试想一下,如果这种"古色古香"的直播间介绍数码产品,你还会有购买的冲动吗?

图14

突出个人的风格特点

但凡是人气很旺的直播间,其主播必然具有鲜明的个人风格。比如图15所示的主播"慈楚",虽然其相貌平平,但因为说话掷地有声,底气十足,很容易赢得观众的信任,所以每次一开播就会有粉丝进入直播间。

而问题的关键在于,很多主播不知道如何突出个人的风格特点,在直播间总是放不开,表现得拘谨、做作。笔者总结了以下几点,也许对各位有一定帮助。

(1)做自己最重要。

在直播中虽然会有一定的表演成分,但一定要把握好度。如果过度表演的话,就会让观众感觉不自然,与主播有一定的距离。所以为了直播效果,可以适当表演,比如突然卖个萌,装下酷等,但在大多数时间,笔者建议各位"本色出演",揭开自己的面具,这样才能用真诚打动观众,让观众感觉这个主播是真的想和观众进行交流、互动。那么在交流和互动的过程中,自然容易形成自己的个人风格,展现独有的人格魅力。

图15

（2）和观众聊天儿。

如果只是单纯地介绍商品，其实很难让观众真的了解主播。如果观众不了解主播，自然不会成为直播间的铁粉。而既不耽误介绍产品，又可以让更多的人了解主播的方式，就是在讲解之余，与评论互动时，聊一聊自己的看法，或者是以前的经历。话不用多，几句就行。

比如某大 V 在直播过程中有时就会提到自己的女儿，自己的丈夫，可能只是那么一两句话，就会拉近与观众的距离，并且给观众一种更了解主播的感觉。

（3）放松、自然地去说话。

其实主播的语速、语调对于直播的影响非常大。有些主播故意去提高或者降低语速，会让观众听得很累。但当放松下来，像聊天儿一样与观众说话时，直播间的气氛就会变得更和谐、融洽。

比如头部主播罗某浩，其说话的节奏就非常有特点，而且不是故意演出来的，是他本人特质的一部分。所以哪怕其直播间的布置非常简单，如图 16 所示，也没有什么精彩的环节设计，依然有很多粉丝看他的直播，其中一部分原因就是想听他说话而已。

图 16

丰富的营销内容

所谓"营销内容"，即通过一些活动或者福利来提高观众的停留时间。需要注意的是，营销内容无法成为一个直播间的核心竞争力，只是一种短时间内增加观众停留的方法。目的是让粉丝了解直播间的核心内容，通过"核心内容的价值"来拴住粉丝。

比如图 17 所示的"Mistine 蜜丝婷官方直播间"，正在做一款产品的"买一送 15"活动，成功将观众吸引到直播间，并将该产品推成"持妆粉底液爆款榜 TOP1"。

如果产品本身不好用，即便送得再多，价格再低，当看到商品评价不佳时，依然留不住观众，也不会有好的销量。所以归根结底，还要看产品本身，看直播间的核心价值。

直播间中的营销内容通常包括观看红包奖励、直播抽奖、秒杀活动及答题互动等。

图 17

大幅提高停留时长的技巧——憋单

在做新号时，因为直播间没有口碑，没有人气，很难长时间留住观众。无法留住观众，自然很难让观众产生购买产品的冲动。而为了度过"起号"这一困难阶段，憋单就是一种很好的方式。

在介绍憋单之前需要强调的是，一些人认为抖音官方是禁止"憋单"的，但其实禁止的是"恶意"憋单。也就是说，抖音承认憋单是一种正常的提高停留时长的做法，但对于一些"过分的"，比如超过 20 分钟的"长时间"憋单，并且上库存数量特别少，比如只上一个库存。这种做法就属于恶意憋单，或被停播，甚至封号惩罚。

而以下内容所讲的"憋单"，其实是一种向观众提供福利的方法，并且会将憋单时间控制在 5 分钟以内，上库存数量也要保证高于当前直播间人数的 1/10，从而防止被举报。

认识何为"憋单"

所谓"憋单"，其实就是选择一款非常具有吸引力的商品，设置一个较低的价格，并不定时地以"上库存"的方式进行售卖，进而吸引观众停留在直播间，等待抢购。

在"憋单"的过程中，还不能忘记通过一些话术让观众积极互动，以此提高直播间权重，获得更多流量。同时，要控制好库存数量，只能让一小部分观众抢到商品，而没有抢到的，大概率会等待下一波"上库存"，从而进一步提高停留时间。

需要注意的是，憋单虽然能够提高观众停留时间，但毕竟是以较低价格售卖，所以用来进行"憋单"的商品是无法产生客观收益的。因此，"憋单"不是目的，重点是在憋单的过程中介绍"利润款"，也就是利润较高的商品。当观众抢不到"憋单款"时，就有可能购买"利润款"商品，进而获得可观收益。

5 步憋单法

为了将观众留在直播间的憋单技巧，并不是简单地售卖低价商品那么简单，其需要完整的流程来时刻保持对观众强有力的吸引。

第一步：开播上福袋

开播上一个小福袋的目的是，让进入直播间的观众去听主播介绍这款很具吸引力的"憋单款"商品。如果没有这个小福袋，还没等到主播介绍"憋单款"商品到底性价比有多高，可能很多观众就流失了。

这个福袋的"倒计时"设置得不要太长，其时间足够将"憋单款"商品介绍清楚即可。通常在 2 分钟以内。

第二步：介绍"憋单款"商品

主播要将"憋单"商品介绍得足够有吸引力，并强调这是送给各位的福利，所以价格很低，而且数量有限。同时，会在不同时间段分别放出库存。但此时务必不要报出具体的价格，为的就是保持吸引力，不断增加直播间人数，等直播间人数增长放缓时，再报价，开单。

第三步：设定上库存的"条件"

为了充分发挥"憋单款"商品的价值，主播可以告诉观众上库存的条件，比如"想要这个福利的观众扣个1，有100个观众想要就给大家开库存"。

这一步的目的就是为了提高直播间互动量，从而提高权重，并为下一步做铺垫。

第四步：争取出介绍"利润款"的时间

如果"憋单款"确实足够吸引观众的话，此时一定有很多人在打"1"。这时主播就可以借势说"大家在公屏上扣的1太多了，主播数不过来，后台帮我统计一下，到100个观众扣1后咱们就上库存开抢"。

接下来，趁着后台统计（其实根本没人统计）的时间，介绍"利润款"。需要注意的是，因为此时的观众都等着抢"憋单款"，所以直播间流量会比较高，介绍"利润款"更容易获得订单转化。

第五步：为"憋单款"开库存，并发福袋

"利润款"介绍完之后，就要为"憋单款"开库存，这时再报出价格，当然这个价格一定要压到很低，少亏一点也是可以的。开库存时有一个细节，就是不能让大多数人都抢到，因为抢到的观众大概率会离开直播间，所以将库存设置为直播间人数的1/10即可。并在开抢前务必强调"没有抢到的观众，还可以领福袋，以及之后还会继续上库存，还有机会"，以此继续保持对观众的吸引力。

在观众抢单之后，即需要立刻发出福袋，接下来继续重复第2步至第5步即可，直至直播结束，从而完成一场以"憋单"为主，通过较低的成本，整场都有福利来吸引观众的直播。

4 大憋单必学话术

如果在利用憋单技巧做直播时，不知道用什么语言既可以提高对观众的吸引力，又可以让观众在没有抢到商品时不至于情绪激动，可以参考以下话术。

常规憋单话术

"我们家初来乍到，广告费直接拿来给大家做活动。我们家不玩虚的，真实放单。这针织衫一件我亏60，今天给大家准备了50单，能不能接受50单分开给大家发，不要有情绪，不要带节奏。这款抢不到下一款也准备了50单，能做到支持主播吗？能的话，希望大家可以把粉丝灯牌给我亮一下，我们3分钟后先上5单测试一下网速。"

有观众闹情绪时的话术

"我新主播开播第一天哦，这个羊毛打底衫，老板拿出20单亏本做活动，我想我第一次做主播，能多几个粉丝牌算几个粉丝牌，我自己拿工资，再亏10单给大家好不好？我实话实说，一共30单，还是我自己贴了钱的情况下，一会儿开抢，如果没有抢到的话，不要生气，不要带节奏。抢的人多的话，我再去申请一波。大家能不能支持下主播，如果能的话，打出支持两个字好不好？"

让观众感觉"值得一抢"的憋单话术

"我们有 2000 家门店，统一价格是 299 块，今天享受批发商的价格，只要 19 块 9。"

"大家可以看一下，在某宝上的价格是 350 块，而我们这里，一瓶只要 19 块 9。"

"这款产品有很多明星代理，去年双 11 明星代理价格是 69 块钱，而今天我们的宝宝只要 19 块 9 就能买到手。"

体现"憋单款"高级感的话术

"第一次来我直播间的兄弟姐妹还有没有没抢到我身上这款独家设计的珍珠连衣裙的，没抢到打个'没'字。姐妹们看一下，是不是很显瘦，很显气质，很高级，简直'绝绝子'。再给姐妹们拿近看一下，都是双包边双走线的。线下实体店 299，今天一杯咖啡的价格直接让你带回家，给不给力？来，后台开始统计，准备上库存开抢。"

这样说话不会被关"小黑屋"

随着抖音对直播的管理越来越严格，相信很多主播都遇到过因违规而被关"小黑屋"的情况，尤其是带货主播，有时莫名其妙就被停播了。而造成这种情况的原因，往往是跟"话术"有关。

理解抖音是如何判定"诱导互动"的

为何带货主播更容易被关"小黑屋"呢？其原因在于，为了增加直播间流量，带货主播往往会利用福利、优惠等，诱导观众做出某种特定的互动行为。

虽然这种行为本身并没有问题，但有些主播提供的"优惠"与"互动行为"实际上是没有任何关联，或者不具履行兑现基础时，就会被判定为"诱导互动"。

所以，抖音判定直播间是否有"诱导互动"嫌疑的关键有以下两点。

第一点："互动行为"与"获取优惠"是否真的有关系。

第二点：主播是否能按所说方式兑现优惠或者福利。

理解"互动行为"与"获取优惠"的关系

如何判断"互动行为"与"获取优惠"是否有关系呢？其实靠的就是明确是否真的要先互动，才能获取优惠。如果无须互动也能获取优惠，就会被判为"诱导互动"。

举个例子，"进来的观众关注下直播间，今天这个福利商品只卖给粉丝宝宝。"由于观众是否关注直播间都能购买商品，所以"关注直播间"与"买福利商品"没有关系，因此这就是典型的"诱导互动"。

理解何为"不具履行兑现基础"

"不具履行兑现基础"是指主播无法按照他所说的方式来给予观众福利。

比如主播的话术是"进来的宝宝们右上角点下关注哈，这份福利只送给今天点了关注的宝宝。"，而事实上，主播根本没有途径去获取都有谁今天点了关注，也无法直接获得点关注的粉丝们的信息，所以是无法按照其所说的方式"履行兑现"的，同样属于"诱导互动"行为。